MAREN KREITER

GRENZENLOS zuhause

Ich suchte die Schönheit der Welt und entdeckte sie im Miteinander

SCM
Hänssler

Für dich.
Deine dich liebende Enkelin.

Inhalt

Prolog

Skeptisch blicke ich Donald an. Diesen fremden Mann, der mir gerade gesteht, er sei die letzten zwei Stunden dem Lkw gefolgt, der mich bis hierher mitgenommen hatte. Als ich ausstieg, war er hinter uns auf den Seitenstreifen gefahren. Nur um mir jetzt anzubieten, mich ein Stück meines Weges mitzunehmen. Oder noch weiter. Wo immer ich hinwolle. Er habe Zeit.

So skurril der Mann und diese ganze Situation auf mich wirken – ich habe nicht das Gefühl, dass er mir etwas Böses will. Aber es gibt nur einen Weg, das herauszufinden.

Es ist bereits dunkel, als wir in Mildura, im Bundesstaat Victoria in Australien, ankommen. Donalds Haus ist düster und groß. Es wirkt wie der Schauplatz eines Horrorfilms, bei dem man nur darauf wartet, dass jeden Moment etwas Schreckliches passiert. Aber es bleibt ruhig. Nur eine Hälfte des Hauses wird tatsächlich genutzt. Die andere Hälfte, in der sich ein dunkler, von Staub bedeckter Holztisch und weitere Räume befinden, ist durch ein schwarzes Tuch vom Rest des Hauses abgetrennt. Donald führt mich in seine Küche. Dreckiges, vor sich hin schimmelndes Geschirr stapelt sich auf der Ablage. Das schmierige Spülbecken wird eingenommen von einem großen Kochtopf, dessen Inhalt bereits Fäden zieht. Spinnweben behängen Ecken, Schränke und Schubladen. Im Wohnzimmer steht einsam eine Couch vor einem dunklen Fernsehschrank. Donald bietet mir für die Nacht ein Bett in einem der ungenutzten Räume an. Aber so nett diese Geste auch ist – ich ziehe es vor, im Garten mein Zelt aufzustellen.

Donald fühlt sich alleine. Jede Ecke seines Hauses, der Klang seiner Worte und der Hall seiner Taten schreien mir seine Einsamkeit so stillschweigend entgegen, dass es fast wehtut.

Während meiner Weltreise bin ich vielen Menschen begegnet. Die meisten machten auf Anhieb einen unterhaltsamen und interessanten Eindruck. Mit anderen musste ich erst ein wenig Zeit verbringen, um zu sehen, was in ihnen steckt. Wieder andere schienen einen anderen Weg zu verfolgen als ich und mich auf meinem Weg nur aufzuhalten. Ein Gedanke, den ich mir während der Reise daher selbst immer wieder in Erinnerung rufe und von dem ich heute überzeugt bin, ist der, dass wir Menschen uns nicht ohne Grund über den Weg laufen. Vielleicht begegne ich einer Person, weil sie ein tröstendes Lächeln oder ein offenes Ohr braucht. Ein anderes Mal, weil ich selbst Ermutigung oder Beistand benötige, ohne dass es mir vielleicht bewusst ist. Oder weil ich durch diese Person etwas lernen soll, wie Geduld, Liebe, für meine Meinung einzustehen oder meine Prioritäten zu überdenken. Zum Teil gehe ich nach einer solchen Begegnung meines Weges und weiß ganz genau, welchen Grund sie gehabt hat. Manchmal bleibt mir der Grund verborgen.

Donald fühlt sich alleine. Jede Ecke seines Hauses, der Klang seiner Worte und der Hall seiner Taten schreien mir seine Einsamkeit so stillschweigend entgegen, dass es fast wehtut. Und von all den eben genannten Gründen treffen mindestens die Hälfte auf die Begegnung zwischen Donald und mir zu. Er genießt sichtlich meine Gesellschaft. Und ich genieße seine.

Nachdem ich ihm geholfen habe, seine Wohnung auf Vordermann zu bringen, kann ich am nächsten Morgen guten Gewissens wieder weiterziehen, mit dem zufriedenstellenden Gefühl, dass auch diese seltsame Begegnung zu irgendetwas gut gewesen war.

Dieses Buch soll dich mitnehmen auf meine Reise unter den Menschen. Eine Reise, bei der ich nicht aus eigenem Tun vorwärtskam, sondern durch die Güte und Gastfreundschaft anderer Menschen. Und bei der ich einen neuen Blick bekam – auf Gott, seine Schöpfung und meine Mitmenschen.

Alles, was ich tat, war loszugehen – nicht mit Erwartungen, sondern einfach drauflos. Ohne Ziel – aber mit der Neugier darauf, wohin die Reise mich führen würde. Nicht weil ich etwas gesucht hätte – und dennoch bin ich fündig geworden. Ich gab der Welt eine Chance, mir zu beweisen, dass sie gut ist. Und sie zeigte es mir.

Dieses Buch soll dich ermutigen, die Perspektive zu wechseln. Deine Komfortzone zu verlassen. Den Blick auf die Schönheit in unserer Unterschiedlichkeit zu richten. Anmut zu entdecken in Vielfalt und Komplexität. Im Miteinander. Denn die Art, wie wir die Welt betrachten, liegt in uns.

Und so fing alles an.

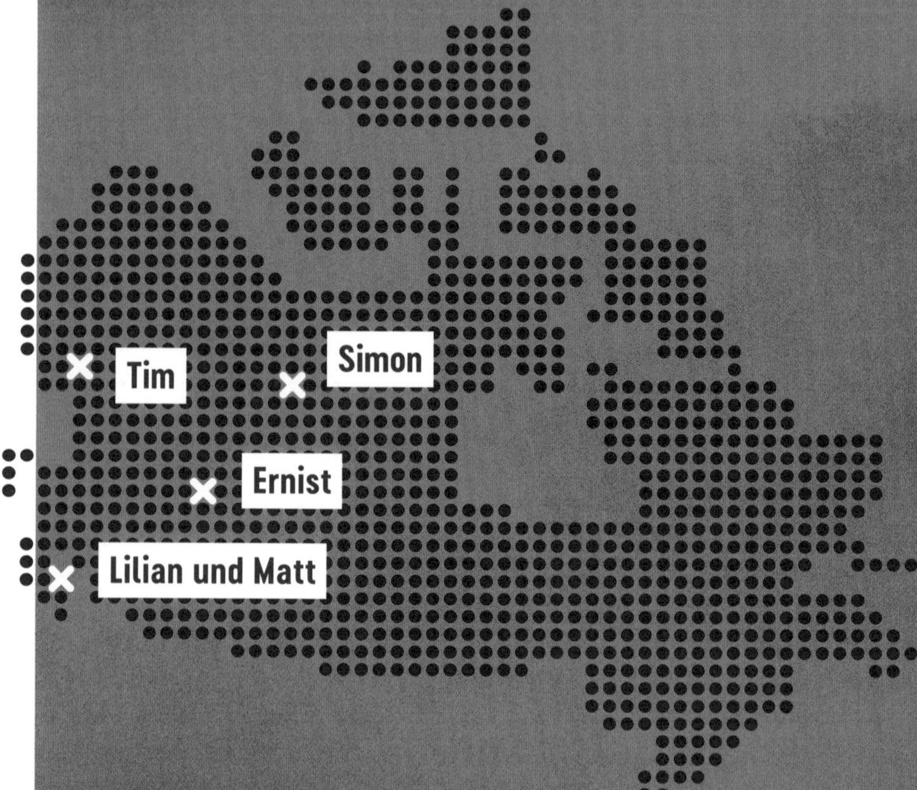
Tim
Simon
Ernist
Lilian und Matt

Kanada

DER ERSTE SCHRITT INS ABENTEUER

OKTOBER 2013

WG Casting in Freiburg. Meine Freundin Lena und ich verabschieden eine gemeinsame Mitbewohnerin und machen uns einen Spaß daraus, aus Hunderten von Interessentinnen die Eine zu finden, die zukünftig in unsere WG passen soll. Aufgrund der vielen Anfragen haben wir den Luxus, Leute wegen Kleinigkeiten auszuschließen – nur die spannendsten Menschen werden persönlich eingeladen. Unter vielen anderen auch ein Mädchen, dessen Namen ich heute nicht mehr weiß. Aber dass ihre Geschichte mich fasziniert hat, daran erinnere ich mich noch. An ihre Anekdoten aus dem Ausland. An den Charme einer Abenteurerin, der in jedem ihrer Worte mitschwingt. An ihre Geschichten vom Leben in der Fremde und der Arbeit auf einer Wasserbüffelfarm. Ich hänge an ihren Lippen, und was ich am Ende des Tages aus diesem Casting mitnehme, ist: Ich will auf eine Wasserbüffelfarm!

Ich will das, wovon sie erzählt hat! Kurz entschlossen mache ich mich auf die Suche und habe nach raschem E-Mail-Wechsel den Platz sicher, auf einer Wasserbüffelfarm auf Vancouver Island, Kanada.

FEBRUAR 2015

Drei Jahre Biologiestudium liegen hinter mir. Die letzten Monate, in denen ich im Rahmen meiner Bachelorarbeit täglich, bei jedem Wetter, über 20 Ameisenkolonien aufgesucht und näher untersucht habe, haben meinen Entdeckergeist nur noch mehr angekurbelt. Durch viele Arbeitsstunden, die ich nach meinem Studium in einer Pizzeria, einer Klinik und einem Restaurant geleistet habe, komme ich schnell zu den nötigen Finanzen für den ersten Flug. Kurz nach meinem 23. Geburtstag verabschiede ich mich von Freunden und Familie, denn es geht los.

Ich reduziere meinen zukünftigen Besitz auf einen 13-Kilo-Rucksack und lege 6300 Kilometer Luftliniendistanz mit dem Flugzeug zurück. Dann bin ich angekommen. In Kanada.

Es ist einer der kältesten Winter, die Nordamerikas Osten je erlebt haben soll. Einige Staaten der USA erreichen einen Temperaturrekord, in Toronto lassen eisige Böen die Temperatur auf gefühlte -35 Grad sinken. Trotz Thermounterwäsche, mehrerer Textilschichten und winddichter Überkleidung ist die Kälte noch deutlich spürbar. Sie zieht mir direkt in die Knochen. Mein Gesicht brennt und der aufsteigende Dampf des Atems verfängt sich in meinen Wimpern, wo er sofort zu winzigen Eiskristallen gefriert. Es ist so kalt, dass sogar die weltbekannten Niagarafälle teilweise gefroren sind. Eis- und Schneekaskaden von 30 Metern Höhe haben sich gebildet und lassen die Fälle wie ein weißes Kunstwerk erscheinen.

Mit dem Bus reise ich von Toronto im Osten bis nach Vancouver im Westen Kanadas. Innerhalb kürzester Zeit durchziehe ich vier Zeitzonen und mache einen Temperaturanstieg von 45 Grad durch, bis ich vor den Toren der Wasserbüffelfarm stehe. Vor der Farm, die mein Anreiz gewesen war, mich auf etwas Neues ein- und alles andere hinter mir zu lassen. Einfach mal das Gewohnte zurückzulassen. Das Gewöhnliche. Die deutsche Art, überall mit- und vieles schlechtzureden. Ich wollte daraus ausbrechen, um zwischen all den Eindrücken und Meinungen, die täglich auf mich einströmen, meine eigene Sichtweise zu finden. In mein Tagebuch schreibe ich an diesem Tag:

Warum eigentlich Kanada? Kanada, Land der unglaublichen Weite, voll von unberührter Natur, tiefgrünen Wäldern, eisigen Seen und gigantischen Bergen! Ein Land, welches solch eine Reinheit und Stille ausstrahlt, dass es in meiner Vorstellung keine menschliche Seele unberührt lassen könnte. Genau das will ich: Fernab von allem, das ich kenne und das mich ablenkt – einfach nur mit mir selbst allein sein und mich von der Faszination dieser Natur berühren lassen. Deshalb Kanada.

Ich erinnere mich noch, wie ich zum ersten Mal den Hof der Wasserbüffelfarm betrete und mir vorkomme wie in einem Bilderbuch. Noch bevor ich das knorrige Tor passiere, strahlt mir das schnuckelige, weiße Holzhaus mit den weinroten Fensterrahmen entgegen: das *Bed and Breakfast*, in dem ich die ersten Monate auf der Farm wohnen und mithelfen darf. Lilian und ihr Mann Matt empfangen mich herzlich, während ihre kleinen Söhne im Hof mit dem Hund spielen. Vor zwei Jahren haben die beiden ihre Jobs in der Stadt aufgegeben, um Vollzeit auf der Farm zu arbeiten. Liebevoll haben sie auch das *Bed and Breakfast* aufgebaut und gepflegt. Ich möchte ihnen dabei helfen, wo ich nur kann. Die ersten Wochen putzen Lilian und ich nach einer langen Winterpause das *Bed and Breakfast* und befreien es gründlich von Spinnweben und Staub, die sich hier mit Vorliebe absetzen. Immer mal wieder springe ich auch als Babysitter für die zwei Kleinen ein, wobei ich meine Geduld und Durchsetzungsfähigkeit trainieren kann. Zeitgleich bekomme ich Einblicke in die Aufgaben auf dem Hof. Vom *Bed and Breakfast* aus führt ein festgetretener Pfad an den großen Ställen vorbei bis zu einem riesigen Misthaufen. An vereinzelten Stellen des Pfades zweigen kleinere Wege ab, die zu den Weiden führen, auf denen die Wasserbüffel im Sommer grasen werden. Jetzt sind die Weiden noch feucht. Sie müssen erst trocknen und abgemäht werden, um so Heu als Futter für den nächsten Winter sicherzustellen. Aber bald ist es so weit, dann können die Büffel aus den Ställen. Ich helfe dabei, die neugeborenen Kälber mit der Flasche und den älteren Büffeln Heu zu füttern und jede Menge Mist aus den Ställen hinunter zum Misthaufen zu karren.

Langsam beginnt die Saison und erste Gäste besuchen die Farm. Im *Bed and Breakfast* putze ich die Zimmer vor und nach jeder Belegung. Ich halte den Essbereich sauber und komme dabei mit dem ein oder anderen Gast ins Gespräch. Als sich Langzeitgäste ankündigen, die das komplette *Bed and Breakfast* gebucht haben, ziehe ich vom Haupthaus in eine Hütte am Rande des Grundstücks. Es gibt kein Internet hier, sodass man leicht das Leben vergessen und gleichzeitig gut darüber nachdenken kann. Es gibt auch keine Heizungen hier, aber es wird nachts noch immer frostig. Jeden Abend mache ich mir daher ein Feuer im Holzofen an. Das ist ziemlich mühsam, da das auch bedeutet, dass ich jeden Abend Holz holen und spalten muss. Und dann noch der Akt des Feuermachens an sich. Oft überlege ich, dass es viel bequemer und zeitsparender wäre, einfach mehr Decken zu besorgen und mich nachts damit einzupacken. Aber letztlich siegt immer mein Ehrgeiz über die Bequemlichkeit, sodass ich mit der Zeit meine eigene Strategie beim Feuermachen entwickle, die mir später noch sehr nützlich werden wird.

Als die Langzeitgäste fort sind und sich für einige Zeit keine Gäste im *Bed and Breakfast* angekündigt haben, ziehe ich los, um elf Tage lang Vancouver Island zu erkunden.

Mein erstes Ziel ist Newcastle Island, eine kleine, naturbelassene Insel östlich von Vancouver Island, die etwa zehn Minuten mit der Fähre vom Festland entfernt liegt. Die Fähre ist klein und bietet Platz für maximal zehn Leute. Bei der Hinfahrt bin ich die einzige Passagierin, sodass ich Gelegenheit habe, mich mit dem Kapitän zu unterhalten, der mich freundlich daran erinnert, dass die letzte Fähre zurück in nur wenigen Stunden ablegen wird. Ich solle bloß pünktlich sein, da es an diesem Tag sonst keine andere Möglichkeit gäbe, die Insel zu verlassen. Dennoch möchte ich die komplette Insel (knapp 8 Kilometer Wegstrecke) umrunden und dabei nichts ungesehen lassen. Die gesamte Insel ist ein einziger moosüberzogener Regenwald. Außer einem älteren Pärchen treffe ich dort keine anderen Menschen. Immer wieder weiche ich vom

Pfad ab, um zu einem der vielen Sümpfe zu gelangen oder tiefer in den Regenwald vorzudringen. Als ich am Strand wilde Waschbären entdecke, bin ich so fasziniert, dass ich alles um mich herum vergesse. Ganz erschreckt springe ich auf, als ich feststelle, dass die letzte Fähre bald ablegen wird. So schnell ich kann, renne ich los. Ich bin viel weiter vom Fährenhafen entfernt, als ich dachte, und sehe mich vor meinem inneren Auge bereits auf der Insel übernachten. Völlig verschwitzt und außer Atem komme ich mit Verspätung am Bootsanleger an, wo der Kapitän schon winkend auf mich wartet. Da wir uns auf der Hinfahrt so nett unterhalten hatten, hatte er sich daran erinnert, dass er mich noch nicht wieder zurück zur Hauptinsel gefahren hatte. Also wartete er auf mich. Was für ein Segen. Danke, Captain!

Die nächste Station auf meinem Kurztrip ist Tofino, ein Surferdorf, in dem viele junge Leute leben. Während meiner Zeit auf der Insel habe ich an einer Reiseform besonders Gefallen gefunden: dem *Couchsurfen.* Als Couchsurfer bezeichnet man Menschen, die ihre Couch oder ein Gästebett auf Anfrage für Reisende umsonst zur Verfügung stellen, und ebenso diejenigen, die auf den fremden Couches übernachten. Es ist eine Gemeinschaft des Gebens und Nehmens. Über eine Internetseite können sich Gast und Gastgeber miteinander in Verbindung setzen. Jeder besitzt ein persönliches Profil, auf dem man Informationen, wie Hobbys und Interessen über sein Gegenüber einsehen kann. Oft verbindet einen sofort die gemeinsame Freude am Reisen und das Kennenlernen neuer Kulturen und Menschen. Durch die Anfrage hat man meistens schon vorher Kontakt und kommt sich beim ersten Treffen gar nicht mehr so fremd vor. Couchsurfen ist daher eine ideale Möglichkeit, alleine zu reisen und trotzdem in ständigem Kontakt mit Menschen zu sein.

In Tofino komme ich bei einer Couchsurferin unter. Als wir nach einem langen Abend im Pub mit dem Ruderboot zu ihrem Hausboot fahren, werden wir von einem neugierigen Seelöwen begleitet. Dort, wo unser Ruder das Wasser aufwirbelt, blitzen Tausende kleiner Lumineszenzpartikel auf und lassen das Wasser ringsherum leuchten. An diesem Abend schlafe ich mit dem Rauschen der Wellen ein und werde am nächsten Morgen von Seeottern und dem Geschrei der Adler geweckt, die über dem Wasser kreisen. Ich bin fasziniert von den Möglichkeiten, die mir durch das Couchsurfen plötzlich offenstehen. Während meiner kurzen Reise über die Insel habe ich viele Begegnungen und Erlebnisse ähnlicher Natur. Immer wieder werde ich spontan von Menschen angesprochen und eingeladen. Oder ich werde ganz unerwartet an Orte geführt, die ich »unbedingt gesehen haben muss«. Ich spüre eine schnelle Verbundenheit mit den Menschen, die ich unterwegs treffe. Und auch bei Lilian und Matt von der Farm merke ich, wie zwischen uns eine enge Verbundenheit entstanden ist. Es ist doch erstaunlich: Egal wie schleichend der Prozess gegenseitiger Vertrautheit manchmal voranschreitet. Ehe man sich versieht, gehören die Personen, die mir gestern noch fremd waren, heute selbstverständlich zu meinem Leben dazu. Lilian, Matt und die Kinder sind heute nicht mehr nur *die Leute von der Farm* für mich, sondern Menschen mit einer Geschichte, von der ich ein kleiner Teil sein darf. Und in mir keimt der Plan, mehr zu entdecken und diesem süßen Duft des Reisens und des Kennenlernens, weiter nachzugehen.

Schnell sind meine drei Monate auf der Farm vorbei und mein letzter Tag steht bevor, der von gemischten Gefühlen geprägt ist. In mir kribbelt es und es ist schwer zu sagen, ob ich mich mehr darüber freue, die Welt weiter entdecken zu dürfen oder meine Eltern wiedersehen zu können, die die Gelegenheit ergriffen haben, um mich in Kanada zu besuchen.

DIESE NEUE ART VON FREIHEIT

Meine Mutter ist diejenige, die unsere Familie immer wieder bewusst zusammenführt. Schon zu Schulzeiten hat sie immer großen Wert auf gemeinsame Mahlzeiten gelegt. Mein Vater ist es, der uns vier Kindern seine Weltoffenheit und Abenteuerlust vermacht hat. Alle beide sind liebende Elternteile und haben uns schon immer den respektvollen Umgang vorgelebt, den sie auch von ihren Kindern erwarten. Wir hatten wenige Verbote und viele Freiheiten. Wir durften abends ausgehen (was, dem ländlichen Leben im Dorf geschuldet, nur bedingt möglich war), aber jeden Sonntagmorgen gingen wir gemeinsam in die kleine Baptistengemeinde, in der ich groß geworden bin. Ganz getreu dem Motto »Wer abends lange wegbleiben kann, kann morgens auch früh aufstehen«. Der christliche Glaube und die regelmäßigen Gottesdienstbesuche gehörten zu unserem Familienalltag dazu. Und weil dieser Alltag so normal für mich war, war ich lange Zeit nicht herausgefordert, zu hinterfragen, was Glaube für mich persönlich bedeutet. Erst, als ich während des Studiums von zuhause wegzog und auf eigenen Füßen stand, merkte ich, dass mir manche Traditionen, wie die Gottesdienstbesuche, zwar fehlten, aber nicht mehr so wichtig waren. Ich entdeckte schnell, dass die Welt noch vieles andere zu bieten hat, das ich noch nicht kannte.

Jetzt holen mich meine Eltern bei der Farm ab. Anschließend reisen wir zwei schöne Wochen lang mit dem Wohnmobil durch die Wälder, Berge und Nationalparks des kanadischen Inlands. Ich erinnere mich noch, wie ich die beiden nach unserer gemeinsamen Tour am Flughafen in Calgary, Alberta, absetzte. Und plötzlich, beinahe unerwartet, ging sie los, diese neue Art von Freiheit. Die Suche nach Mitfahrgelegenheiten, Essen und einem Dach über dem Kopf. Gerade noch war ich mit meinen liebsten Menschen zusammen gewesen und plötzlich wird mir bewusst: Jetzt bin ich allein.

Da sitze ich also. An einem großen Flughafen in einem fremden Land. Und mir wird schlagartig klar, auf was ich mich da eingelassen habe. Gerade fühlte ich mich noch glücklich und erfüllt, jetzt plötzlich einsam und ängstlich – alles innerhalb der wenigen Sekunden, die es gedauert hat, um meinen Eltern *Tschüss* zu sagen.

Ich fühle mich so allein, wie in nur wenigen Momenten, an die ich mich heute noch erinnern kann. Hier gibt es keine Farm, auf die ich zurückkehren kann. Ich habe keinen Couchsurfer ausfindig gemacht, der eine Bleibe für mich hat. Habe keine Ahnung, wo ich die nächste Nacht schlafen soll. Alles, was ich weiß, ist: Jetzt bin ich vollkommen auf mich allein gestellt. Und vor mir liegt ein Abenteuer, das es zu bewältigen gilt.

Man könnte vermuten, ich sei voller Motivation und Tatendrang aufgesprungen, um dieses Abenteuer anzugehen. Stattdessen sitze ich da, verfalle in Zweifel und spiele mit dem wahrhaftigen Gedanken, die nächsten Tage am Flughafen zu verbringen. Ich rede mir ein, dass es schwer sein würde, vom Flughafen wegzukommen. Dass es bereits spät sei. Dass es bestimmt sicherer wäre, erst mal hierzubleiben. Was ich mir nicht eingestehen will, ist meine Angst vor dem, was ich nicht kannte.

Tatsächlich ist es nicht das Unbekannte selbst, das wir fürchten, sondern das Gesicht, das wir ihm geben. Die vielen möglichen, neuen Situationen, die mit dem Unbekannten in unser Leben treten können. Es ist die Ungewissheit, die wir fürchten. Nicht das Unbekannte, das sie birgt.

Der schwierigste Teil war zunächst also nicht meine Entscheidung, dieses Abenteuer zu beginnen, sondern meinen Mut zusammenzunehmen und aus dem Flughafengebäude herauszutreten. Das zu verlassen, was mir sicher schien, und dem Ungewissen mutig entgegenzutreten.

Als ich mich für diesen Schritt erst einmal entschieden hatte, öffneten sich mir ganz neue Welten.

Direkt vor den Flughafentoren treffe ich eine Backpackerin, die mit dem Auto Richtung Westen unterwegs ist. Ich fahre mit ihr bis zu einem kleinen Dorf am Fuß der Rocky Mountains. Dort trennen sich unsere Wege. Es ist kühl und es dämmert bereits. In meinem Rucksack befindet sich ein Schlafsack, doch ich besitze weder ein Zelt noch eine Matte. Ich fühle mich unsicher und schüchtern, aber ich habe einen Plan. Immer wieder laufe ich die Straße auf und ab, an der sich idyllische, kleine Häuser aneinanderreihen. Die meisten sind noch nicht beleuchtet. Bei einigen Häusern bin ich mir nicht sicher, ob sie überhaupt bewohnt sind. An einem Haus, dessen Fenster mit Kindermalereien geschmückt sind, nehme ich all meinen Mut zusammen und klingle. Keiner öffnet. Ich bin gerade dabei, mir neue Entschlossenheit zuzusprechen und erneut auf die Klingel zu drücken, als sich die dunkle Holztür öffnet. Ein kleines Mädchen erscheint und schaut mich mit großen Augen an. Ich bin verwundert und stocke. Die angenehme Wärme des Hauses dringt zu mir nach außen. Noch bevor ich weiß, was ich sagen soll, springt eine erschrockene Mutter aus dem Inneren hervor und zerrt ihr Kind von der Fremden weg. Ob ich auf der Veranda schlafen darf, frage ich. Stille. Die Frau verschwindet. Ich höre gedämpfte Gespräche aus dem Nebenzimmer und kurze Zeit später erscheint ihr Mann, der Herr des Hauses, in der Tür.

»Du kannst hier schlafen«, meint er, »aber nur draußen.«

Überglücklich, erleichtert und dankbar nehme ich das Angebot an und lege meinen Schlafsack auf den harten Steinboden in einer überdachten Ecke, die der Mann mir mit einem Fingerzeig zugewiesen hatte.

Mein erster Schritt ins Abenteuer ist getan. Meine allererste Nacht in dieser neuen Freiheit verbringe ich auf der Veranda von Unbekannten am Fuß der Rocky Mountains.

AUF DER STRASSE DER TRÄNEN

Der Norden Kanadas ist mein nächstes Ziel. Ein kanadischer Ureinwohner, der mich mit ausgestrecktem Daumen an der Straße stehen sieht, hält sein Auto an, rollt das Fenster einen Spalt hinunter und fragt mich auf Englisch: »Bist du eine Mörderin?«

»Nein, du etwa?«, frage ich zurück. Mit zahnlosem Lachen öffnet er mir von innen die Beifahrertür und ich springe hinein. Bei seinem rasanten Fahrstil die kurvigen Klippen entlang habe ich plötzlich mehr Besorgnis, dass mein Leben hier an diesen Felskanten enden könnte als durch die aktive Hand eines Mörders.

Stück für Stück arbeite ich meinen Weg mit dem Ureinwohner und vielen weiteren Fahrern hinauf Richtung Norden, wo die Abstände zwischen den Dörfern größer und die Strecken dazwischen menschenleerer werden. Diese einsame Gegend wird viel stärker von Bären und anderen wilden Tieren dominiert und die Straßen sind weniger stark befahren. Das erschwert nicht nur das Trampen, es ist auch nicht gerade das sicherste Pflaster, hat man mir gesagt.

Nachdem die letzte Mitfahrgelegenheit mich an der Straße abgesetzt hat, geht es für mich erst mal zu Fuß weiter. In der prallen Mittagssonne laufe ich bereits seit mehreren Stunden den schwarzen, stillen Highway entlang, der rechts und links von hohen, dunklen Tannen gesäumt ist. Meine Wasserflasche habe ich im letzten Auto versehentlich zurückgelassen und bin inzwischen durstig und erschöpft. Seit Langem habe ich kein Auto und keine Menschenseele mehr gesehen, als wie aus dem Nichts eine Frau meinen Weg kreuzt. Sie kann nicht glauben, dass ich alleine in den Norden trampen will. Und das auf dem sogenannten *Highway of Tears*, der Straße der Tränen. Seit Jahrzehnten verschwinden hier alleinreisende Frauen auf unerklärliche Weise. Die Straße ist übersät von riesigen Plakaten mit der Aufschrift: *Girls, don't hitchhike! Killers on the loose* (Mädchen, bitte nicht trampen! Mörder auf freiem Fuß).

Ich kann nicht behaupten, dass mich das nicht berührt hätte. Im Gegenteil. Ich hatte noch kaum Erfahrung im Alleinreisen und nur wenig Erfahrung mit dem Trampen. Und ich bin kein Mensch, der sich im Voraus viele Informationen einholt und seine Entscheidungen daraufhin vorsichtig abwägt. Ich gehe einfach den Weg, der sich vor mir aufzutun scheint. Doch plötzlich war ich herausgefordert, mir darüber Gedanken zu machen, was ich hier eigentlich tat. Denn zu diesem Zeitpunkt war mir noch nicht bewusst, warum ich mich eigentlich für das Trampen entschieden hatte. Vielleicht war es einfach nur naive Bedenkenlosigkeit gewesen. Vielleicht war es unterbewusst die Schwäbin in mir gewesen, die eine gute Gelegenheit entdeckt hatte, um mit weniger Geld länger unterwegs zu sein (denn den Schwaben sagt man ja bekanntlich nach, besonders sparsam zu sein). Vielleicht war es der Drang in mir gewesen, mir selbst etwas beweisen zu müssen. Oder das Bedürfnis, anderen etwas beweisen zu wollen. Vielleicht war es aber auch die unterschwellige Vorahnung, dass Trampen so viele ungeahnte Möglichkeiten in sich birgt. Damals war mir noch nicht klar, warum ich mich zu dieser gewagten Form des Reisens hingezogen fühlte. Aber wie bei meiner Entscheidung am Flughafen wusste ich eines ganz gewiss: dass die Angst vor etwas mich nicht davon abhalten sollte, das zu tun, was ich tun wollte. Und in diesem Fall, warum auch immer, war es das Trampen.

Ich plaudere eine Weile mit der Frau und sie bittet mich, zu warten, bis sie wieder zurück ist. Dann verschwindet sie zwischen den Bäumen. Folgsam werfe ich meinen schweren Rucksack auf den schmalen Grasstreifen neben der Straße und setze mich mit verschränkten Beinen daneben. Vor mir schlängelt sich der Highway einsam durch den dunklen Wald. Ich weiß nicht, woher die Frau gekommen ist, und warte ab, bis sie wiederkommt.

In der Stille vernehme ich leise Motorengeräusche. Das darf doch nicht wahr sein. Ein Auto nähert sich. Das erste, das ich seit Stunden zu Gesicht bekommen habe. Ungläubig über die Verzwicktheit der Situation, schüttle ich den Kopf, kneife die Augen zusammen und beiße mir auf die Unterlippe. Mit gezwungener Miene versuche ich auf dieser weiten Straße nicht allzu verloren auszusehen und schaue krampfhaft in die entgegengesetzte Richtung. Das Auto fährt langsam heran. Und stoppt. Natürlich. Ein Vater und seine Tochter fragen, ob sie mich mitnehmen können. Mit zusammengepressten Lippen atme ich tief durch meine Nase ein, bis mein Brustkorb zu platzen scheint. Seufzend denke ich an die Frau von vorhin und schüttle matt lächelnd den Kopf. Das Auto setzt sich wieder in Bewegung. Lange schaue ich ihm nach, bis es zwischen den Bäumen verschwindet.

Ich bin erstaunt, als die Frau nach einiger Zeit mit einer großen Tüte in der Hand zurückkommt. Die Tüte ist bis oben hin gefüllt mit selbst gemachten Keksen, Obst, Nüssen und einer Flasche süßem Saft. Ich bin außer mir vor Freude, das Warten hat sich gelohnt! Doch die Frau will keinen Dank hören. Meine freudige Reaktion ist für sie Dank genug. Nach einem kurzen Wortwechsel mache ich mich ermutigt und gestärkt wieder auf den Weg, mit der Einstellung im Herzen, das Gute einfach auf mich zukommen zu lassen.

Und das Gute kommt. Mitten auf der Strecke werde ich von Ernist, einem Indianer aus Mackenzie, mitgenommen. Er fragt, wohin ich unterwegs sei. »Ich möchte nach Chetwynd«, sage ich. »Nach Chetwynd?«, wiederholt er fragend. »Da gibt es nichts Besonderes. Aber Mackenzie, die Stadt musst du gesehen haben!«, sagt er. Ernist erzählt so begeistert von seiner Heimat, dass ich spontan mit ihm dorthin fahre. Bei Mackenzie hält Ernist an. Er führt mich an eine Stelle, an der vor wenigen Tagen ein Mann beim Campen von einem Bären überfallen und getötet worden ist. Gemeinsam gehen wir weiter in den Wald hinein, immer den Spuren folgend, die noch deutlich zeigen, wo der Bär den Mann tief in den Wald gezerrt hat. Immer wieder stoppt Ernist, dreht ein mit Blut verschmiertes Blatt um oder deutet auf einen Baum, an dessen Rinde Spuren von Haaren und Fell hängen. Ich bin erschrocken und auf seltsame Weise fasziniert. Schließlich zeigt Ernist mir die platt gelegene Stelle, die dem Bären und in der besagten Unglücksnacht offensichtlich auch jenem Camper als Schlafplatz gedient hatte. Dabei erklärt er mir, woran man erkennen kann, ob man sich im Territorium eines Bären aufhält. »Denn das sollte man lieber vermeiden«, sagt er. Ernist bringt mir bei, wie man anhand der Abdrücke der Tatzen die Unterschiede zwischen Schwarz- und Braunbären feststellen kann. Und zeigt mir zu guter Letzt noch jene Heilpflanzen, die eine medizinische Wirkung haben und wogegen ich sie anwenden kann. Besonders ein Kraut gegen Mückenstiche wird mir später noch öfter zugutekommen … Ich bin unendlich dankbar, dass sich Ernist Zeit für mich genommen hat, um mich in Sachen Überlebenstraining zu schulen. Und das für eine völlig fremde Person.

Die Menschen, die ich auf meiner Reise durch Kanada treffe, sind denkbar unterschiedlich. Als Nächstes begegne ich Tim, einem verrückten Kroaten, der bereits seit 16 Stunden ohne Pause unterwegs ist, als ich in sein Auto einsteige. Und er hat vor, auch die nächsten 16 Stunden durch die Nacht zu fahren. In der Dunkelheit lerne ich eine komplett neue Seite dieses Landes kennen. Wir sehen Bären, Luchse, Dachse, ein paar Elche und Hirsche, eine Eule und vor allem eins: die berühmten Nordlichter in ihrer ganzen Pracht, mit einem Farbspektrum von Grün, Gelb und Orange bis hin zu Rot. Unfassbar schön! So grell und farbenfroh begeistern uns die Nordlichter, wie sie da am Himmel tanzen, für mehrere Stunden. Nachts um 2 Uhr beginnt das Fahrzeug plötzlich zu knattern. Dann wird es ganz still.

»Ich hab vergessen zu tanken und ich hab keinen Notfallkanister Benzin dabei«, lacht der verrückte Tim schief. Gerade so rollen wir noch von der Straße herunter an den Waldrand und kommen dort zum Stehen. Augenblicklich merke ich, wie mit dem Ausfall der Heizung die nordische Kälte ins Auto zieht und dessen Inneres einnimmt. Todmüde behelfe ich mir mit Jacken und Decken, um die Kälte möglichst zu vergessen, während ein aufgescheuchter Tim so langsam erst zu realisieren beginnt, dass wir uns mitten in der Wildnis befinden. In blanker Panik entsichert er sein Bärenspray, mit dem er uns später versehentlich einer scharfen, beißenden Wolke von hochkonzentriertem Pfefferspray ausliefern wird, die uns erneut zu einem ungeplanten Stopp zwingt – um das Auto und sämtliche Atemwege auszulüften.

Irgendwie bringen wir auch die restlichen Stunden dieser Nacht hinter uns. Mit einem netten Farmer, dessen Motorengeräusche

Tim und mich am Morgen wecken, trampe ich zur nächsten Tankstelle, um mit einem gefüllten Benzinkanister bestückt wieder zurück zu Tim zu fahren.

Der Schreck dieser Nacht scheint ihm noch lange nachzugehen. »Maren, merke dir eins«, sagt er mir, als wir uns wenig später an diesem Tag verabschieden, »aus Fehlern anderer Menschen zu lernen, ist günstig. Aus eigenen Fehlern zu lernen, ist immer teuer!« Ich nehme seine Warnung mit Lockerheit. Zu dem Zeitpunkt weiß ich noch nicht, dass ich später noch auf meine eigenen Kosten kommen werde.

Ausgestattet mit einem pinken Klappmesser, das mir ein besorgter Bauer unterwegs zugesteckt hat, überfahre ich mit einem Lkw-Fahrer den 60. Breitengrad auf der nördlichen Hemisphäre. Eine Dame, die dort in ihrem Informationshäuschen sitzt, stellt mir ein Zertifikat aus, das mir den »entschlossenen, redlichen und kühnen Geist eines wahren Arktis-Entdeckers« bescheinigt und mich daher »als ein ehrbares Mitglied der exklusiven *Abteilung für Arktische Abenteurer* nördlich des 60. Breitengrades« anerkennt. Tief in meiner Identität bestätigt, ziehe ich voller Tatendrang gen Norden nach Yellowknife, in die Nordwest-Territorien Kanadas.

GESTRANDET WIE ROBINSON CRUSOE

In einer Kleinstadt, die weit entfernt von anderen Städten liegt und im Winter wetterbedingt oft über Monate hinweg von der Außenwelt abgeschnitten ist, ist es wichtig, dass man intern zusammenhält und sich aushilft, wo es nötig ist. Diese Mentalität wird auch mir entgegengebracht: Man schmuggelt mich in die Dorfsporthalle, damit ich dort in Ruhe duschen und meine Kleider wechseln kann. In einem Büro kann ich meinen Rucksack unterstellen, während ich mit einem der kostenlosen Stadtfahrräder zum Strand fahre. Dort lerne ich einen Anwalt und seine Tochter kennen, die heute Nacht hier zelten. Wir verstehen uns so gut, dass ich spontan in ihrem Zweitzelt schlafen darf. Das hatten sie zufällig dabei.

Auch in den kommenden Nächten wird mir ausnahmslos geholfen, einen Schlafplatz zu finden. Ich nächtige in freien Zimmern, bei Freunden von Freunden und werde von hilfsbereiten Bewohnern zum Essen eingeladen. Als ich eines Tages keine bessere Übernachtungsmöglichkeit finde als den Vorgarten einer Hausbesitzerin, kaufe ich mir im Supermarkt das günstigste Zelt, das ich finden kann (ein Kinderzelt), und nehme ihr Angebot an.

Menschen sind interessiert, offen, führen mich auf Märkte, zeigen mir die vielen kleinen, verträumten Kunsthandwerksläden, Flüsse und versteckte Wasserfälle. Durch Kontakte des Anwalts lande ich auf einer Inselparty und schlage Golfbälle von Hausbootdächern. Wenn ich Internet benötige, suche ich mir das kostenfreie Stadt-WLAN oder gehe ganz konventionell zur ortsansässigen Bibliothek. Genauso wie Simon, den ich eines Tages dort treffe. Er wird auf meinen großen Rucksack aufmerksam und spricht mich an. Simon arbeitet in der Filmindustrie. Dort ist er jedoch nur in den Wintermonaten beschäftigt und nutzt jedes Jahr den Sommer, um seinem Hobby, dem Kanufahren, nachzugehen. Gerade ist er von einem vierwöchigen Trip zurückgekehrt und hat noch zwei Wochen Zeit, die er gerne auskosten möchte. Einen Partner habe er dafür noch nicht, sagt er, aber ich wirke auf ihn, als hätte ich für einen Kanu-Trip die nötige Zeit. Und die habe ich in der Tat! Ohne viel Zeit zu verlieren, setzen wir uns in der Bibliothek zusammen und legen folgendes Ziel fest: Von Yellowknife aus wollen wir 160 Kilometer über den Nordarm des *Great Slave Lake* bis zu der indianischen Gemeinde Behchokò paddeln. Dort wollen wir an einem Freitagabend pünktlich zum wöchentlichen Bingospiel ankommen und idealerweise den Jackpot abräumen. Simon hat bereits alles für den Trip vorbereitet. Bevor wir abfahren, verabschiede ich mich von meinen neu gewonnenen Freunden im kleinen Yellowknife. Zusammen machen wir noch ein paar letzte Besorgungen und nur ein paar Tage später sitze ich zum ersten Mal in meinem Leben in einem Kanu und wir legen ab.

Es ist höchst erstaunlich: Schon nach ein paar Stunden in einem schmalen, kniehohen Boot auf hoher See kommt in mir eine Stimmung auf, die mich wie eine Schiffbrüchige fühlen lässt. Wie man es aus Filmen kennt, habe ich daher klischeegerecht jeden Tag Notizen in meinem Feldtagebuch festgehalten:

TAG 1: *Wir paddeln im Schnitt 7 Stunden am Tag. Das bedeutet viel Ruhe und Zeit, um ausgiebig über mein Leben nachzudenken. Tausend Fragen überkommen mich. Ich bin mir nicht sicher, ob mir diese Grübelei guttut.*

TAG 2: *Arme, Schultern, unterer Rücken – alles tut weh. Wir campen und machen Rast auf Inseln, suchen Steine, um uns eine Feuerstelle zu bauen, und Holz, um das Feuer darin zu entfachen. Fürs Abendessen haben wir einen Fisch gefangen. Getrocknetes Gemüse nimmt im kochenden Wasser seinen nahezu ursprünglichen Zustand an und wird mit Reis oder Pasta zu einer wirklich guten Energiequelle. Ich wusste gar nicht, dass es möglich ist, es sich auf einem Kanutrip so gut gehen zu lassen.*

TAG 3: *Gestrandet auf einer Insel – ich komme mir vor wie Robinson Crusoe. Wir sind gut vorangekommen, der Wind kam aus der richtigen Richtung. Aber plötzlich wurde der Wind stärker, die Wellen größer und das Wasser ist in unser Kanu geschwappt. Wir mussten auf einer Insel Schutz suchen, die nicht größer ist als eine Verkehrsinsel. Hier sitzen wir jetzt. Essen, schlafen, lesen und warten bis sich der See beruhigt.*

TAG 4: *Blitze durchzucken den Himmel, Donner grollt aus jeder Himmelsrichtung. Es tobt ein schrecklicher Sturm. Regen fällt und bringt erbsengroße Hagelkörner mit sich. Gerade noch rechtzeitig haben wir auf einer kleinen Insel Zuflucht gefunden, bevor wie aus dem Nichts dieser Sturm losbrach und die nächsten vier Stunden toben sollte. Vollkommen durchnässt verkriechen wir uns in unsere Zelte. Das Feuermachen an diesem Tag ist herausfordernd, aber nicht unmöglich.*

TAG 5: *Immer noch ist es windig. Wir haben versucht, unsere Reise fortzusetzen. Aber der Wind hat gedreht und steht uns entgegen. Wir kommen nicht gegen ihn an und sind wieder gezwungen, auf einer Insel auszuharren, bis das Wetter eine Weiterreise zulässt.*

TAG 6: *Die Wolken hängen tief. Wir kämpfen uns durch den Wind von Insel zu Insel, immer wieder nach Schutz und neuer Kraft suchend. Die erste Hürde ist geschafft. Rae Point, ein Inselvorsprung, den es als schwierig zu umfahren gilt, konnten wir fast problemlos umschiffen. Jetzt fühlen wir uns unbesiegbar. Nichts kann uns mehr davon abhalten, rechtzeitig zum Bingo in Behchokò anzukommen.*

TAG 7: *Es ist wieder ruhig, fast windstill. Am vorletzten Tag fange ich an, das Paddeln zu genießen. Seit einer Woche haben wir keine Menschenseele mehr gesehen. Es scheint niemanden auf der Welt zu geben, außer ein paar vorbeifliegende Entenschwärme und vereinzelte Adler. Wir sind umgeben von Wasser. Die Stille gibt einem das Gefühl, in vollkommener Einheit mit der Natur zu sein.*

TAG 8: *Der Wind hat sich gedreht. Nach einem dreistündigen Endspurt ist es geschafft! Ein Schwall von Glücksgefühlen über die Ankunft in Behchokò überkommt mich. Dann folgt die große Ernüchterung: Aufgrund mehrerer Todesfälle in der Kommune fällt das wöchentliche Bingospiel aus!*

Wir sind trotzdem stolz auf unsere Leistung und feiern das mit dem Großeinkauf von Fast Food und einer heiß ersehnten Dusche.

DAS NORDMENSCH-RITUAL

Dawson City wirkt auf mich wie eine Stadt aus einer anderen Zeit. Als 1897 im Zuge des *Klondike-Goldrauschs* die ersten erfolgreichen Goldsucher nach Seattle und San Francisco heimkehrten, sorgten sie mit ihren Taschen voll Geld für große Aufregung. Über 100 000 Menschen reisten daraufhin in der Hoffnung auf schnellen Reichtum in den Norden. Im Zuge dieses Goldrausches wurde wie aus dem Nichts Dawson City gegründet und war ein bis zwei Jahre nach dem großen Aufschwung schon wieder wie leer gefegt. In den 1960er-Jahren kam es jedoch zu einer Wiederbelebung. Historische Gebäude im Stadtkern wurden restauriert oder originalgetreu nachgebaut. Die Straßen bestehen noch heute aus trockenem Staub und die Gehwege aus knarzigen Holzplanken. In schnörkeliger Schrift stehen auf der Glasscheibe des Supermarktes die heutigen Angebote. Aus verrauchten Saloons mit dunklen Schwingtüren dringt Live-Musik nach außen. Im Spielcasino besingt und umgarnt die vollbusige *Diamond Tooth Gertie* die Männer und hält den Geist der Goldgräberstadt am Leben.

In der *Sourtoe*-Bar lasse ich mich durch ein Ritual, das an eine Mutprobe erinnert, zu einem Nordmenschen küren. Einer Legende nach gerieten in den 1920er-Jahren die Rum-Schmuggler Louie Linken und sein Bruder Otto während einer ihrer Schmuggelfahrten in einen schrecklichen Schneesturm. Um das Hunderudel, das den Schlitten zog, besser unterweisen zu können, stieg Louie vom Schlitten herunter und trat dabei in eine Pfütze aus Eiswasser. Weil die Brüder Angst hatten, dass die Polizei ihnen auf den Fersen sei, setzten sie ihre Fahrt schnellstens fort. Das führte dazu, dass Louies großer Zeh abfror. Um Wundbrand vorzubeugen, hieb Otto seinem Bruder mit einer Axt den großen Zeh ab und legte diesen in Alkohol ein.

Jahre später fand Captain Dick Stevenson beim Ausräumen einer verlassenen Hütte einen eingelegten Zeh. Aus Jux entstand die Mutprobe, den Rum, in dem der Zeh lag, zu trinken. Geboren war der Sourtoe-Cocktail-Club und das damit verbundene Ritual: Erst wer den Sourtoe Cocktail getrunken hat, kann sich als echten Nordmenschen bezeichnen.

Heute noch kann man den legendären Trunk probieren. Er besteht aus einem Glas Rum, in den der schwarze, mumifizierte Zeh gegeben wird. Immer wieder verschlucken Wagemutige den Zeh, weshalb inzwischen eine 500 Kanadische Dollar hohe Strafe ansteht für den, der den Zeh verschluckt. Glücklicherweise wird es aber immer Menschen geben, die beim Rasenmähen nicht vorsichtig genug sind und ihre Zehen von überall in Nordamerika der Sourtoe-Bar in Dawson City vermachen. Dort, wo auch ich mich zu einem Nordmenschen küren lasse, indem ich die einzige Regel beachte, die lautet:

You can drink it fast, you can drink it slow,
but your lips have got to touch the dirty old toe.
(Du kannst kippen oder nippen,
Hauptsache der Zeh berührt deine Lippen.)

Die meisten derer, die damals ihre Heimat verlassen haben, um in Dawson City Gold zu suchen, wurden niemals reich. Dennoch beschrieben sie ihre Erfahrungen während des Marschs in den Norden als lebensverändernd. Am Ende erwies sich die Reise selbst als weitaus wertvoller als Gold. Auch ich merke, dass ich dabei bin, eine bisher ungeschätzte Art von Reichtümern und neuen Werten zu sammeln. Und ich beginne zu realisieren, dass reich sein so viel mehr bedeutet, als nur viel Geld zu besitzen. Ein Bekannter aus der Heimat schreibt mir: »Das Backpacken ist ja nicht jedermanns Sache, auch meine nicht; aber wenn man bereit ist, auch unter vielen Mühen die Welt kennenzulernen, lohnt sich das sicher für das ganze Leben. Es ist schon so, dass der wahre Reichtum nicht im Gold liegt, sondern in der Bereitschaft, sich auf die Anforderungen des Lebens einzulassen.«

DIAMOND TOOTH GERTIES

SOFTOPS

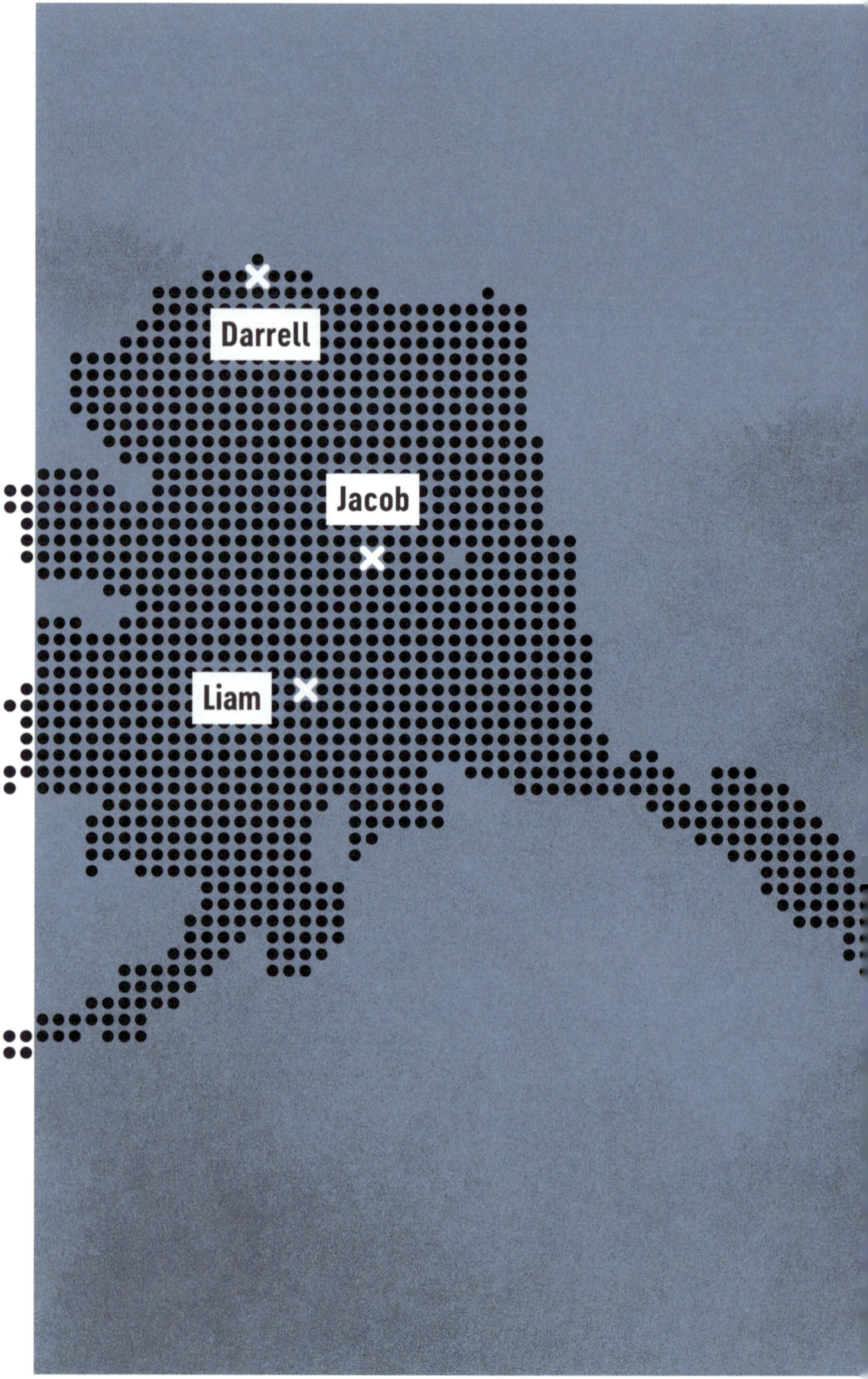
Darrell
Jacob
Liam

Alaska

VON DER POLIZEI GESUCHT

Bevor ich die Grenze nach Alaska überschreite, bin ich – zugegebenermaßen – etwas nervös. Unterwegs habe ich jedoch ein älteres Schweizer Pärchen getroffen, das mich mit dem Auto mitnimmt. Wir verstehen uns prächtig und plaudern ohne Pause. Die beiden wollen mich mit über die Grenze nehmen. Weil ich gehört und gelesen hatte, dass es für Tramper nicht so einfach sein soll, ins Land zu kommen, bitte ich das Paar, mich an der Grenze einfach nur als eine Mitreisende zu bezeichnen und das Wort *Tramper* möglichst nicht zu erwähnen. Irgendwie habe ich das Gefühl, die beiden werden plötzlich selbst nervös, denn sie öffnen den Grenzbeamten das Autofenster mit den Worten: »Hallo, wir sind aus der Schweiz und haben eine deutsche Tramperin auf der Rückbank!« Na toll. Damit heißt es für mich aussteigen und im Grenzbüro jede Menge Papiere und Erklärungen vorweisen. Ich lasse Belehrungen über die Gefahren des Trampens über mich ergehen. Wir sprechen. Wir diskutieren. Das schlechte Gewissen zusammen mit ihrer Loyalität mir gegenüber lässt die Schweizer draußen vor der Tür auf mich warten.

Letztendlich bekomme ich meine Einreiseerlaubnis ausgehändigt und selbst die Bearbeitungskosten werden mir mit den Worten »Kauf dir von dem Geld lieber ein Busticket!« erlassen.

Das Paar lässt mich in der Nähe von Fairbanks raus. Dort habe ich über das Internet bereits Kontakt mit Jacob aufgenommen, auf dessen Couch ich übernachten darf. Jacob ist in meinem Alter, liebt Hunde, Reisen und Rotwein. Und er liebt das Fliegen. Jacob ist Pilot für Charterflüge und macht es möglich, dass ich ihn auf zwei Flügen begleite. An seiner Seite darf ich sogar direkt neben ihm ganz vorne im Cockpit sitzen. Eine einzigartige Gelegenheit. Kaum zu glauben, dass wir Schokolade naschen, während wir knapp über die schneebedeckten Berge rauschen und uns der Anblick der farbenfrohen Tundra den Atem raubt.

Wir fliegen nach Barrow, dem nördlichsten Punkt Alaskas und der USA, in eine kleine Gemeinde der indigenen Bevölkerung, den sogenannten *Inuit*. Barrow liegt am Rande der Beaufortsee und ist vom Rest des Landes abgeschnitten: Es gibt keine Verbindungsstraße in die Zivilisation. Dort, wo man sich noch einen recht ursprünglichen Lebensstil bewahrt hat (oder bewahren musste), leben die Menschen vom Fischfang oder jagen Seehunde, Wale und Wölfe. Denn wer in der Natur überleben will, muss sich ihr anpassen. Das Fleisch der Tiere wird konserviert. Ihre Felle werden auf dem Holzgeländer des Treppenaufgangs getrocknet, damit die Frauen daraus später warme Mäntel nähen und aus den Knochen und Zähnen der Seelöwen Schmuck, Waffen oder Werkzeuge herstellen können.

Ich habe mir vorgenommen, hier oben in das eiskalte Nordpolarmeer zu springen. Unter Fluchen und Kreischen renne ich den meterhohen Wellen entgegen: rein, runter, raus – fertig aus.

Völlig durchnässt und unterkühlt kommen Jacob und ich wieder am Flugplatz an, wo ich einmal mehr Zeugin der nordischen Hilfsbereitschaft werde. Darrel, der für die Koordination aller ankommenden und abfliegenden Flugzeuge verantwortlich ist, bietet mir an, meine nassen Kleider in den Trockner zu werfen. Schon die Tatsache, dass Flugtürme einen Trockner beherbergen, finde ich äußerst erstaunlich. Daher kommt mir die Situation noch surrealer vor, als ich nackt, nur mit einer Decke um meinen Körper gewickelt, im Flugaussichtsturm sitze und mit einer heißen Tasse Kaffee in der Hand darauf warte, dass meine Kleider getrocknet sind und wir den Rückflug nach Fairbanks antreten können.

KEIN ANSCHLUSS UNTER DIESER NUMMER

Unweit von hier liegt der *Denali Nationalpark*, wo ich mich mit Liam treffe, einem Freund aus Yellowknife. Ich hatte ihn damals auf der Inselparty kennengelernt. Er gehörte zu den treuen Seelen, die mich zum Essen eingeladen hatten und um mein Wohl besorgt waren. Liam ist ebenso abenteuer- und reisebegeistert wie ich. Daher war ich nicht überrascht, als er mich anrief, um zu fragen, ob er mich bei meinem nächsten Vorhaben begleiten darf. Und ich sagte: »Natürlich darfst du!«

In einem Hostel nahe des Flughafens treffen wir uns und machen Lagebesprechung: Gemeinsam wollen wir den *Stampede Trail* entlangwandern und den Spuren von Christopher McCandless folgen. Christopher Johnson McCandless (12. Februar 1968 – 18. August 1992) war ein amerikanischer Jugendlicher, der genug hatte vom trostlosen Trott in seinem immer gleichen Umfeld. Er suchte die Veränderung und wollte ein Leben in natürlicher, unberührter Umgebung, fernab von jeglicher Form der Zivilisation. Im April 1992 machte er sich daher mit spärlicher Ausstattung und wenig Geld auf den langen Weg in die Wälder von Alaska. In einem alten, verlassenen Bus am *Stampede Trail* fand er sein neues Zuhause und ein paar Monate später auch einen tragischen Tod. Jon Krakauer veröffentlichte 1996 das Buch *Into the Wild* über McCandless' Leben, der inzwischen für viele Jugendliche zum Vorbild und zur Inspiration wurde.

Eine junge Frau nimmt uns bis kurz vor den Startpunkt des Trails mit. Sie ist besorgt, als sie hört, dass wir zum sogenannten *Magic Bus* unterwegs sind.

»Zu viele junge Menschen starten ihren Weg mit dieser Motivation und zu wenige kommen lebend zurück«, erzählt sie. Sie ist sichtlich beunruhigt. Auch wir haben schon davon gehört, dass auf ihrem Weg zum *Magic Bus* viele Menschen immer wieder gerettet werden müssen. Vor allem der eisige Bergfluss *Teklanika* wird oft unterschätzt. Mit seiner rauschenden Geschwindigkeit und Kraft hat er schon einige Menschenleben gefordert und viele Wanderer, wie damals McCandless, zur Umkehr gezwungen.

»Ich gebe euch meine Handynummer«, fährt die junge Frau fort. »Sagt mir, wann ihr geplant habt, zurück zu sein. Wenn ich bis dorthin nicht von euch höre, dann rufe ich die Polizei!«

Wir vereinbaren, dass wir uns nach spätestens vier Tagen wieder bei der Frau melden werden.

An der Straße setzt sie uns ab und Liam und ich beginnen zu laufen. Schon jetzt sind wir begeistert von der Natur. In der Ferne bildet sich die weiße Spitze des *Mount Denali* (ehemals *Mount McKinley*) ab, der höchste Berg Nordamerikas und der kälteste Berg der Erde. Der Weg ist schlammig und nass. Der Matsch erschwert das Laufen, aber macht die Strecke dafür umso abenteuerlicher. Liam und ich umgehen die Pfützen und sinken mit den Füßen tief in den sumpfigen Boden. Die erste und wichtigste Wander-Regel »Halte deine Schuhe und Füße weitgehend trocken« ist unmöglich einzuhalten. Ständig müssen wir kleinere und größere Bachläufe durchqueren. Anfangs ziehen wir noch jedes Mal Schuhe und Socken aus, krempeln die Hosenbeine hoch, durchqueren den Bachlauf, trocknen auf der anderen Seite die Füße, ziehen die Socken und Schuhe wieder an und laufen ein Stück weiter, bis wir zum nächsten Bachlauf kommen und erneut die Schuhe wieder ausziehen müssen. Bald wird uns das zu umständlich. Da unsere Schuhe durch den Schlamm sowieso bereits feucht sind, laufen wir irgendwann nur noch quer durch die Flüsse hindurch. Liam vergewissert sich regelmäßig, dass es mir gut geht und ich zurechtkomme. Zunächst fand ich das nett. Inzwischen antworte ich nur noch mit knirschenden Zähnen, dass »alles in Ordnung« ist. Je mürrischer ich antworte, desto stärker hat Liam wiederum das Gefühl, nach meinem Befinden fragen zu müssen.

»Vergiss nur nicht, dass das mein Abenteuer ist, und *du* dich *mir* angeschlossen hast«, grummle ich vor mich hin, »ich hätte es auch alleine gemacht.«

Stur arbeitet sich jeder von uns seinen Weg vorwärts. Richtige Wege oder Pfade gibt es hier schon lange nicht mehr. Alles, was vor uns liegt, ist ein riesiges, schlammiges Feld. Und ich kämpfe mich mitten hindurch. Starr nach vorne blickend, um möglichst demonstrativ zu zeigen, dass ich auf niemanden angewiesen bin. Ich mache einen Schritt nach dem anderen, als ich plötzlich in die Tiefe sinke und mich bis zur Hüfte in einem riesigen Loch aus Schlamm wiederfinde. Ich bin wie gelähmt. Erschrocken versucht mein Gehirn zu verstehen, was gerade passiert ist. Meine Hände und Füße haben keinen Halt. Stattdessen schweben meine Beine unter mir im kühlen Nichts, wie in zähem Treibsand. Ich breite meine Arme aus und lege die offenen Handflächen auf der Sumpfoberfläche ab. Da ertastet mein linker Fuß unter sich etwas Schmales, Festes. Behutsam ertaste ich die Form mit meinem Schuh. Das muss ein Ast sein. Ich stelle meine Füße darauf ab und versuche, Halt zu finden. Gleichzeitig suchen meine weit aufgerissenen Augen panikartig die nahe Umgebung ab. Ein Stock, eine Wurzel, irgendetwas, durch das ich mich wieder nach oben und aus dieser Brühe herausziehen könnte. Langsam schiebe ich meinen rechten Fuß durch den zähen Morast. Immer wieder verliere ich die Balance. Ich habe das Gefühl, gemeinsam mit dem Ast weiter in die Tiefe zu sinken. Der Schlamm reicht mir bereits über den Bauchnabel. Mein Rucksack, in dem sich mein gesamtes Hab und Gut befindet, legt mir zusätzliches Gewicht auf und macht jegliche Art von Beweglichkeit schier unmöglich. Es ist aussichtslos. Um mich herum sehe ich nichts als Schlamm und dreckige Weite.

Plötzlich kommt mir von der rechten Seite ein dicker Ast entgegen. Am anderen Ende des Astes steht Liam, der mich gesehen hatte und rettend zur Hilfe geeilt war. In meinem Schreck war es mir nicht in den Sinn gekommen, nach ihm zu rufen. Aber Liam hatte schnell gehandelt. Ich halte mich an dem dicken Ast fest, und lasse mich Stück für Stück von ihm ins Trockene ziehen.

Wie gut ist es, nicht allein unterwegs zu sein! Etwas beschämt über meine vorherige Einstellung mache ich mich mit noch immer zitternden Beinen, aber diesmal gemeinsam mit Liam, weiter auf den Weg. Es wird immer schwerer, die richtige Route auszumachen. Wir folgen den kleinsten Spuren, die auch nur minimal die Hoffnung geben, dass hier schon einmal jemand vor uns gelaufen sein könnte. Wir laufen Hügel hinauf durch feuchte Wiesen. Auf Knien arbeiten wir uns durch Gebüsch und Geäst. Vor uns entdecken wir frische Grizzlyspuren im Matsch und finden später heraus, dass wir mit wenigen Minuten Abstand einem Bären gefolgt sind.

»Bären und Elche sind eure größten Gegner«, hatte man uns gesagt. »Ihr wollt weder den einen noch den anderen begegnen.« Als wir einen Parkaufseher antreffen und uns nach der Uhrzeit erkundigen, meint dieser nur: »Zeit wieder umzudrehen!«

Das Bärenspray fest umklammert, laufen wir dennoch stur weiter und schlagen auf der Hälfte der Strecke an einem erhöhten Absatz am Flussufer unser Zelt auf. Unser Essen hängen wir in bären- und elchsicherer Entfernung (ca. 100 Meter) an einen Baum und legen uns schlafen.

Die Nacht im Zelt ist eisig. Die Temperaturen fallen bis unter null Grad, unsere Körper und Kleider sind von der Nässe durchgefroren. Meine Hose, die ich zum Trocknen an einen Baum gehängt hatte, finde ich am nächsten Morgen steif wie ein Bügelbrett vor. Der Plan, möglichst früh aufzustehen, um noch vor Sonnenaufgang den *Teklanika River* zu überqueren, muss also zunächst dem neuen Plan eines Lagerfeuers weichen, um unsere gefrorenen Kleider und Schuhe wieder aufzutauen. In meiner Ungeduld stelle ich meine Schuhe dabei so nahe ans Feuer, dass sie sich unter der Hitze verformen und meine Füße von nun an beim Tragen Blasen bilden.

Erst gegen Mittag sind wir bereit, dem *Teklanika River* entgegenzutreten – dem Fluss, der die größte Herausforderung dieser gesamten Wanderung darstellt. Aber Liam und ich sind vorbereitet und fühlen uns bei dem Gedanken an unser im Rucksack verstautes Gummiboot hinreichend ausgerüstet, um den bevorstehenden Gefahren zu trotzen.

Stromaufwärts laufen Liam und ich den Fluss entlang auf der Suche nach einer guten Stelle, um unser Boot in diesen reißenden Strom zu lassen. Langsam fahren meine Augen die Umgebung ab. Gerade schießt mir dabei noch die Frage durch den Kopf, ob wir uns wohl in einem Bären- oder Elchgebiet aufhalten, als wir wie aus dem Nichts auf zwei riesige Elchskadaver stoßen. Die Knochen sind noch blutig und sehen aus wie frisch gerissen. Mein Atem stockt, ich werde von Panik gepackt. Ich kann nur noch starren, nicht mehr denken. In Kombination mit den gestrigen Bärenspuren malt mir meine Fantasie ein schauriges Bild. Meine Füße bewegen sich weder vor noch zurück. Ich bin starr vor Schreck. Weiß nicht, ob ich diese Wanderung fortsetzen oder lieber umkehren will. Aufgescheucht von Liams angsterfülltem »RENN!« hasten wir so schnell wir können zurück zu unserem Zelt.

Angst siegt über Ambition. Es ist vorbei! Lieber weiß ich mich sicher am Leben, als dass ich mich bei dem Versuch, diesen Bus zu erreichen, demselben Schicksal wie die Elche aussetze. Die Kälte erscheint mir plötzlich noch eisiger als zuvor. Wir kuscheln uns in die vertraute Wärme des Zeltes und erwarten schweigend die Nacht. Keiner will reden. Aber in mir macht sich Enttäuschung breit.

Kurz vor Einbruch der Dunkelheit machen Liam und ich uns auf, um Tannenzweige zu sammeln. Diese wollen wir über das Zelt legen, um uns so vor den Minusgraden abzuschirmen und die Wärme im Zelt aufrechtzuerhalten. Dabei entdecken wir in einer Felsspalte unweit des Zeltes eine kleine, graue Blechdose. Der Aufdruck der Dose ist nicht mehr leserlich und die Farben der Oberfläche sind bereits durch dunklen Rost ersetzt worden. In der Dose befinden sich ein Buch mit gewellten Seiten, kaum größer als drei fingerbreit, und ein abgegriffener Bleistiftstummel. Mit steifen Fingern blättern wir durch das Tagebuch und lesen sprachlos von den Erfahrungen und Enttäuschungen derer, die bereits vor uns daran gescheitert sind, den *Teklanika River* zu überqueren. Wir finden die unterschiedlichsten Vorgehensweisen und Taktiken vor – alle kreativ, aber erfolglos. Dazwischen befinden sich auch zwei positive Einträge. Der Stolz und die Freude der Siegreichen sind selbst durch die gewellten Buchseiten hindurch zu spüren. Liam und ich gehen das Büchlein sorgsam von vorne bis hinten durch und kommen zu dem Schluss: Aufzugeben und die Wanderung abzubrechen, kann keine Option sein!

Am nächsten Morgen ist unsere Entschlossenheit so eisern wie zuvor. Unser Zelt – lassen wir diesmal mit Hab und Gut vor dem Fluss zurück. Die Kadaver – sind immer noch da. Immer noch grausig. Aber ich – bin diesmal mental darauf vorbereitet. Wir laufen bis ans Ufer vor und legen das bereits aufgeblasene Gummiboot zunächst ab. Mich überkommt ein Anflug von Ehrgeiz, es zunächst ohne Boot zu schaffen, den Fluss zu überqueren. Neugierig mache ich einen ersten Schritt in den Fluss hinein. Bereits als ich bis zu den Knöcheln im eiskalten Wasser stehe, spüre ich seine enorme Kraft. Wiederholt versuchen wir dennoch im Wasser Halt zu finden, um den Fluss zu durchqueren. Aber ohne Erfolg. Wir lassen das kleine Boot ins Wasser. Ich springe hinein, während Liam es festhält und schnell hinterherspringt, bevor die Strömung uns ruckartig mitreißt. Mit den letzten Zügen unserer Kraft manövrieren wir das blauweiße Gummiboot unter Anstrengung und Paddeln zwischen den Stromschnellen hindurch. Ich rutsche im Boot ganz nach vorne und setze mich so weit vorne und sicher wie möglich auf den Rand. Dann umgreife ich das Seil, das dort am Boot angebracht ist, fest mit der Hand. Nahe dem Ufer, kurz vor der nächsten Stromschnelle, springe ich auf Liams Zeichen aus dem Boot ins Wasser und ziehe uns an der Leine an Land.

Das Boot lassen wir am Ufer zurück. Es wird uns später wieder auf die andere Seite befördern. Wir schmeißen unsere nassen Jacken darauf und gehen zu Fuß weiter. Erneut folgen wir schlammigen Pfaden und kriechen unter Büschen hindurch. Ein richtiger Weg ist nicht erkennbar. Obwohl ich versucht habe, mir im Voraus durch das Lesen von Reiseberichten Orientierung zu verschaffen, verlaufen wir uns. Grob weiß ich, dass von einer Anhöhe auf der linken Seite ein kleiner See zu sehen sein soll. Und dahinter ein größerer. Doch wir wissen nicht, ob wir überhaupt noch auf der richtigen Spur sind. Wir laufen geradeaus. Wieder zurück. Schlagen eine andere Richtung ein. Der erste See erscheint. Der zweite ebenfalls. Die Erwartung steigt. Vor jeder Kurve baut sich die Hoffnung auf, gleich unser Ziel erreicht zu haben. Mit jedem Schritt wird die Kluft zwischen Erwartung und Ernüchterung tiefer.

Da tut sich wie aus dem Nichts vor uns eine Lichtung auf. Und da steht er – fest und real: der *Magic Bus*!

Mit einem Mal fällt alle Anstrengung und aufgestaute Anspannung von mir ab. Wir sind angekommen!

Am Bus sind die vom Wind zerschlagenen Fenster provisorisch durch spärliche Abdeckplanen ersetzt worden. Ein verrosteter Ofen hat vor Zeiten einmal den Bus durch seine Wärme auch in kalten Zeiten bewohnbar gemacht. Zwei Betten haben schon damals zum Schlafen gedient. Bis auf das Rauschen eines Flusses ist es komplett still um uns. In einer Ecke liegt ein Koffer mit Lebensmitteln und einem Erste-Hilfe-Set für Notfälle. Chris McCandless' Mutter hat nach dessen Tod diesen Koffer in den Bus gebracht, um zu verhindern, dass andere Reisende das Schicksal ihres Sohnes einmal teilen müssen. Wer in den Bus kommt, nimmt aus dem Koffer, was er braucht und legt hinein, was für andere nützlich sein könnte. Und auch uns kommt der Koffer sehr zugute. Da wir gedacht hatten, wir würden es vor Einbruch der Dunkelheit wieder zurück zum Zelt schaffen, hatten wir lediglich eine Flasche Wasser mitgenommen. Inzwischen ist es zu spät für eine Rückreise. Jede Menge zurückgelassener Schlafsäcke, Instant-Kartoffelbrei und sogar eine im Bus aufgestöberte Flasche Rum halten uns warm, während nachts der Wind durch die Ritzen pfeift.

Es ist ein verrückter Gedanke, in der Wohnung eines Menschen zu sein, den man nie getroffen hat und nie treffen wird. Und doch hat man das Gefühl, sich irgendwie mit ihm verbunden zu fühlen. Und ebenso mit allen anderen, die unser Abenteuer teilen. Auf einer Gedenktafel unter der Bustür steht McCandless' bekannteste Erkenntnis: *Happiness is only real when shared* (Freude ist erst dann echt, wenn sie geteilt wird). Man kann nur erahnen, was McCandless in Alaska alles durchgemacht hat. Dieser Satz jedoch lässt darauf schließen, dass er hier im Alleinsein den Wert der Gemeinschaft entdeckt hat. Auch wenn das Leben so viel einfacher scheint, wenn man von niemandem abhängig ist – es wird schwierig, wenn man nur auf sich allein gestellt ist. In diesem Moment fällt mir eine Weisheit aus der Bibel ein, die mich schon seit Kindestagen begleitet. »Zwei haben es besser als einer allein, denn zusammen können sie mehr erreichen. Stürzt einer von ihnen (zum Beispiel in den Sumpf), dann hilft der andere ihm wieder auf die Beine. Doch wie schlecht steht es um den, der alleine ist, wenn er fällt! Niemand ist da, der ihm wieder aufhilft« (Prediger 4,9-10, HFA).

Wir brauchen einander.

Dieser Bus wirkt tatsächlich irgendwie magisch. Wo man hinschaut, sieht man Spuren von anderen Reisenden: zurückgelassene Armbänder, tiefgründige Gedichte, farbenfrohe Länderflaggen sind Sinnbild des Teilens, Liebens und Geliebtwerdens. In die alten, rostigen Wände des Busses sind Namen und Daten eingeritzt und bald gesellen sich zwei weitere Namen dazu:

Liam und Maren, 03 Sept 2015

Den Rückweg legen wir schneller zurück als gedacht. Es ist diesmal fast spielend einfach, den Fluss in die andere Richtung zu überqueren. Als wir wieder an unserem Zelt ankommen, regnet es stark. Alles ist noch so, wie wir es verlassen hatten. Nur mit viel Mühe und Geduld schaffen wir es, in der Nässe ein Feuer zu machen, um uns etwas Warmes zu kochen. Nachdem unsere Bäuche gefüllt sind, wird das kleine, gewellte Buch um einen positiven Eintrag reicher. Dann legen wir uns glücklich und zufrieden schlafen.

Am nächsten Morgen werden wir von Rufen geweckt: Ein Vater und sein Sohn stehen wenige Meter vor unserem Zelt.

»Wir haben einen Parkaufseher getroffen, der meinte, wir sollten nach euch Ausschau halten, wenn wir es über den *Teklanika River* schaffen wollen«, sagen sie. Die beiden sind hungrig und erschöpft. Sie sind ohne Rucksack unterwegs. Wir laden sie zu einem heißen Kaffee ein und teilen unser letztes Brot mit ihnen. Dann lassen wir Kochtopf und Reis für sie zurück und schenken ihnen unser Gummiboot. Dankend machen die beiden sich auf den Weg und Liam und ich beobachten vom Felsvorsprung aus, wie sie in dem Boot sicher den Fluss überqueren.

Wir selbst packen unsere Sachen zusammen und machen uns auf den Weg an den Start des Trails. Da wir unser ganzes restliches Essen dem Vater und seinem Sohn vermacht haben, knurren uns die Mägen, als wir am Abend endlich wieder in der Zivilisation ankommen. Es ist eine unbeschreibliche Wohltat, nach unserer fünftägigen Wanderung, einen echten amerikanischen Burger mit Pommes essen zu können.

Da Liam wieder zurück nach Yellowknife fliegen muss, nutzt er ein Standtelefon im Restaurant, um in dem Hostel nahe des Flughafens wieder ein Bett für sich zu reservieren.

»Oh Gott sei Dank, geht es euch gut!«, ruft der Hostelbesitzer laut aus, bevor Liam richtig zu Wort kommt. »Die Polizei hat hier angerufen! Eine junge Frau hat euch vermisst gemeldet. Sie kannte nur Liams Namen. Die Polizei hat daraufhin seine Kreditkartenrechnung nachverfolgt und hier angerufen, um sich zu erkundigen, ob ihr denn schon zurück seid! Man hatte Polizisten auf den Trail geschickt, um euch zu suchen. Diese haben nur ein leeres Zelt vor dem Fluss vorgefunden, inklusive eurer Rucksäcke, Kleidung und Ausweise!«

Ich bin absolut verblüfft. Die fremde, junge Frau hatte ihr Wort gehalten und am 4. Tag die Polizei gerufen. Durch den Kadaver-Vorfall hatten wir einen Tag länger gebraucht als erwartet. Wir melden uns zuerst bei der Polizei und klären den Vorfall auf. Dann versuchen wir die junge Frau zu erreichen. Kein Anschluss unter dieser Nummer. In der Eile des Nummernaustauschs muss ein Zahlendreher passiert sein.

Auch in der Fremde gibt es Menschen, die sich um das Wohl ihrer Mitmenschen sorgen. Das zu erfahren, gewinnt für mich umso mehr Bedeutung in einer Zeit, in der die Menschen sich so alleine fühlen wie noch nie. Es ist doch erschreckend paradox, dass in einer Welt, in der durch Technik und Innovation die Kommunikation so einfach, schnell und direkt funktioniert wie nie zuvor, die Menschen niemanden mehr zum Reden finden.

Auf einen Nachbarn, Kollegen oder Fremden zuzugehen, kostet nicht viel, nur einen kleinen Funken Mut. Und es ist umso bereichernder zu sehen, wie hilfsbereit und freundlich die Menschen sind.

VISITOR CENTER

Beverly
Andre, Jan und Liz

USA – Westküste

DAS PRINZIP DER MENSCHLICHKEIT

Mit großen Erwartungen fahre ich nach Portland im Bundesstaat Oregon, um der Einladung eines Paares nachzukommen, das ich in Alaska kennengelernt habe. Am Tag vor meiner Ankunft melde ich mich telefonisch bei den beiden, um noch einmal sicherzugehen, dass ich auch wirklich bei ihnen unterkommen kann. Kann ich, sagen sie. Sie würden sich freuen, sagen sie. Als ich am nächsten Tag in der Stadt ankomme, tue ich mein Bestes, die beiden zu erreichen. Auf drei verschiedenen Nummern versuche ich es, doch eine Kontaktaufnahme bleibt erfolglos. Gegen Abend wird mir bewusst, dass es Zeit wird, sich nach einer Alternative umzuschauen. Mein Zelt habe ich in der Nähe von Seattle einer Obdachlosen überlassen. Last-Minute-Anfragen an Couchsurfer werden abgelehnt oder nicht mehr rechtzeitig gelesen. Ich muss mir etwas anderes überlegen.

Ich erinnere mich, dass ich mittags ein Missionszentrum gesehen habe, das Essen an Obdachlose verteilt hat. In diesem Zentrum, das offiziell nur Essen, aber keine Schlafplätze bereitstellt, will ich um eine Ausnahme bitten. Als Gegenleistung für einen Schlafplatz möchte ich anbieten, heute und am nächsten Tag bei der Essensausgabe mitzuhelfen.

Pünktlich zur abendlichen Essensausgabe tauche ich dort auf und stelle mich mit meinem großen Reiserucksack in die Schlange zwischen unverkennbar arme Menschen. Ich komme mir seltsam vor und fühle mich unwohl in dieser Reihe von Alkoholisierten und Übermüdeten. Eine Frau hinter mir, die offensichtlich unter Drogeneinfluss steht und schon seit einer Weile mit sich selbst redet, fängt an zu spucken und lauthals mit Schimpfworten um sich zu werfen. Sie wird handgreiflich gegen mich und andere, und wird daraufhin von den anderen Obdachlosen weggejagt. Ich versuche, mich nicht noch mehr verunsichern zu lassen als ich es ohnehin schon bin, und halte meinen Kopf starr aufrecht und nach vorne gerichtet. Die Schlange bewegt sich.

Der Leiter des Missionszentrums und die anderen Mitarbeiter sind sichtlich besorgt und hilfsbereit. Nach dem Abendessen tätigen sie ein paar Anrufe, um mich für die Nacht in einer Unterkunft unterzubringen. Die sind aber bereits alle voll. Nach langem Probieren weiß der Leiter der Mission nicht mehr weiter und bietet mir das an, was er im Normalfall wahrscheinlich allen Anfragenden anbietet: Er greift nach einem Stück Pappkarton und drückt es mir in die Hand. Dann zeigt er durch die Glastür auf einen noch freien Platz neben einem Obdachlosen und sagt:

»Halte dich an ihn. Er ist einer von den Guten.« Mit einem kräftigen Händedruck schiebt er mich sachte aus der Tür, wünscht mir viel Glück und Gottes Segen, und verschwindet mit den Worten »Ich bete für dich!« wieder im Missionszentrum.

Da stand ich also. Fassungslos. Allein. In der Dämmerung der Nacht, mit einem Stück Pappkarton in der linken Hand und nicht der leisesten Ahnung, wo ich die kommende Nacht überstehen sollte. Zögerlich treibe ich mich noch immer vor dem Missionszentrum herum, als mich ein junger Obdachloser auf sich aufmerksam macht. Ich hatte zuvor beim Abendessen schon ein paar Worte mit ihm gewechselt und ihm war eine Idee gekommen: Er erzählt mir von einer Art Zeltstadt von Obdachlosen für Obdachlose. Man muss sich anmelden und schläft auf dem Boden zwischen all den anderen Obdachlosen. Aber der Vorteil ist, dass man nicht direkt auf der Straße schlafen und sich nicht der dort herrschenden Kriminalität aussetzen muss.

Zusammen machen wir uns auf den Weg zur Zeltstadt, wo sich bereits eine lange Menschenschlange gebildet hat, die an den Häuserwänden entlang bis über eine Kreuzung führt. Wir stellen uns hinten an. Nach und nach treten die Schutzsuchenden vor, nennen ihren Namen und bekommen einen Schlafplatz auf dem mit Paletten bedeckten Zeltboden zugewiesen und eine Decke in die Hand gedrückt. Der Platz zum Schlafen ist sehr begrenzt. Aber in einer Situation wie dieser ist kein Raum für Ansprüche, da nimmt man, was kommt.

Im Zelt lerne ich Beverly kennen, eine 49-jährige Frau, die aufgrund von häuslichem Missbrauch ihr Zuhause verlassen musste und erst seit Kurzem obdachlos ist. Viele Freunde haben sich seitdem von ihr abgewandt. Ihr eigener Bruder hat sie bestohlen. Sie macht sich Sorgen und weiß nicht wie, wo und wann es für sie normal weitergeht. Oder ist das Leben hier draußen jetzt ihr neues »normal«?

Beverly und ich sind beide überaus froh, einen »Neuling« getroffen zu haben und unsere erste Nacht in dieser neuen Umgebung nicht alleine durchmachen zu müssen. Von überall im Zelt hört man Leute husten. Kranke Menschen keuchen rechts und links von mir, kurieren ihren Rausch aus. Die Dame neben mir atmet schwer. Und obwohl ich die Übernachtung anfänglich nur als Ausnahmelösung annehmen wollte, beschließe ich, daraus eine Möglichkeit zu machen, Beverly zu unterstützen und das Leben einmal durch andere Augen zu sehen. Ich verstaue also meinen Geldbeutel ganz unten im Rucksack und will versuchen, ganz ohne Geld auszukommen.

Früh am nächsten Morgen stehen Beverly und ich auf, um pünktlich um 6:30 Uhr bei einer der vielen sozialen Einrichtungen unser Frühstück einzunehmen. Im Vorzimmer, in dem alle warten, läuft in einem Fernseher ein Kinderprogramm mit einer bunten Zeichentrickserie. Nach und nach werden die einzelnen Wartenden der Reihe nach aufgerufen und zum Frühstück zugelassen. Es gibt Toast mit roter Grütze. Gleich nach dem Frühstück machen wir uns auf zu einer Notunterkunft für Frauen, um Beverly dort in die Warteliste für ein freies Bett eintragen zu lassen. Bei der Gelegenheit können wir auch duschen und unsere Kleider wechseln. Jeder von uns bekommt ein kleines Stück Seife, einen kleinen Papp-Fingerhut mit einem Tropfen Shampoo und 10 Minuten Duschzeit. Das tut gut!

Meinen Rucksack kann ich hier über den Tag verstauen, um ihn nicht mit mir herumtragen zu müssen. Tagsüber lungere ich in der Stadt herum und hänge mit Leuten ab, die ich bei den Essensausgaben kennengelernt habe. Wenn ich irgendwohin möchte, laufe ich dorthin. Ein Busticket kann ich mir nicht leisten. Mahlzeiten bekomme ich bei den verschiedenen Einrichtungen – die Obdachlosen wissen schon auswendig, wann welche Essensausgabe geöffnet hat. Einmal führt mich ein obdachloser Freund um die Stadt und gibt mir eine interessante Sightseeingtour. Anstatt wichtiger Gebäude und schöner Grünflächen zeigt er mir das Gefängnis. Wir gehen in einen Park, in dem er einmal von der Polizei festgenommen worden ist. Er zeigt mir Ecken, in denen exzessiver Drogenhandel betrieben wird und macht mich auf zwei Jungs aufmerksam, die allem Anschein nach gerade etwas gestohlen haben. Es ist faszinierend, wie sein Blick für die Dinge so anders ausfällt als mein eigener. Wie er Dinge wahrnimmt, die mir verborgen gewesen wären. Aber was wir kennen und wissen, bestimmt eben das, was wir sehen. Und plötzlich kann man selbst bei einem einfachen Gang durch die Stadt seine Umgebung aus einer ganz unterschiedlichen Perspektive betrachten.

So interessant diese Erfahrung auch war, so froh bin ich auch, als ich Portland nach ein paar Tagen wieder verlassen kann. Das Leben als Obdachlose ist anstrengend. Immer ist man auf Achse. Nirgends gehört man richtig dazu. Nichts hat man, das man sein Eigen nennen kann. Und es gibt keinen Ort, den man wenigstens für kurze Zeit als sein Zuhause bezeichnen könnte. Auf den ersten

Blick stellt diese Lebensform keinen großen, erkennbaren Unterschied zu meiner eigenen Lebensweise dar. Und als ich vor Ort war, konnte ich selbst nicht ganz greifen, worin ich denn einen Unterschied zu verspüren glaubte. Das Einzige, das ich während der Zeit, die ich mit Beverly dort auf der Suche nach Essen und Unterkunft immer wieder dachte, war, wie wichtig es doch ist, einen Freund zu haben! Denn Niederschläge und Unannehmlichkeiten wird es immer geben, sie gehören im Leben dazu. Umso wichtiger ist es jedoch, in solchen Situationen Unterstützung zu erleben!

Erst jetzt im Nachhinein sehe ich, dass nicht die Lebensform, sondern der Lebensinhalt den Unterschied macht: Das Leben auf der Straße, das Leben in der Zeltstadt – waren geprägt von Ziellosigkeit und fehlender Hoffnung.

Inmitten von Trostlosigkeit und Zerbruch braucht der Mensch Gemeinschaft, um hoffnungsvoll zu bleiben und nicht im Pessimismus zu versinken. Entsprechend schwer fällt es mir, mich nun von Beverly zu verabschieden und sie hier zurückzulassen. Bis kurz vor die Autobahnauffahrt am Stadtrand begleitet sie mich, um mir Tschüss zu sagen, bevor ich nach der nächsten Mitfahrgelegenheit Ausschau halte. Aus alten Pappkartons haben wir uns beide ein Schild erstellt. Auf meinem steht *Eugene*, der Ort, an den ich als Nächstes möchte. Auf ihrem steht: *Testing your kindness, anything helps* (Ich teste Ihre Freundlichkeit, alles kann helfen). Damit wird sie sich heute an die Straße setzen und auf die Freundlichkeit der anderen hoffen. Denn Güte im Alltag ist eine kleine Geste. Aber für den, der davon abhängig ist, kann sie alles bedeuten.

IM SCHWACHEN LICHT DER NEONRÖHREN

So langsam wird das Geld knapp. Aber den besten Weg zu möglichst viel Geld in möglichst kurzer Zeit habe ich schon längst recherchiert: die Arbeit auf einer Marihuana-Farm – in vielen US-Staaten noch illegal und daher umso besser bezahlt. Kalifornien ist einer dieser Staaten.[1] Im Internet lese ich Geschichten von Menschen, die mit verbundenen Augen zu versteckten Hanf-Plantagen[2] in den Bergen gefahren werden, damit sie im Nachhinein niemanden über die Lage der Plantage informieren können. Ich lese von der Ausbeutung vor allem weiblicher Arbeiterinnen. Von gnadenlosen Drogenherren, die nach getaner Arbeit nicht zahlen wollen. Und die daher Polizei-Razzien vortäuschen, um die Arbeiter mitten in der Nacht aufzuscheuchen und zum fluchtartigen Verlassen des Geländes zu bringen. Und dennoch, die Arbeit auf einer Hanf-Plantage ist immer noch der schnellste Weg, zu Geld zu kommen, und genau das, was ich tun möchte.

Also mache ich mich auf den Weg von Portland nach Kalifornien im Süden. Weil es bereits dämmert, lege ich am Abend einen Zwischenstopp in der kleinen Hippiestadt Eugene ein. Hier lautet die Standardfrage nicht: »Hast du Haustiere?«, sondern: »Hund oder Katze?« Man hat Schwierigkeiten, einen Laden zu finden, der nicht ausnahmslos organische Lebensmittel verkauft. Wer glutenfrei lebt, liegt im Trend, wer Kohlenhydrate ganz vermeidet, lebt noch besser. Es gilt: Quinoa statt Reis, Fahrräder statt Autos. Überall kommt einem der Geruch von Marihuana entgegen und an jeder Ecke bekommt man von freundlichen Menschen Gras angeboten. Erst einen Tag bevor ich nach Eugene gekommen bin, ist der Gebrauch von Marihuana in Oregon legalisiert worden und alle haben in Euphorie ihre Pflanzen hervorgeholt, die sie bisher hinter verschlossenen Türen aufgezogen haben.

All das weiß ich noch nicht, als ich spät abends in diesem scheinbar verschlafenen Örtchen ankomme und bei Andre, dem Freund eines gemeinsamen Bekannten aus Alaska, auf der Couch schlafen kann. Andre geht am nächsten Morgen bereits früh zur Arbeit. Er hatte angeboten, dass ich ausschlafe und lediglich die Tür kräftig hinter mir zuziehe, bevor ich mich am selben Tag weiter auf den Weg nach Kalifornien mache. Ich bin gerade noch dabei, meine Sachen zusammenzupacken, als Andre anruft. Es stellt sich heraus, dass es sich bei dem »landwirtschaftlichen Betrieb«, bei dem er die Bewässerungsanlage instand hält, um eine Hanf-Plantage handelt. Er ist eng mit dem Chef befreundet, der, als er von der deutschen Backpackerin hört, mir augenblicklich einen Job anbietet. Das Ganze klingt zu surreal, zu einfach und zu verlockend, als dass ich Nein sagen könnte. Ich verwerfe also meine Idee vom Arbeiten im illegalen Marihuana-Sektor Kaliforniens und beschließe, zu bleiben. Kurzum sage ich zu.

Für die nächsten Wochen kann ich bei Andre wohnen bleiben. Morgens werden wir von unserem Chef abgeholt und auf die Farm gebracht. Damit soll der Autoverkehr und die Aufmerksamkeit hinsichtlich der Farm klein gehalten werden. Unser Chef hat begründete Angst vor Plünderern, die sich nachts an dem Feld illegal zu schaffen machen könnten.

Die Arbeit auf der Plantage ist hart. Immer wieder sackt mein Rücken in sich zusammen und schmerzt, während ich stundenlang auf einem Stuhl oder dem Boden sitze und mit einer kleinen Schere die Blätter zwischen den Blüten der Hanfpflanze entferne – im hinteren Teil einer großen, unbeheizten Lagerhalle, im schwachen Licht der Neonröhren. Alles, was von der Pflanze übrig bleiben soll, sind die Blüten, die anschließend getrocknet und in Tütchen verkauft werden. Ich muss schnell arbeiten, die Schichten sind lang: 12 bis 14 Stunden sind hier an der Tagesordnung. Aber der Lohn, den ich dabei erarbeite, und die Menschen, die ich in Eugene kennenlerne, sind in vielerlei Hinsicht die Mühe wert.

Eugene ist für mich eine besondere Stadt. Langsam und gemächlich. So voll von Armut und Zerbrochenheit und dennoch erkenne ich während der ganzen Zeit, die ich dort bin, eine sich durchziehende Spur von Güte, die die Herzen der Menschen miteinander verbindet.

Als ich durch die Innenstadt schlendere, läuft mir ein blonder, junger Mann hinterher. Er heißt Jan und ist 21 Jahre alt. Jan lebt auf der Straße und möchte mich auf einen Kaffee einladen. Er, der kaum etwas hat, möchte mich einladen! Also gehen wir spazieren und klappern seine Lieblingsplätze ab. Jan erzählt mir dabei, dass er gerne liest. Er zeigt mir, wie man auf einer Eichelschale pfeifen kann. Sein Wunsch ist es, einmal Chemie zu studieren. Er ist witzig und klug. Die Erfahrung hat ihn weise gemacht, sagt er über sich selbst. Jan ist aus dem Osten der USA in den Westen gekommen.

»Das tun viele, weil es hier bessere Hilfsangebote für Obdachlose gibt«, erklärt er mir. Während Jan mit mir spricht, hat er Schwierigkeiten, sich zu konzentrieren und die Augen offen zu halten. Er ist auf Drogen. Es bricht mir das Herz, ihn so kaputt auf der Straße zu sehen. Nicht alles, was er erzählt, verstehe ich. Nicht alles ergibt für mich Sinn. So erzählt mir Jan von seiner Großmutter, bei der er aus meiner Perspektive doch gut leben könnte. Besonders jetzt, wo der Winter einbricht und selbst tagsüber die Temperaturen bereits nur einstellig sind. Seine Großmutter würde sich bestimmt freuen. Aber Jans Freunde sind hier in dem Park unter der Autobahnbrücke. Und Jan gehört doch zu seinen Freunden, sagt er. Für ihn ergibt das Sinn.

Ein paar Tage später möchte ich Jan wieder besuchen. An seinen Lieblingsplätzen frage ich nach ihm und lerne dadurch einige seiner Freunde kennen. Viele von ihnen freuen sich über die Gesellschaft. Ich plaudere mit ihnen. Theron schmiert mir ein Brot, damit ich seine neue Cookie-Butter probieren kann. Wally schenkt mir Nüsse. Sie bedanken sich für das Gespräch und die Aufmerksamkeit, die ich ihnen schenke. Nach einer Weile will ich mir an einer Tankstelle einen Kaffee holen. Der Kassierer hat gerade seine Kasse geleert und kann mir kein Wechselgeld rausgeben.

»Gib mir einfach, was du an Kleingeld bei dir hast, und den Rest übernimmt dann einer der Jungs hinter dir«, meint er.

»Ich übernehme!«, ruft schlagartig der Obdachlose in der Schlange hinter mir und grinst mich fröhlich an.

Wenig später fragt mich eine Obdachlose nach dem Weg zur Bibliothek. Da ich in dieselbe Richtung unterwegs bin, gehen wir gemeinsam weiter. Sie heißt Liz und erzählt, dass sie gerne das

Internet in der Bibliothek nutzen möchte. Ich schmunzle. Dasselbe tue ich auch, wenn ich neu in einer Stadt bin und Internet brauche. In der Bibliothek gehen wir gemeinsam zum Schalter. Der nette Mann hinter der Theke weist uns darauf hin, dass eine Internetnutzung von mehr als 15 Minuten 3 Dollar kostet.

»Ich habe keine 3 Dollar«, entgegnet Liz traurig.

»Kein Problem«, spreche ich ihr zu, »ich übernehme das für dich.«

Mit einem überraschten Blick in meine Richtung stutzt der Mann auf der anderen Seite des Schalters kurz und wendet sich dann Liz zu. »Wissen Sie was, Sie können das Internet heute umsonst nutzen. Ich stelle Ihnen einen Pass aus. Geben Sie mir einen Moment.«

Ich bin begeistert! Man sagt ja bekanntlich, Lachen steckt an. Ich habe den Eindruck, Güte und Großherzigkeit auch.

Güte erfordert Empathie. Großherzigkeit erfordert die Erkenntnis, dass es auf mehr ankommt als nur auf mich selbst. Doch wer nur erkennt, aber nicht handelt, hat den wichtigsten Schritt nicht getan. Denn Güte und Großherzigkeit sind immer Aktionen, die aus Empathie und Erkenntnis folgen. Ich glaube, wenn man einmal selbst erlebt hat, wie kostbar es ist, Gutes zu erfahren, möchte man dieses Gefühl auch jemand anderem schenken. Diese selbstlose Haltung mitzuerleben, spornt mich an, sie selbst anzunehmen und weiterzugeben. Deswegen sind Güte und Großherzigkeit ansteckend. Das ist für mich das Prinzip der Menschlichkeit.

»Wenn du glücklich sein willst für dein ganzes Leben, dann folge etwas, das deinen eigenen Wert übersteigt: Mach einen Unterschied im Leben anderer«, lautet eine Aussage, die ich mal aufgeschnappt habe. Diese Aussage bekommt für mich eine ganz neue Gewichtung, als ich eines Abends mit einer Freundin in Deutschland telefoniere. Sie berichtet von der Flüchtlingskrise, die sich aktuell in Europa zuspitzt. Über eine Million Menschen flüchten aus ihren Heimatländern in Syrien und Nordafrika und finden den Weg über das Mittelmeer nach Europa. Die EU ist gezwungen,

Notunterkünfte zu stellen und sich mit der Frage auseinanderzusetzen, wie man weiter vorgeht. Die Spannungen zwischen den Ländern und innerhalb Deutschlands steigen enorm, rassistische Handlungen häufen sich. In diesem Jahr nimmt die Zahl an Brandstiftungen und Angriffen auf Asylunterkünfte um ein Vielfaches zu. Der Hass ist so groß, dass Menschen ihr Land nicht einmal mit denen teilen wollen, die in ihrem eigenen Heimatland nicht mehr in Sicherheit sind und sich zu einer Flucht gezwungen sahen. Es ist ein solches Paradox, dass ich zurzeit erlebe, wie Menschen einerseits – selbst die Ärmsten – sich gegenseitig aushelfen und mir als Reisende mit so viel Offenheit und Freude begegnen. Die Menschen andererseits aber nicht in der Lage sind, Notleidende aufzunehmen. Wo ist denn hier die Menschlichkeit geblieben?

Der Mensch ist ein kurioses Wesen. Er kann Güte und Großzügigkeit ausstrahlen und zugleich Ausgrenzung und Hass. Fällt ihm einmal etwas auf, das ihn stört, und sei es nur eine Kleinigkeit, dann kann er nicht mehr darüber hinwegsehen. Aber den Blick für das große Wesentliche behält er nur mit Mühe. Der Ärmste gibt gerne, der Reiche will mehr. Doch was hat der Mensch davon, wenn er die ganze Welt besäße, sich dabei aber selbst verliert?[3]

Hair Stylist
D' Lore
Hombres y Mujeres

STATUE OF LIBERTY

Subway

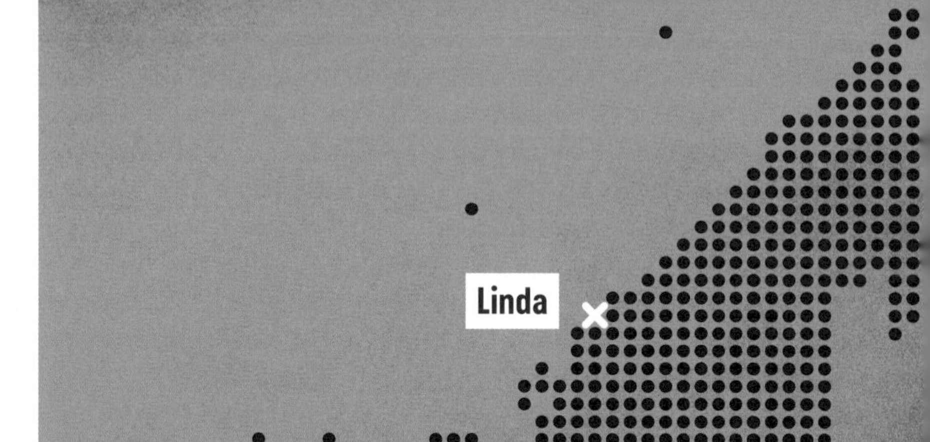
Linda
Leonie, Laila und Yasmin

Die Vereinigten Arabischen Emirate

LAND DER EXTREME

Die Vereinigten Arabischen Emirate (VAE) sind ein Land im Mittleren Osten, das für seinen wirtschaftlichen Fortschritt und Überfluss bekannt ist. Es ist ein Land, das zu den reichsten unserer Erde gehört und über das siebtgrößte Ölvorkommen der Welt verfügt. Ein Land, das mehr als 100 Weltrekorde über die höchsten, größten und wertvollsten Bauten hält. Ein imposantes Land. Eine aufregende Erfahrung, von Anfang bis Ende. Sie beginnt in Dubai mit der Hochzeit meiner Cousine, die kurzfristig zum Anlass eines Familientreffens wird.

Noch in den USA stelle ich auf dem Weg zum Flughafen erschrocken fest, dass ich noch immer Mengen an Hanf-Schokolade und Hanf-Öl von der Farm bei mir trage. (Ich will ja an Erfahrungen und Andenken alles mitnehmen, was geht.) Hiermit lasse ich mich besser nicht während der Einreise in die VAE erwischen. Also mache ich einen Abstecher zur nächsten Poststelle und schicke von dort ein Päckchen nach Deutschland. Neben der Adresse verziere ich die Verpackung mit dem großen, harmlos verschnörkelten Schriftzug *Happy Birthday!* in der Hoffnung, dadurch von dem Inhalt des Päckchens ablenken zu können. Es funktioniert! Das Paket schafft es bis zu meinen Eltern und beschert später der gesamten Familie inklusive meiner Oma ein Weihnachten, bei dem wir so viel lachen wie noch nie.

Die Hochzeit meiner Cousine in den VAE ist ein gigantisches Fest, das ich natürlich zusätzlich genieße, weil ich meine Familie um mich habe. Wir holen aus dem kurzen gemeinsamen Wochenende heraus, was geht. Gemeinsam schlendern wir über traditionelle Souqs (Märkte) und lassen uns von Arabiens unbekannter Sprache und Düften einhüllen. Wir laufen durch die Stadt, durch einen beeindruckenden Dschungel gewaltiger Hochhäuser, die den künstlerischen Einfallsreichtum geistreicher Leute widerspiegeln. Inmitten dieser schöpferischen Höchstleistungen werden wir überwältigt von Dubais Wohlstand und Luxus. Wir staunen über Autos und die Tatsache, dass Autokennzeichen als Statussymbole gewertet werden: je kleiner die Zahl, desto höher das Ansehen. Auf Auktionen werden die heiß begehrten Nummernschilder für Millionenbeiträge versteigert. Es scheint tatsächlich so, wie Mama immer wieder kopfschüttelnd zu Papa bemerkt: »Geld scheint hier ja keine Rolle zu spielen – oder Schatz?«

Am Abend verlasse ich mit meiner Schwester Linda die Stadt, um eine Nacht auf dem feinen Sand der Wüste zu verbringen. Linda ist zwei Jahre älter als ich, mutig, entschlossen, abenteuerliebend und mir in vielem ein Vorbild. Sie war es, die mir beigebracht hat, wie man trampt, als ich so etwa 15 war. Wir waren damals in unserer Heimat auf dem Weg zum Bahnhof und spät dran. Es war bereits Abend und zu einer Uhrzeit, zu der die Bahnen nicht mehr ganz regelmäßig fuhren. Also hatten wir zwei Möglichkeiten: Entweder 45 Minuten auf die nächste Bahn warten – oder trampen, um es doch noch pünktlich zu schaffen. Linda streckte den Arm aus. Das erste Auto, das uns sah, hielt an und brachte uns zum Bahnhof. Wir erwischten die Bahn rechtzeitig und ich war so fasziniert von diesem Erlebnis, dass ich es mir später während des Studiums zur Gewohnheit machte, weitere Strecken per Anhalter zurückzulegen.

Unterwegs in die Wüste nehmen uns nun Einheimische mit und setzen uns außerhalb der Stadt an der Straße ab. Nur ein Zaun trennt uns noch von der Wüste. Das wundert uns zwar, hält uns von unserem Vorhaben aber nicht ab. Wir schmeißen unsere Rucksäcke über den Zaun und klettern hinterher.

Die Wüste ist unglaublich. Der gelbe Sand fühlt sich weich an und gleitet uns beim Laufen unter den Füßen weg. Linda und ich klettern die hohen Dünen hinauf und folgen dort auf dem Kamm den großen Kamelspuren, bis wir uns weit genug vom Licht und Lärm der Straße entfernt haben. Um uns ist es jetzt ganz still. Der Himmel ist klar und gibt die Sicht auf den Mond frei, der so hell strahlt, dass er den Sternen Konkurrenz macht. Auf einer Plastikfolie liegen wir in unsere Schlafsäcke gewickelt da und genießen die Stille der Nacht. Ein leichter Wind weht feinen Sand über uns hinweg und erzeugt das beruhigende Geräusch von Nieselregen, der sanft auf unsere Plane fällt.

Ich liebe es, hier draußen zu sein. Und genauso faszinierend wie die Wüste selbst finde ich, was die VAE daraus gemacht haben. Innerhalb der letzten knapp fünfzig Jahre ist allein mit Dubai aus dem Nichts eine Stadt der Superlative erschaffen worden. Die Vereinigung der Emirate war eine wahre Meisterleistung. Kein Wunder, dass sie am alljährlichen Nationalfeiertag in Dubai ausgelassen zelebriert wird. Das Spektakel will auch ich mir nicht entgehen lassen. Meine Familie und Verwandten sind inzwischen abgereist. Ich halte mich noch immer in Dubai auf. Denn nur wenige Tage nach der Hochzeit steht der 44. Nationalfeiertag der VAE an.

Am 2. Dezember ist es dann so weit: Es ist laut und Musik dröhnt aus allen Richtungen. Autos, Menschen und Häuser sind in den Nationalfarben dekoriert. Bilder der Scheichfamilie Zayid bin Sultan Al Nahyan schmücken Fahrzeuge und Gebäude. Aus Dosen werden Luftschlangen gesprüht, von denen auch ich nicht verschont bleibe. Wo man hinschaut, erblickt man die Landesflagge. Selbst Palmen und Hotels, wie das prachtvolle *Burj Al Arab*, sind in den Farben Rot, Grün, Weiß und Blau (Schwarz) angestrahlt. Airlines bieten an diesem Tag Flüge mit 44 Prozent Vergünstigung an. In jeder Ecke findet man ausgelassene, fröhliche Menschen, lebhafte Feiern und prasselnde Feuerwerke. Man hat das Gefühl, ganz Dubai sei auf den

Straßen, fährt laut hupend Autokorso, bejubelt den Scheich und das eigene Land. Alle wollen die vergangenen 44 Jahre angemessen feiern, sodass das ohnehin schon chaotische Straßengeschehen nur noch chaotischer wird. In einem Klub legt Ace Smith, der Sohn von Will Smith auf, ich mische mich unter die Menschen, feiere mit neu gefundenen Freunden und lasse den Abend hier ausklingen.

VON ZAHNBÜRSTEN UND ZIEGEN

Im Osten der VAE besuche ich al-Ain, eine gar nicht mal so kleine Stadt, die noch ganz ursprünglich erhalten ist. Ihre Schlichtheit und ihr orientalischer Charme sind noch nicht durch modernen Luxus ersetzt worden, die Natur noch nicht durch Beton. Statt Wolkenkratzern erheben sich hier gigantische Berge gen Himmel, statt Prachtbauten findet man hier einfache Häuser mit kunstvoll verzierten Türen.

Ich laufe durch die Gassen und will Neues sehen, Unbekanntes entdecken. Dabei habe ich das Gefühl, dass in dieser Gegend ich selbst plötzlich die Neue, die Fremde bin, die die Einheimischen interessiert beäugen. Ich lasse mich davon nicht irritieren und besuche einen nahe gelegenen Markt. Dort kaufe ich eine Zahnbürste, die einen so starken Eigengeruch hat, dass ich sie nicht benutzen werde. Ich habe sie als Souvenir gekauft. Die Zahnbürste besteht aus einem langen, etwa einen Zentimeter breiten Stück Süßholzwurzel, die ihren Zweck erfüllt, indem man darauf herumkaut. Ich lerne, dass die Wurzel überwiegend während des Ramadans benutzt wird, wenn viele Muslime die Befürchtung haben, sie könnten beim Nutzen einer herkömmlichen Zahnbürste versehentlich Zahnpasta verschlucken und damit das Fasten brechen. Besonders amüsant finde ich, dass die Zahnbürste laut Verpackungsbeilage sogar Krankheiten heilen kann, und zwar alle außer den Tod. Sie macht Engel glücklich (was auch immer das heißen mag), verbessert das Gedächtnis und stärkt den Rücken. Sie verschönert das Gesicht, verleiht Intelligenz, Weisheit und befriedigt das Herz. Eine echte Allzweckwaffe also.

Gemeinsam mit Leonie, einer Couchsurferin, bei der ich unterkomme, mache ich mich auf den Weg zum Kamelmarkt. Dort tauchen wir ein in das rege Treiben einer für mich noch unbekannten Dimension der arabischen Kultur. Es herrscht ein Gedränge und Geblöke, es ist laut und chaotisch. Kaum sind wir auf dem Markt angekommen, werden wir bestürmt. Händler winken uns lauthals zu sich, versuchen uns höflich, aber energisch, in ihre Ställe zu drängen. Wir schauen uns um. Die Kamele sind in Käfigen zusammengepfercht – alte und junge, dunkle und helle, große und kleine. Die Händler präsentieren ihre Prachtstücke eins nach dem anderen. Es wird gefeilscht und gehandelt, Kamele werden verkauft und gekauft, zum Transport auf Geländewagen geladen und blöken dabei jämmerlich.

Nicht unweit des Marktes komme ich in einem Supermarkt zum ersten Mal in direkten Kontakt mit zwei einheimischen Mädchen. Das Gespräch hat sich zufällig in der Abaya-Abteilung ergeben, einer Ecke des Markts, in der die langen, traditionellen islamischen Gewänder hängen. Ich freue mich sehr über diese Begegnung, denn bisher schienen die Frauen hier eher zurückhaltend – ja fast scheu – zu sein. Aber die Freude über das Kennenlernen scheint auf Gegenseitigkeit zu beruhen. Die beiden Mädchen, die sich uns als Laila und Yasmin vorstellen, laden uns für den kommenden Nachmittag zu sich nach Hause ein.

Ich bin aufgeregt und weiß nicht, was mich erwarten wird. Dass bei unserer Ankunft 13 Mädchen und 3 der jüngeren Jungs bereits im Hof stehen und uns einen großartigen Empfang bereiten würden, damit hätten wir nicht gerechnet. Mit freundlichem Winken und herzlichem Hallo werden wir hinter dem Tor begrüßt. Schwestern, Cousinen und Freundinnen wurden eingeladen, kommen kichernd auf uns zu und durchlöchern uns aufgeregt mit Tausenden Fragen. Wir plaudern bei süßem Tee. Dann folgen wir den Mädchen über eine Treppe nach oben zu ihren Zimmern. Kaum hat sich die Tür hinter uns geschlossen, nehmen sie ihre Schleier herunter und ihre wunderschönen Haare und Gesichter kommen zum Vorschein. Amerikanische Popmusik wird aufgedreht und die jungen Frauen und Kinder lachen herzlich, als sie ihre Hüften und Hintern zur Melodie bewegen. Sie quietschen vergnügt, als sie erfolglos versuchen, auch unseren starren Körpern Bauchtanz beizubringen. Mit überschwänglicher Verzückung kleiden die älteren Mädchen uns in wunderschöne Gewänder und traditionelle Abayas mit Schleiern. Sie räuchern uns mit Duftstoffen ein. Und sind ganz besonders neugierig zu hören, ob ihre Vorstellungen vom Leben in der westlichen Welt mit unseren Erzählungen übereinstimmen. Und damit meinen sie vor allem ihre Vorstellungen von Beziehungen und europäischen Jungs.

Der Abend ist bereits fortgeschritten, als zwei Küchenhelferinnen damit beginnen, aufzutischen. Sie bringen Kaffee, Tee und Datteln – und als Hauptmahlzeit und Krönung des Abends auch eine ganze gekochte Ziege auf einer reich garnierten Platte. Sogar der Kopf ist noch dran. Schon der Anblick ist befremdlich und beim Probieren merke ich: Ziege trifft nicht ganz meinen Geschmack. Es macht jedoch Spaß, mit zwölf anderen in einem Kreis zu sitzen, gemeinsam zu lachen und uns nach Belieben an der Platte zu bedienen. Die Jüngeren sind währenddessen aufgefordert zu warten, bis die Gäste und Erwachsenen ihre Mahlzeit beendet haben. Erst dann stürzen sie sich auf das, was von der Ziege noch übrig ist.

Als wir abends gehen, kommen wir nicht daran vorbei, uns mit Geschenken überhäufen zu lassen. Die Familie will uns nicht gehen lassen, ohne sicherzustellen, dass wir ihr Haus mit reich gefüllten Händen und schönen Erinnerungen an diesen Abend verlassen. Und das tun wir!

SCHOCK UND SCHÖNHEIT

Die Vereinigten Arabischen Emirate sind ein imposantes Land. Sie überwältigen durch Exklusivität und Größe. Nichts, was es dort gibt, ist woanders in derselben Art zu finden. Aus allem, was man sieht, wurde das Maximale herausgeholt. Das Außerordentliche. Das Einzigartige.

Es ist ein Land, in dem die Zahl der dort lebenden Ausländer die Zahl der Einheimischen weit übersteigt. Menschen unterschiedlicher Herkunft, Religion und Kultur bringen unterschiedlichste Weltanschauungen und Vorstellungen eines guten Zusammenlebens mit. Aus diesem Grund gibt es hier nicht nur die höchsten, schönsten und imposantesten Dinge der Welt zu sehen, hier habe ich auch die bisher extremsten und kontrastreichsten Begegnungen mit Menschen erlebt.

Ich erinnere mich an liebevolle Menschen, die mir mit so viel Hilfsbereitschaft und Zuvorkommenheit begegneten. Mitfahrgelegenheiten, die es sich selbst auf der kürzesten Strecke nicht haben nehmen lassen, mich wenigstens auf einen Tankstellenkaffee einzuladen, um ihren Teil dazu beizutragen, mich in ihrem Land willkommen zu heißen.

Aber ich erinnere mich auch an das erste Mal, als ich auf dieser Reise Übergriffigkeit erlebte. Als die Hand eines Fahrers zu mir herüberglitt und auf meiner Brust landete. Ich spüre noch immer, wie mir die heiße Röte der Demütigung ins Gesicht stieg und mein Gehirn blockierte, als die Hand begann, langsam nach unten zu wandern. Noch immer höre ich sein überlegenes Lachen im Ohr, das mich laut verhöhnte und mich wissen ließ, dass meine Abwehr ihn nicht weniger hätte kümmern können.

Ich kann von Glück sagen, dass nichts Schlimmeres passiert ist. Über mein zurückweisendes Benehmen völlig außer sich, warf mich der Mann schließlich raus. Ich konnte gerade noch meinen Rucksack aus dem Wagen ziehen, bevor er davonbrauste.

Das war nicht das einzige und nicht das letzte Erlebnis dieser Art. Auch im weiteren Verlauf der Reise erlebte ich ähnliche Situationen. Nur ein paar Tage nach diesem Erlebnis muss ich frühmorgens überstürzt die Wohnung eines Couchsurfers verlassen, der es sich zum Vorteil hatte machen wollen, dass ich mich allein in seiner Wohnung befunden hatte. Die Frage nach Sex – bezahlt oder unbezahlt – ist mir auf der gesamten Reise so oft gestellt worden, dass ich irgendwann aufgehört habe, zu zählen.

Ich möchte nicht verschweigen, dass ich auf meiner Reise auch negative Erfahrungen mit Menschen gemacht habe. Zweifellos gibt es und wird es immer Menschen geben, die keine guten Absichten haben. Oder eine andere Vorstellung davon, was rechtens ist. Und im Nachhinein kann ich sehen, dass Gott mich in vielen Situationen bewahrt hat, die auch anders hätten ausgehen können. Aber dass es Übeltäter gibt, weiß die Welt schon lange. Sie sind die Medienlieblinge, über die die Zeitungen schreiben und die Nachrichten berichten. Wahrscheinlich wurde mir auch deshalb so oft gesagt, wie gefährlich es ist, alleine zu reisen. Alleine zu trampen. Dazu noch als Frau. Und je öfter ich gefragt wurde, ob ich denn keine Angst hätte, alleine unterwegs zu sein, desto mehr wuchs in mir der Wunsch, den Menschen zu erzählen, wie unerwartet hilfsbereit und gut die Welt doch ist. Meine Erfahrung ist, dass Übeltäter nur die Ausnahme sind, die Mehrheit der Menschen aber gut ist. Aus diesem Grund ist es mir wichtig, den Fokus auf all die positiven Erlebnisse zu richten, die die negativen um ein Vielfaches überwiegen.

Das Tolle und Aufregende am Reisen ist doch die Mannigfaltigkeit. Die Andersartigkeit. Das Entdeckenkönnen. Jedes Land ist anders. Jede Bevölkerung hat eigene Ansichten, Werte, Vorstellungen und Prioritäten. Auf jedes Land muss man sich neu einstellen. Und in jedem Land gilt es neu herauszufinden, wie dort die Auffassungen und Werte aussehen, und wie man sein eigenes Auftreten daran anpasst. Ich möchte übergriffiges Verhalten in keiner Weise entschuldigen. Die folgenden zwei Punkte haben mir aber dabei geholfen, dieses Verhalten besser zu verstehen und besser damit umzugehen:

1. *Zu viele Menschen sind einsam. Und der einsame Mensch meint, in dem vertrauten Gefühl von räumlicher Nähe und Freundlichkeit schnell eine Chance auf mehr zu entdecken. Oft waren Situationen dieser Art eher unangenehm und nervig, weniger gefährlich.*

2. *Verglichen mit anderen Ländern pflegt die westliche Kultur einen sehr freizügigen Umgang mit dem anderen Geschlecht. Und die Vorstellung, die in vielen Ländern über die westliche Welt vorherrscht, spiegelt das in einer auffälligen Weise wider. Ich glaube, dass vor allem die oft gestellte Frage nach Sex hier ihren Ursprung hat. Diese Frage hat mir eine gute Grundlage gegeben, einfach mal zurückzufragen, weshalb mein Gegenüber denkt, dass ich mich darauf einlassen würde. Und oft genug bestätigte sich die oben genannte Ansicht über die westliche Kultur dabei.*

Bisher war ich nur in Ländern meiner eigenen Kultur unterwegs gewesen. Ich war es noch nicht gewohnt, dass ich in diesem Land die Exotin war, die herausstach. Auch wenn ich in den meisten Fällen freundlich empfangen wurde, ist mir hier zum ersten Mal so richtig bewusst geworden, dass nicht alle Menschen gute Absichten haben. Und ich musste anfangen zu lernen, mit dieser neu erfahrenen Gesinnung des Menschen umzugehen. Aus diesem Grund erlebte ich die Vereinigten Arabischen Emirate nicht nur als ein Land extremer Größen. Sondern auch als ein Land extremer Begegnungen, die unterschiedlicher nicht sein könnten. Ein Ort von unbeschreiblicher Vielfalt und Gastfreundschaft. Und gleichzeitig der Ort, an dem freudige Erwartung dem Gefühl der Anspannung zu weichen begann.

Und meine Aufgeschlossenheit wurde von einer leichten Skepsis vor dem überschattet, was mich noch erwarten würde.

9.25
24.75
11.50
21.00
GARLIC POWDER
16.75
CORIANDER POWDER
14.50
29.75
24.75
MASOOR DAL
9.25
GINGER POWDER
39.25
TURMERIC POWDER
11.50
30.50

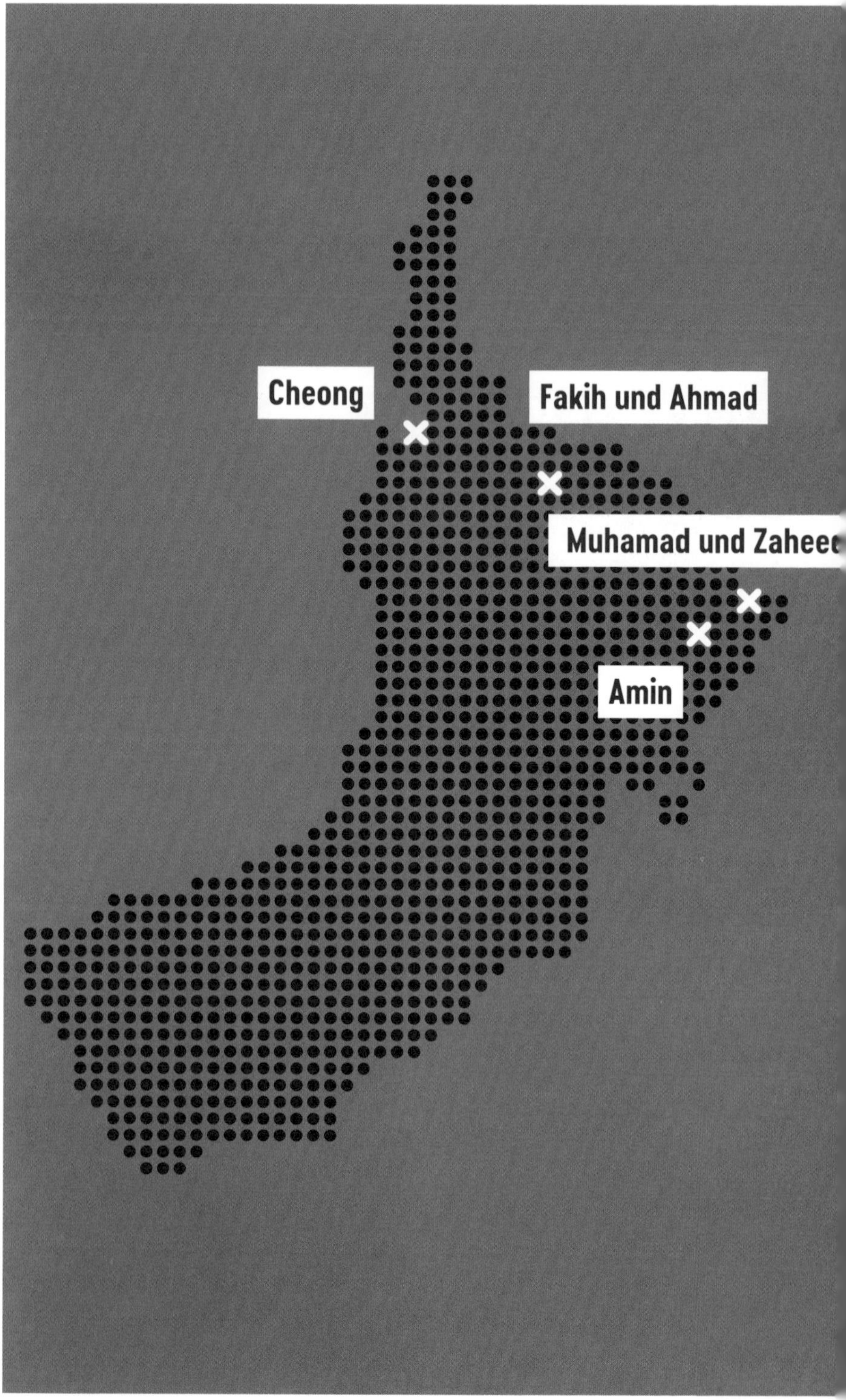
Cheong
Fakih und Ahmad
Muhamad und Zahee
Amin

Oman

EIN SCHMALER GRAT

In so vielen Reiseberichten habe ich über die Gastfreundlichkeit im Oman gelesen. Trampen? – Kein Problem. Campen? – Überall erlaubt. Da schlägt mein Reiseherz höher. Anstatt von vornherein meine Route zu planen, gehe ich daher blind darauf los, den weit geöffneten Armen des Oman entgegen.

Zusammen mit Cheong, einer südkoreanischen Reisenden, die ich in al-Ain über Leonie kennengelernt hatte, fahre ich bis kurz vor die Grenze des Omans, um diese zu Fuß zu überqueren. Cheong ist etwa doppelt so alt wie ich, fotografiert gerne und ist bereits seit drei Jahren am Reisen, ohne die Absicht, damit in nächster Zeit aufzuhören.

»Es gibt noch so viel, das ich noch nicht gesehen habe«, sagt sie. Europa ist ihr nächstes Ziel. In der heißen Mittagssonne laufen wir die menschenleere, staubige Straße entlang, die die beiden Grenzposten kilometerweit voneinander trennt. Rechts und links von uns gibt es nichts als öde Wüstenlandschaft, eingerahmt von Sandsteinbergen, deren Orange- und Rottöne matt durch den Staub hindurchflimmern. Ich genieße es. Cheong gefällt das weniger.

Hinter der Grenze werden wir von zwei jungen Omanis bis ins Landesinnere mitgenommen. Wo wir hinwollen? – Wissen wir nicht. Am besten mitten hinein in das Neue, Unbekannte, Aufregende, Fremde.

Die Tatsache, dass Englischkenntnisse bei den Omanis ebenso wenig vorhanden sind wie Arabischkenntnisse bei uns, tut ihrem

Ausdruck von Gastfreundschaft keinen Abbruch. Zur besseren Verständigung rufen sie einen Freund an, der als Vermittler dienen soll. Die Idee ist gut, das Englisch des Freundes jedoch eher mäßig, sodass wir letzten Endes doch wieder auf Zeichen- und Körpersprache zurückgreifen. Aus dem Fach zwischen den beiden Frontsitzen ziehen die beiden zwei gekühlte Wasserflaschen und reichen sie uns nach hinten. Der Beifahrer zieht aus dem Seitenfach eine große Parfümflasche. Er sprüht zunächst sich selbst damit ein, anschließend den Fahrer und dreht sich dann zu uns um. Fragend hält er uns die Flasche entgegen. Cheong und ich werfen uns einen kurzen amüsierten Blick zu, strecken dann unsere Arme nach vorne, sodass die Innenseiten der Handgelenke nach oben zeigen, und lassen uns ebenfalls besprühen.

Als sie uns abends absetzen, ist es bereits dunkel und später als gedacht. Für mich ist klar, es wird Zeit, einen Schlafplatz zu suchen. Cheong entschließt sich spontan, sich mir beim Schlafen im Freien anzuschließen. Getrampt ist sie bis vor ein paar Stunden auch noch nie. Warum dann nicht direkt auch das Campen ausprobieren?

Auf der Suche nach einem Schlafplatz laufen wir die Straße entlang, in die Dunkelheit hinein. Dorthin, wo keine Lichter mehr von der Anwesenheit anderer Menschen zeugen. Weit hinter den Bergkuppen ist der Himmel rötlich gefärbt und die massiven, schwarzen Konturen der Berge zeichnen sich malerisch davor ab. Ansonsten ist alles stockdunkel. Nur schemenhaft erkennen wir die Umrisse und Silhouetten unserer Umgebung. Wir laufen an Büschen und Felsen vorbei und ein Schreck fährt mir durch alle Glieder, als sich einige der Felsen plötzlich vom Boden erheben: Es sind Esel! Ein Stück weiter lege ich meine Plastikfolie auf den Boden. Sie dient uns beiden als Unterlage. Mit Kleidern polstert sich Cheong darauf wie auf eine Matratze und benutzt ein Handtuch als Decke. Kühl ist es zum Glück nicht. Jegliche Geräuschkulisse ist wie ausgeschalten. Man hört keine Menschenseele. Keine Autos oder Maschinen. Die Stille lässt nicht erahnen, dass nur in etwa 100 Metern Entfernung zwei Esel liegen. Vielleicht mehr.

Erst als wir am nächsten Morgen aufwachen, sehen wir, wie schön die Gegend wirklich ist, in der wir geschlafen haben. Ruhig. Staubtrocken. Mitten zwischen den Bergen. Es sind keine Esel mehr zu sehen, dafür aber einige kleine Insekten auf unserer Matte. Cheong und ich schütteln sie ab und packen langsam zusammen. Wir laufen dorthin zurück, wo mehr Leute sind, und verabschieden uns voneinander. Denn wir haben unterschiedliche Ziele. Meines heißt Jabal Shams, der mit knapp 3 000 Metern höchste Berg des Omans.

Noch bin ich orientierungslos. In einem Restaurant frage ich daher nach der Richtung zum Berg. Prompt schnappen zwei Omani-Brüder meine Frage auf und beginnen zu diskutieren. Sie überlegen lange, wie man von hier aus am besten zum Jabal Shams käme, und entschließen sich am Ende, mich direkt selbst dorthin zu fahren. Ein interessantes Wochenende beginnt seinen Lauf zu nehmen.

Fakih und Ahmad sind angenehm respektvoll, humorvoll und gesellig. Ahmad arbeitet als Lieferant für Lebensmittel. Er ist aufgeschlossen und spricht recht gutes Englisch. Fakih ist der ruhigere von beiden, fast schüchtern. Sein Englisch ist wackeliger als das seines Bruders, dessen Gesprächigkeit ihm beim Übersetzen stark zugutekommt. Was die Richtung betrifft, sind sich die Brüder auch während der Fahrt noch lautstark uneinig. Aber Fakih fährt. Und Ahmad beugt sich seiner Ansage. Als wir schließlich auf dem Berg ankommen, ist die Sonne bereits untergegangen, sodass wir nur noch in eine schwarze Leere starren, die sich unter uns auftut.

(An dieser Stelle kann ich erwähnen, dass ich später ein zweites Mal in den Oman fuhr. Bei diesem Besuch stellte ich fest, dass Fakih, Ahmad und ich damals nie auf dem Jabal Shams angekommen sind. Die Straße zum Gipfel führt durch ein Militärgebiet, zu dem der Zutritt verboten ist. Bei meinem zweiten Besuch baten meine

Schwester Linda und ich um Erlaubnis, das Gelände betreten zu dürfen und wurden von zwei Soldaten zum Gipfel begleitet.)

Fakih und Ahmad haben großen Gefallen an der Reise gefunden. Anstatt mich am Abend wie besprochen einfach abzusetzen, beschließen sie, mich noch weiter zu begleiten – und mir nichts von diesem Plan zu erzählen. Wir fahren von Markt zu Markt und von Laden zu Laden. Die Jungs scheinen etwas zu suchen. Auf meine Frage, was denn los sei, antworten sie nur: »Ach, Fakih will was kaufen.« Ich frage nicht weiter nach. Fakih kauft Matten, Schlafdecken, Essen, Kochzeug, Becher und Besteck, und schmeißt alles auf die Pritsche des Wagens, bevor ich ausmachen kann, um was es sich handelt. Dann fahren wir aus der Stadt hinaus und biegen irgendwann rechts ab, ins Nirgendwo.

So langsam eröffnet sich auch mir ihr Plan …

Wenig später sitzen wir auf einer breiten Decke im weichen Wüstensand. Die Jungs servieren mir eine Obstplatte und Kekse, während sie selbst eine Ente über dem Lagerfeuer grillen und Gemüse garen. Mein Versuch zu helfen, wird mit einem halb lachenden, halb energischen Verweis auf die noch immer volle Obstplatte abgewehrt. Meine Aufgabe sei es, mich zurückzulehnen und einfach nur zu essen. Die beiden bereiten ein Festmahl zu. Und bringen mir bei, Nahrungsmittel niemals, wirklich niemals, mit der linken Hand entgegenzunehmen oder zu berühren, da diese in der islamischen Sitte als unrein gilt. Eine ungewohnte Lektion, die in den nächsten Wochen noch ein paarmal geübt werden will. Für die Sitten anderer Kulturen offen zu sein, ist eine gute Sache. Es ist mir aber umso wichtiger, diese zu kennen und zu beachten, wenn ich andere Länder besuche. Zum einen, um Respekt zu zeigen und mich mit Land und Leuten auseinanderzusetzen. Zum anderen, um Fettnäpfchen zu vermeiden oder niemanden unwissentlich (und schon gar nicht wissentlich) durch mein Auftreten zu beleidigen. Zudem dient das Kennen und Respektieren der länderspezifischen Sitten dazu, sich selbst zu schützen. Ein anliegendes T-Shirt, zum Beispiel, hat hier im Oman eine andere Aussagekraft als zuhause in Deutschland. Deshalb greife ich zu langer, luftiger Kleidung, die den Körper versteckt und obendrein noch unglaublich bequem ist.

Als wir uns schlafen legen, stelle ich fest, dass Fakih sogar eine Matratze und Decke für mich besorgt hat. So gut gesättigt und weich gebettet, habe ich bisher noch nie im Freien geschlafen. Aber ans Schlafen ist hier ohnehin nicht zu denken. All meine Aufmerksamkeit und Bewunderung gilt den Sternen. Der Himmel in dieser Nacht ist gigantisch. Keine einzige Wolke ist zu sehen. Wir sind fernab jeglicher künstlicher Lichtquellen. Selbst der Mond scheint sich irgendwo versteckt zu halten. Plötzlich sieht man nicht nur die großen, hellen Sterne, sondern auch die kleinen, schwachen am Himmelszelt flimmern. Sternschnuppen bieten uns eine sagenhafte Show. Der Himmel ist wortwörtlich von Lichtern übersät, es scheint mehr Sterne zu geben als Himmel. Unter diesem bewegten Sternenhimmel fällt es mir schwer, die Augen zu schließen. Und bei jedem Versuch, es doch zu tun, hält mich eine neue Sternschnuppe wieder davon ab.

Als ich am nächsten Morgen um kurz vor 7 Uhr bei strahlendem Sonnenschein die Augen öffne, erwarten mich zwei ungeduldige Jungs: »Das wurde ja auch Zeit!« Um 5 Uhr aufzustehen, sei normal im Oman.

»Pff«, erwidere ich lachend, »ich bin doch im Urlaub. Da ist selbst 7 Uhr noch ganz schön früh.«

Die Matratzen und Decken der Jungs sind längst im Wagen verstaut. Frischer Karak (gesüßter, milchhaltiger Schwarztee mit Kardamom) und Früchte stehen längst zum Verzehr bereit. Gut gestärkt verlassen wir die Wüste und die Brüder setzen mich in Muscat ab, der Hauptstadt des Oman. Die beiden müssen wieder zurück, ihre neue Arbeitswoche beginnt. Der Abschied fällt schwer. Auch wenn ich seit der erschreckenden Erlebnisse in den VAE zwar insgesamt mehr Skepsis empfinde, vertraue ich den

Brüdern uneingeschränkt. Ich schaue den beiden noch zu, wie sie wegfahren. Dann erkunde ich Muscats Hafen, den Palast und unscheinbare Seitengassen, und fahre wenig später mit zwei hilfsbereiten Omanis wieder zurück in die Natur.

UNVERHOFFTE ÜBERRASCHUNGEN

Ich kann nicht anders, als direkt auf den erstbesten Felsen zu klettern, von dem ich viel zu schnell von besorgten Einheimischen wieder heruntergerufen werde. Aber für ein paar Minuten versuche ich den prächtigen Ausblick, den ich hier oben habe, in seiner Fülle zu genießen. Vor mir liegt ein Wadi, ein ausgetrockneter Flusslauf, der erst nach einem Regenschauer mit Wasser gefüllt ist, dahinter eine grüne Palmenoase und ein Reichtum an Bergen. Kein Foto schafft es, zu erfassen, wie mächtig und erhaben sich diese majestätischen Felsen vor mir aufbauen. Steil wie Klippen, nebeneinandergereiht wie die ungeschliffenen Perlen einer Kette. In verschiedenen Farben und Formationen. Mit Mustern, bewachsen, ausgewaschen, von der Natur geformt. Ich blicke in die Ferne: Hinter jeder Bergkette hebt sich der Schatten der nächsten Bergkette ab. Am Horizont verschwimmen die Schattierungen miteinander – wie in einem unendlich weiten Meer. In dieser Gegend möchte ich die Nacht verbringen. Extra warte ich bis zur Dämmerung, bis ich mir einen Schlafplatz suche. Doch ich werde entdeckt. Ein schüchterner Omani macht sich Sorgen. Mein höfliches »Nein, ich will wirklich hier draußen schlafen«, scheint in seinem Verständnis keinen Platz zu finden. Er sagt, er heiße Amin, und erkundigt sich nach meinem Namen. Dann beginnt er zaghaft, mir einen Arabisch-Crashkurs zu geben. Dabei wiederholt er immer wieder, dass er großer Fußball- und Philipp-Lahm-Fan sei. So gewinnt Amin schnell meine Sympathie. Er lädt mich zu sich nach Hause ein. Ich folge ihm und finde mich bald darauf in einer dreizehnköpfigen Omani-Familie wieder.

Wenig später sitze ich in einem Raum auf einem Kissen, das für mich auf den Boden gelegt worden ist. In einem Halbkreis liegen weitere Kissen vor mir. Acht junge Männer sitzen darauf und starren mich an. Es ist mucksmäuschenstill. Ich wünsche mir sehnsüchtig, die Mutter der Familie würde bald wiederkommen. Ich hatte sie nicht davon abbringen können, ein Abendessen für mich zuzubereiten. Als sie nach einer gefühlten Ewigkeit wieder erscheint, trippeln hinter ihr vier junge Mädchen in den Raum. Eine bringt türkischen Kaffee, die nächste Brot, die andere Äpfel, Datteln und Reisbrei. Alle schauen mich an, während ich mich bemühe, mein Lächeln zu bewahren und dabei den ungesüßten Reisschleim hinunter zu zwingen. Schüchtern versuche ich, mit den Worten »Wow, ist das ganze Essen nur für mich?« mein Erstaunen auszudrücken und ein Gespräch mit der Familie anzufangen. Dabei habe ich wohl nicht die weiseste Wortwahl getroffen, denn die Mutter des Hauses scheint es so aufgefasst zu haben, dass ich nicht alleine essen möchte. Eifrig gestikulierend deutet sie auf das Essen vor mir, woraufhin alle Anwesenden sich nach vorn beugen, um wenigstens ein Stück Brot mit mir zu essen.

Später zeigen mir die älteren Mädchen, wie sie die landestypischen Omani-Kappen nähen. Es dauert oft Monate, die kunstvollen Stickereien in feiner Handarbeit in eine einzige Kappe einzunähen. Die kleineren Mädchen sind schüchtern und schauen nur verlegen zur Seite, wenn ich versuche, mit ihnen zu reden. Ich weiß nicht, ob sie mich verstehen. Aber sie weichen mir keinen Schritt von der Seite und folgen mir, wohin ich auch gehe.

Die Nacht darf ich auf einer Couch bei der Familie der ältesten Tochter verbringen. Die überaus herzliche Mutter hat mir bereits während des Essens dort eine Übernachtungsmöglichkeit organisiert. Ganz im Couchsurfing-Stil.

Nach einem ausgiebigen Frühstück am nächsten Morgen fährt mich Amin in die nächstgelegene Stadt. Von hier aus führt mein Weg weiter nach Sur, wo ich am Strand übernachten möchte. Auf meinem Fußweg dorthin halten immer wieder Autos an und fragen, ob sie mich mitnehmen sollen. Ich verneine. »Ich mag es gerne, neue Orte mit meinen eigenen zwei Beinen zu erkunden«, sage ich. Auf meine eigene Weise und in meinem eigenen Tempo. Und außerdem kann ich dabei schon mal Ausschau halten, wo ich abends mein Zelt aufschlagen möchte. Als zum dritten Mal dasselbe Taxi an mir vorbeikommt, hält der Fahrer neben mir an, beugt sich durchs heruntergelassene Fenster und sagt auf Englisch: »Ich weiß, du willst zum Strand. Jetzt nehme ich dich mit. Ich bring dich hin.«

Kurz darauf stehen wir vor einem Hotel. Verwundert frage ich nach, ob ich vielleicht doch falsch verstanden worden sei. War ich nicht. Es stellt sich heraus, dass es dem Fahrer unbegreiflich gewesen ist, dass ich so unbedingt am Strand schlafen will. Kurzerhand hatte er daher ein Zimmer in einem Hotel für mich gebucht, bevor er mich abgeholt hat. Die erste Nacht sei bereits gezahlt, aber ich dürfe so lange bleiben, wie ich wolle. Er komme am nächsten Morgen wieder zurück, um nach mir zu schauen.

Am nächsten Morgen steht der Taxifahrer wie versprochen vor dem Hotel. Er bringt mich zu seiner Familie, die einen kleinen Miniaturschiff-Laden betreibt. Im Grunde ist es ein mit Teppich ausgelegter Raum, um den ringsum hölzerne Schiffe in allen Größen aufgestellt wurden. Eine Handvoll erwachsene Männer und Frauen sitzen hier im Kreis auf dem Boden. Ich werde eingeladen, mich dazuzusetzen, und bekomme schwarzen Tee und Datteln angeboten. Gastfreundschaft wird hier wirklich sehr offen gelebt. Doch sie sind schweigsam. Weder sie noch ich können verstehen, was der andere sagen möchte, und auch Körpersprache hilft hier nicht weiter. Auch mit dem Taxifahrer fällt die Verständigung schwer. Er bemüht sich sehr und versucht mit mir über *Google Übersetzer* zu kommunizieren, dessen Übersetzungswirrwarr allerdings nur für noch größere Verständigungsprobleme sorgt. Ich lerne durch den Taxifahrer jedoch Leute kennen, die Englisch sprechen und mir anbieten, mich ein bisschen in der Gegend herumzuführen.

So wie Muhamad, der gerade auf dem Weg zu seinen Kamelen ist, als wir ihn auf der Straße treffen. Der Taxifahrer stellt uns einander vor und Muhamad lädt mich ein, mit zu seinen Tieren zu kommen. Na, das Angebot nehme ich gerne an. Auf der Autopritsche seines Wagens fahren Muhamad und ich wie auf einer Safari durch die Wüste – mit dem einen Unterschied, dass das, was wie Giraffen aussieht, Kamele sind. Vor dem Wagen treiben wir die mit ihren Hintern wackelnden Tiere langsam aus der Wüste in ihre Ställe. Eine von Muhamads Kameldamen hat dort vor Kurzem ein Junges geboren und schenkt mir die Gelegenheit, frisch gezapfte Kamelmilch zu probieren – ein cremiges und unerwartet leckeres Geschmackserlebnis. Sogar einen holprigen Kamelritt darf ich wagen und es kostet mich alle Mühe, mich während des Ritts auf diesem buckligen Langbeiner zu halten.

Auch Zaheed lerne ich über den Taxifahrer kennen. Am Abend holt er mich ab, um mit mir an einen Strand zu fahren, der etwas außerhalb der Stadt liegt. Rund ums Jahr kann man dort Schildkröten beobachten, die nachts aus dem Wasser steigen, um ihre Eier abzulegen und sicher im Sand zu vergraben. Schon bevor Zaheed und ich an diesem Touristenspektakel teilnehmen, beginnt der Abend einen Lauf zu nehmen, der zunehmend interessanter wird: Zuerst kommen wir spät an. Zaheed hat mir bereits während der Fahrt mitgeteilt, dass die Eintrittskarten für die Tour am Strand mit sehr hoher Wahrscheinlichkeit bereits ausverkauft sein werden. Doch als wir ankommen, werden wir problemlos eingelassen. In der großen Vorhalle des Gebäudes warten die Leute bereits stehend und auf dem Boden sitzend auf den Beginn dieses Schauspiels. Kaum hat man uns entdeckt, tragen eifrige Helfer sofort zwei Stühle für uns heran, auf denen wir entspannt Platz nehmen und auf den Beginn der Tour warten können. »Was für aufmerksame Menschen hier doch arbeiten«, denke ich mir im Stillen. Ein Museum, das sich im Gebäude befindet und derzeit geschlossen ist, wird für uns geöffnet, sodass wir einen Blick hineinwerfen und uns umschauen können. Endlich ist es so weit und ein kleiner Bus fährt vor. Obwohl wir als Letzte eingetroffen sind, gehören Zaheed und ich zu den Ersten, die durchgewunken werden. Und trotz der dringenden Aufforderung, am Strand immer dicht bei der Gruppe zu bleiben, dürfen wir uns während der Tour von der Gruppe trennen, um die Küste mit ihren Felsen und Höhlen auszukundschaften. Der Abend ist dementsprechend aufregend und besonders deshalb denkwürdig, weil er mit Zaheeds beiläufigen Worten endet: »Oh, wusstest du das nicht? Ich bin Scheich von Sur.«

Das erklärt mir plötzlich einiges.

Die omanische Kultur hat etwas Feines an sich, und ist in vielerlei Hinsicht anders als die meine. Die Landsleute sind überaus zuvorkommend und hilfsbereit. Und ironischerweise stellt sich genau das für mich auch als anstrengend heraus. Ich kann nicht einfach an der Straße entlanglaufen, ohne dass ich Aufmerksamkeit auf mich ziehe und Autofahrer mich zum Mitfahren einladen wollen. Ein höfliches, aber bestimmtes »Nein« hält den Fahrer nicht davon ab, langsam neben mir herzufahren und auf mich einzureden. Ich will schon gar nicht mehr einsteigen, denn ich habe gemerkt: Selten kann ich mich einfach an der Straße absetzen lassen, mich freundlich bedanken und gehen. Die meisten machen sich Sorgen, wollen mich nicht alleine zurücklassen. Mehrmals muss ich bestätigen, dass es mir gut geht und ich wirklich genau hier sein möchte. Aber auch das klappt nicht immer, sodass ich es einmal vorziehe, ohne Essen in der Wüste zurückzubleiben, um einem verständnislosen jungen Mann zu entkommen, der sich mir als mein Beschützer zur Seite stellen und nicht mehr von mir weichen will. Oder ein anderes Mal, als ich nach langem Diskutieren doch in das Auto eines Fremden einsteige, der mir, als wir mit dem Fahrzeug im nassen Sand stecken bleiben, beichtet, dass er weder einen Führerschein besitzt noch das Auto ihm gehört.

Ich merke immer mehr, dass man zum Reisen nicht einfach nur Offenheit braucht. Es liegt ein schmaler Grat dazwischen, offen genug für Neues zu bleiben, ohne zu leichtgläubig zu sein. Genauso braucht man gerade genug Standhaftigkeit, um sich in unangenehmen Situationen nicht einschüchtern zu lassen. Aber nicht zu viel, sodass man sich nicht durch zu viel Selbstbestimmung der Erfahrung beraubt, die eine unerwartete Begegnung bringen kann. Denn sonst nimmt man neuen Situationen schon von Anfang an die Chance, erinnerungswürdig und schön zu werden.

Genau darin besteht die Kunst: Sich eine gesunde Skepsis anzueignen und die Naivität so weit abzulegen, ohne dabei die Freude der Unbefangenheit zu verlieren.

Ich beherrsche diese Kunst noch nicht ganz. Reisen scheint auf den ersten Blick zwar einfach, aber es verlangt einem gewisse Fähigkeiten ab, die ich noch lernen muss. Ich fange an, befangen zu sein. Und die Vorfreude darauf, weiter zu trampen und neue Orte bestaunen zu können, weicht immer mehr der Erschöpfung darüber, sich dieses Privileg erst durch viele und lange Überzeugungsreden verdienen zu müssen.

Ich vermisse es, Menschen um mich zu haben, mit denen der Umgang gewohnt und einfach ist. Menschen, die mir nicht fremd sind. Während zuhause die vorweihnachtlichen Vorbereitungen auf Hochtouren laufen, beschließe ich daher kurzerhand, nach 300 Tagen unterwegs sein, eine Pause einzulegen. Ich buche für den nächsten Tag einen Flug nach Hause (zum Abschied lässt mir der Scheich einen Strauß Blumen zukommen) und überrasche meine Familie früh morgens am 24. Dezember.

Es tut mir gut, über die Weihnachtsfeiertage bei der Familie zu sein. Der kurze Besuch hilft mir, mich wieder zu sammeln. Denn die Reise ist noch nicht zu Ende. Gewissermaßen habe ich im Nachhinein das Gefühl, dass sie zu diesem Zeitpunkt noch gar nicht richtig begonnen hatte. Es war mehr ein Herantasten gewesen an das, was möglich ist. Ein Erforschen und Ausprobieren dessen, was ich mir selbst zutraue.

Ich habe einmal von einem Big-Wave-Surfer gelesen, der gefragt wurde, was er tut, wenn er von einer großen Welle umspült wird. Er antwortete: »Du kannst die Welle nicht zähmen. Du kannst nur Teil von ihr werden.« Was er damit meinte, ist, dass man gegen den tonnenschweren Druck des Wassers nichts ausrichten kann. Du kannst nicht dagegen ankämpfen. Alles, was du tun kannst, ist, dich mental auf diesen Moment einzustellen, Teil der Welle zu werden und dich von ihr wieder an die Wasseroberfläche bringen zu lassen.

Ich bin noch nicht bereit für ein Ende dieser Reise. Ich will mehr vom Leben, habe noch so viel zu lernen. Ich kenne mich selbst noch nicht genug, um in eine Welt zurückzukehren, in der so viele Meinungen und Ansichten vorherrschen, dass es manchmal schwer ist, seine eigene zu finden. Und gleichzeitig stellt sich mir die Frage: »Muss man denn zu allem eine Meinung haben?«

In dem Meer aus Unabhängigkeit und Verbundenheit, Alleinsein und Gemeinschaft, Zweifel und Glaube, Mensch und Natur möchte ich eintauchen in meine eigene Welle. Und mich ganz von ihr umspülen lassen.

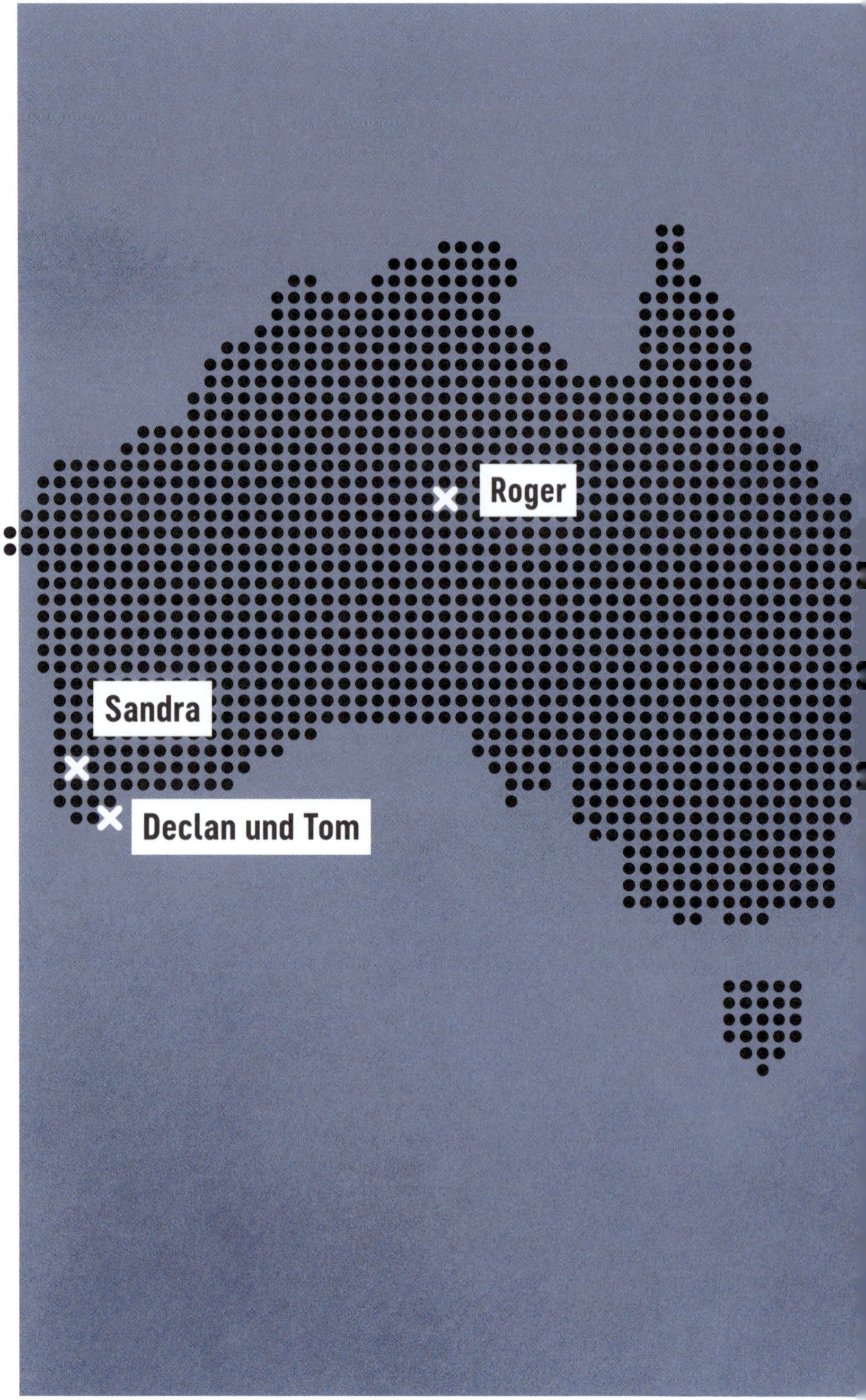
Roger
Sandra
Declan und Tom

Australien – Südküste

WENN ABENTEUER GESCHICHTEN SCHREIBEN

Der spontane Flug nach Deutschland hat mein letztes Geld in Anspruch genommen. Wo könnte man also besser wieder zu Geld kommen als dort, wo entspannter Lebensstil und hoher Mindestlohn zusammentreffen? Richtig. In Australien!

6 Billigflüge, 4 Fluggesellschaften, einen aufregenden Zwischenstopp in Singapur, 8 Stunden Busfahrt, viel Hektik und wenig Fußraum hat es gebraucht, um von Deutschland hier anzukommen.

Der Zwischenstopp am Flughafen in Singapur verlief zunächst ohne Probleme. Ich laufe durch mehrere Sicherheitsschranken in Richtung Ausgang. Dennoch werde ich kurz vor den Schiebetüren des Flughafens zur Seite gewinkt. Mein Rucksack soll erneut durchleuchtet und mein bisher gut verstecktes Pfefferspray, das Mama allen ihren Töchtern gekauft hat, in letzter Minute doch noch entdeckt werden. Ich werde zum Polizeibüro begleitet und muss dort eine Verwarnung sowie einen Eintrag wegen *Besitzes und Einfuhr verbotener Güter* hinnehmen.

Mit lediglich 150 Euro auf dem Konto und einem *Working-Holiday-Visum* in der Tasche komme ich endlich in Perth im Westen Australiens an. Die ersten paar Wochen arbeite ich für eine Unterkunft in einem wohnzimmerähnlichen Hostel, das von einer betagten, aber pfiffigen Dame betrieben wird. Schnell finde ich in einem kleinen Café um die Ecke einen zweiten Aushilfsjob. Ich lerne dort, Kaffee wie eine Möchtegern-Barista zuzubereiten und Speisen zu servieren – von Bagels bis Smoothies ist alles dabei. Alles läuft super, nur meine wöchentliche Auszahlung wird regelmäßig verschoben, bis mir klar wird, dass »Cash auf die Hand«-Bezahlung manchmal eben auch »Überhaupt keine Bezahlung« bedeutet. Aber mich zieht es sowieso schon wieder raus! Ich will wieder reisen. Über Landwege. Zu Fuß. Alleine. Mit Fremden. Freundgewordenen. Ich vermisse es, zu trampen. Vermisse dieses Gefühl von Freiheit. Und plötzlich, nachdem ich in Perth wieder den Luxus eines eigenen Bettes und eines geregelten Alltags erleben konnte, erkenne ich, weshalb ich das Trampen so sehr mag. Plötzlich erkenne ich die Antwort auf diese eine Frage, die ich mir an manch langem Tag des Wartens an verlassenen Straßen, bei Wind und Wetter, mit Hunger oder Durst, schon selbst so oft gestellt habe: »Was genau ist es, das das Trampen zu so einem unerlässlichen Bestandteil meines Reisens macht?«

Trampen ist für mich mehr als nur eine günstige Möglichkeit, zu reisen. Mehr als nur eine gute Gelegenheit, Menschen zu treffen. Mehr als bloße Neugier.

Was mich am Trampen so sehr reizt, ist das tägliche Abenteuer, das es in sich trägt. Es ist die Aufregung, die auftritt, wenn man zum ersten Mal wieder den Daumen rausstreckt. Es ist das Kribbeln, das über einen kommt, kurz bevor sich ein Fahrzeug nähert. Die Mischung aus völliger Unwissenheit und größter Entdeckerfreude auf das, was als Nächstes kommt. Es ist die Spannung, die Person kennenzulernen, die innerhalb weniger Sekunden entschieden hat, anzuhalten anstatt an mir vorbeizurauschen. Es ist die Vorfreude auf ihre Geschichte.

Auf diese Weise kann ich einen Bruchteil von dem zurückgeben, was ich selbst täglich empfange. Zum Beispiel durch ein hörendes Ohr. Ein mitfühlendes Herz. Dadurch, den Menschen ein klein bisschen Inspiration und neue Hoffnung schenken zu können, wieder an das Gute zu glauben.

Es sind die kleinen, unerwarteten Dinge, die das Trampen so spannend und besonders machen: Wenn Menschen Umwege fahren, um mir auszuhelfen. Wenn sie mir Essen anbieten oder gar ihre Haustüren für mich öffnen. Die Freundlichkeit und Hilfe, die man erst dann erfährt, wenn man auf andere Menschen angewiesen ist. Was ich am Trampen mag, ist die Ungewissheit, ob man es an sein Ziel schaffen wird; das bedingungslose Bestreben, es auf alle Fälle zu erreichen und die geforderte Kreativität für Auswege, wenn man es doch nicht schafft.

Es ist das kleine Abenteuer, das jeder Tag dadurch in sich birgt. Das kleine Abenteuer, das jeden Tag anders und besonders macht. Das kleine Abenteuer, das täglich neu Geschichten schreibt.

VOM GLÜCK, AUCH ALLEINE SEIN ZU KÖNNEN

Erstaunlich viele Familien mit Kindern halten an und nehmen mich mit. Die meisten machen einen Tagesausflug und laden mich ein, mich dazuzugesellen. Eile irgendwo hinzukommen? – Hab ich nicht. Zeit? – Hab ich im Überfluss! Ich begleite die Familien und verbringe meine Tage an Wasserfällen, Stränden und beim Spielen mit den Kindern, während die Eltern einen kinderfreien Nachmittag genießen.

Durch einen australischen Backpacker lande ich in Margaret River, wo wir noch etwas Zeit miteinander verbringen: Während er surft, sonne ich mich am Strand. Inzwischen habe ich mir ein neues Zelt beschafft, das direkt zum Einsatz kommt. Nachts schlafen wir auf dem Parkplatz direkt unter dem *Campen-verboten*-Schild, durch das sich weder wir noch die acht weiteren Camper neben uns stören lassen. Um 5 Uhr stehen wir auf, da kurz darauf die Parkaufseher auftauchen werden. Die übrigen Parkplatzcamper sind auch schon wach und wir setzen uns mit einem Kaffee gemütlich zu ihnen.

Vom Strand dringt Gitarrenmusik herauf. Ich mache den Musikanten schnell ausfindig und setze mich daneben. Ein paar Minuten vergehen, da gesellt sich ein weiterer mit einer Trommel dazu. Ich genieße diese Atmosphäre, die perfekte Kombination von Musik und Meeresrauschen und diesen Ort, an dem Lebemenschen zusammenkommen. Wir sitzen in der Sonne und beobachten, wie der Wind die Wellen über die Felsen treibt. Wie laut und gewaltig die Gischt gegen den Stein kracht, wie der weiße Schaum über den schwarzen Felsen klettert, diesen vollkommen einnimmt und sich dann zu allen Seiten hin langsam verteilt. Wie sich das Wasser bedächtig zurückzieht und bereits die nächste gewaltige Welle vorbereitet und das Schauspiel von Neuem beginnen lässt.

Mir gefällt das Gleichgewicht zwischen der Gesellschaft am Tag und der Isolation in der Nacht. Und in der Wärme Australiens, in dieser mit Wohlbehagen gefüllten Schwüle, fange ich an zu lernen, alleine zu sein.

Als Kind war ich nie gerne allein gewesen. Ungern saß ich in meinem Zimmer hinter verschlossenen Türen. Anders als meine beiden Schwestern: Ewig konnten sie in ihren Zimmern sitzen und mit Puppen spielen oder basteln. Etwas, das auch ich nicht ungerne tat – jedoch ungern ohne Gesellschaft.

Dabei kann Alleinsein eine so schöne Sache sein. Und eine besondere dazu. Nicht jeder ist in der Lage, einfach die Ruhe zu genießen. Seine Umgebung wahrzunehmen und aufmerksam zu betrachten, anstatt sich ablenken zu lassen. Sich im Stillen über das Hier und Jetzt zu freuen, anstatt sich mit einem Gegenüber darüber auszutauschen.

Alleine sein und sich in die Natur zurückzuziehen, ist nicht gleich Einsamkeit. Sondern manchmal Notwendigkeit.

Fast ausnahmslos übernachte ich am Strand, im Wald, im Nationalpark, auf dem Campingplatz – *bei* Leuten, *mit* Leuten oder einfach allein. Stück für Stück arbeite ich mich voran, immer an der Küste entlang. Jetzt stehe ich direkt am Highway, aber der ist leider sehr wenig befahren. In der irrsinnigen Annahme, von hier aus problemlos eine Weiterfahrt ergattern zu können, habe ich mich mitten im Nichts an einer Abzweigung absetzen lassen. Dann fängt es auch noch an zu regnen. Wenige Male nähert sich ein Auto, aber keiner zeigt auch nur ansatzweise die Absicht, mich mitnehmen zu wollen. Ich halte bereits Ausschau nach einer geschützten Stelle, um mein Zelt aufzuschlagen, und sage mir wie jedes Mal: »Alles hat schon seine Richtigkeit. Es müssen nicht viele Autos vorbeikommen, nur die eine Person, die anhält und mich ein kleines Stück mitnimmt.«

Und diese Person kommt: Sandra, eine Mittfünfzigerin mit pinken Haaren. Anstatt nur zu fragen, wo ich hin möchte, erkundigt sie sich direkt, ob ich schon eine Bleibe für die Nacht hätte, und lädt mich zu sich ein. Sandras Grundstück ist von nichts als Natur umgeben. Eine große Wiesenfläche mit Tümpel liegt vor ihrem Haus. Wald umgibt das Gebiet. Ihre gesamte Wohnung besteht aus lediglich zwei Wänden, die im rechten Winkel aufeinander zulaufen. Die anderen beiden Wände gibt es nicht, die Wohnung ist offen. In ihrer Mitte stehen eine Couch und mein Bett. Den ganzen Abend sitzen Sandra und ich dort im Freien, süffeln Rotwein und quatschen über das Reisen, die Liebe und das Leben. Die Liebe für ihren Mann und die Natur war es, die Sandra dazu veranlasst hat, hier rauszuziehen. Hier haben ihre drei adoptierten Hunde genug Platz, um sich zu bewegen. Hier kann sich Sandra erholen, die in der Stadt in einer geschäftigen Klinik als Schwester tätig ist. Wenn sie abends zurück nach Hause kommt, ist jeder Abend wie ein kleiner Urlaub abseits vom Alltag, sagt sie.

Sandra und ich verstehen uns so gut, dass ich meinen Aufenthalt spontan verlängere und vier Tage später noch immer bei ihr bin. Sandras Mann ist auf Geschäftsreise. Während Sandra tagsüber in der Klinik ist, bleibe ich alleine zurück. Oft spaziere ich umher und erkunde mit ihren Hunden die Gegend. Ich laufe einen Pfad entlang, der zu beiden Seiten von Feldern umgeben ist. Wilde Kängurus grasen darauf. Als sie mich bemerken, unterbrechen sie ihr Tun und bleiben wie angewurzelt stehen. Sie nehmen ihre Köpfe hoch und beobachten mich starr. Alle Augen sind auf mich gerichtet. Sie geben keinen Laut von sich. Langsam folgen sie mir mit ihren Blicken, während ich still und leise versuche, meinen Weg fortzusetzen, um unauffällig zu entkommen.

THUNFISCHWEITWURF UND ZIRKUSAKROBATEN

Während ich die Küste entlangreise, treffe ich viele Menschen, die auf der Durchreise sind. So quetsche ich mich auf die Rückbank von drei europäischen Reisenden, gehe mit einer Gruppe Australiern auf das *Tunarama Festival* zum Thunfischweitwurf und nehme eine heiße Dusche mitten in Albanys Innenstadt. Dort werde ich aufgegabelt von Declan und Tom, zwei tasmanischen Brüdern, die mich am Straßenrand entlanglaufen sehen. Obwohl sie in ihrem passgerecht gepackten Van keinen Sitz mehr frei haben, halten sie an und fragen, ob sie mich bis in die nächste Stadt mitnehmen können. Was für eine Frage! Wir polstern den Freiraum zwischen den beiden Frontsitzen mit Kissen aus und was mit einer fünfstündigen Fahrt beginnt, entwickelt sich zu einem fünftägigen Roadtrip zu dritt. Gemeinsam machen wir uns die knapp 2 000 Kilometer lange Fahrt entlang der Küste im Süden Australiens so schön, wie es nur geht. Wir spielen Karten und Ratespiele, um die Fahrt auf der längsten geraden Straße Australiens (146,6 Kilometer) weniger monoton zu gestalten. Immer wieder halten wir an und gehen im Meer schwimmen. Ich angle meinen ersten Fisch, wir grillen Steaks und essen selbst gemachte Sandwiches. In einem finsteren Wald, in dem weiße Spinnen aus dem Geäst über uns leuchten, baue ich mein Zelt in Rekordzeit auf, um den Ekel und die Nacht schnell hinter mich zu bringen. Wir genießen frisch gebrühten Kaffee am nächsten Morgen am Strand und überqueren die Nullabor-Ebene, eine flache Karstwüste, deren Bezeichnung bereits das karge Landschaftsbild ausdrückt: Kein Baum (lat. *Null arbor*).

Ich könnte mich an die beiden Brüder gewöhnen und daran, eine durchgängige Mitfahrgelegenheit zu haben. Aber unsere Wege trennen sich.

Gerade rechtzeitig für das *Fringe Festival* treffe ich in Adelaide ein und finde sogar in letzter Minute noch einen Job auf dem zweitgrößten Kunstfestival der Welt. Über 5 000 nationale und internationale Artisten treten auf über die Stadt verteilten Bühnen auf. Über 1100 Events aller Art kann man im Park, in Cafés und in den Gassen bestaunen, von Akrobatik und Zirkus über Kabarett bis hin zu Comedy.

Zwei bis drei Stunden täglich verteile ich dort Werbung für einen Magier aus Schottland, wo jährlich das größte *Fringe Festival* der Welt stattfindet. Ich bekomme einen VIP Pass und komme dadurch in den Genuss, mir fünf Wochen lang zahlreiche Vorführungen kostenlos zu Gemüte führen zu dürfen. In einem WG-Zimmer komme ich zusammen mit anderen Backpackern unter und finde in einem deutschen Restaurant einen zusätzlichen Job: Ich serviere Schweinshaxe mit Kartoffelbrei und Sauerkraut.

Genauso plötzlich wie es für mich angefangen hat, ist das Festival auch wieder vorbei. Ich habe mich bereits in Alice Springs, der nächsten Stadt, für einen Job in einem 5-Sterne-Restaurant beworben und bekomme die Ansage: Entweder stehe ich in fünf Tagen auf der Matte oder der Job ist vergeben.

Ich entscheide mich dafür, schnell zu handeln! Das WG-Zimmer ist schnell gekündigt und an den nächsten Backpacker übergeben, der Nebenjob ebenso. Ich bin bereit!

Gemeinsam mit einem Reisenden, den ich auf dem Festival kennengelernt habe, fahre ich Richtung Norden durch den Teil Australiens, der sich für mich als einer der schönsten herausstellt: das Outback, Australiens Wüste. Doch diese ist alles andere als öde und wüst. Rote Erde, gelbes Gras, grüne Bäume und die schwarze Straße bilden vier starke Kontraste. Freie Campingspots im Nirgendwo und Barbecue-Grills in fast jedem Park machen die drei Tage Fahrt bis in das rote Herz Australiens unvergesslich gut.

WÜSTENZEIT

Wie die meisten Reisenden hält mein Begleiter in Alice Springs nur für einen Zwischenstopp auf seiner Reise zum australischen Wahrzeichen *Uluru*, auch bekannt als *Ayers Rock*, um dort das Farbspektakel zu bewundern, das der rostige Sandstein bei Sonnenuntergang zum Besten gibt. Sonst gibt es in Alice Springs auch nicht viel zu sehen. Die Stadt ist klein. Und voll von Aborigines, den australischen Ureinwohnern.

Als vor etwa 230 Jahren die Europäer nach Australien kamen, begann die Unterdrückung derer, die hier bereits seit mehreren Tausend Jahren zuhause waren. Jegliche Rechte auf Land und Besitz wurden ihnen genommen. Mischlingskinder wurden im Rahmen einer gefühllosen Assimilationspolitik entführt, um sie in Waisenhäusern und weißen Adoptivfamilien in einer neuen Kultur zu erziehen. Noch heute, Jahrzehnte später, finden vereinzelt Kinder der sogenannten *Stolen Generation* Teile ihrer Familien wieder – irgendwie verbunden und dennoch komplett fremd.

Erst in den 60er-Jahren wurden den Aborigines offizielle Bürgerrechte sowie finanzielle Entschädigung für das Geschehene zugesprochen. Dies sollte der Anfang eines einheitlichen Australiens sein. Aber als von den Versprechungen im Jahr 1972 immer noch keine erfüllt worden waren, wurde in Canberra, der Hauptstadt Australiens, die *Tent Embassy* aufgebaut: eine Zeltbotschaft, die noch heute Landrechte und Souveränität über ihre Verwaltung einfordert und offiziell als Symbol für den politischen Kampf der Ureinwohner steht.[4]

Jedes Jahr am 26. Januar wird der sogenannte *Australia Day* gefeiert, der Tag, an dem die Europäer dieses Land für sich entdeckten. Die Debatten darüber, ob es richtig oder falsch ist, diesen Tag zu zelebrieren, existieren schon lange und werden von Jahr zu Jahr intensiver. Denn dieser Tag markiert und feiert die Kolonialisierung Australiens durch das britische Königreich. Und lässt hinter Stolz und Patriotismus vergessen, dass derselbe Tag für die Aborigines den Beginn ihrer Unterwerfung bedeutete.

Ich bin dabei, als im Anschluss an die traditionelle *Australia-Day*-Parade ein riesiger Protestzug durch die Innenstadt marschiert. Vor dem Hintergrund australischer Flaggen, die aus Gebäuden in die Straße wehen, haben sich Tausende junger und alter, schreiender und stummer, hipper und konservativer Menschen jeder Hautfarbe zusammengetan, um in Einheit für die Rechte der Aborigines zu kämpfen. Sie halten wehende Fahnen mit dem Zeichen der Ureinwohner in die Luft, und Plakate, deren Aufschriften danach schreien, denen ihre Rechte anzuerkennen, die sie nie abgetreten hatten. Rufe fordern die Änderung des Feiertags-Datums, sodass nicht der Sieg der einen am Tag der Unterdrückung der anderen gefeiert wird. Radiosender haben bereits ihre *Australia-Day*-Feier auf den folgenden Tag verlegt, um ein Zeichen zu setzen. Die Massen zu sehen, berührt mich. Dieser Anblick bewegt.

Viele Aborigines haben heute starke Eingliederungs- und Alkoholprobleme. Sie schlafen traditionsgerecht noch immer in trockenen Flussbetten oder an der Straße. Meistens hängen sie in Gruppen zusammen, verhalten sich laut und achten nicht auf ihre Hygiene. Es sind nicht alle so, aber man versucht dennoch den direkten Kontakt zu vermeiden. Bereits an meinem zweiten Tag hier wird mein Fahrrad gestohlen, mein zweites halte ich kaum unbeschädigt, weil immer wieder Glassplitter auf der Straße Löcher in die Reifen reißen. Größere und kleine Brände sind an der Tagesordnung genauso wie Einbruch und Diebstahl. Es ist traurig, aber längst keine Besonderheit mehr. Dennoch mag ich Alice Springs. Hier herrscht eine andere Atmosphäre. Wüstenatmosphäre. Nur wer sich die Zeit nimmt, hier zu bleiben, sieht die Magie, die hinter der dreckigen Fassade steckt: Schon nach ein paar Tagen trifft man Leute auf der Straße, die man kennt und grüßt. Zum Ausgehen hat man die Wahl zwischen etwa drei Pubs, in denen Menschen jeden Alters zusammenkommen. Egal, in welche Richtung man geht, man läuft immer den Bergen entgegen. Es ist leicht, rauszukommen, den Kopf freizubekommen. Ich genieße den Sonnenaufgang auf dem *Mount Gillen*, freie Nachmittage in den *West MacDonnell Ranges*, den Sonnenuntergang an der *Telegraph Station* und die Abende mit Freunden in einem jener drei Pubs.

Zweieinhalb Monate später sitze ich an einer Tankstelle am Rande der Stadt und beobachte die Menschen in den heranfahrenden Autos. Ich bin auf dem Weg in den Norden. Eine Familie fährt heran, das Auto bis oben hin bepackt. Die haben sicher keinen Platz für mich. Ich frage eine Gruppe älterer Menschen, ob sie mich ein Stück mitnehmen können, aber sie verneinen. Vermutlich sind sie skeptisch gegenüber Fremden. Die Polizei kommt vorbei, aber sie sagen, sie würden im nächsten Ort abbiegen. Schließlich fährt ein Auto mit Boot auf dem Dach heran, das einen Campinganhänger im Schlepptau zieht. Der Fahrer will sicher raus aus der Wüste Richtung Meer, denke ich. Ein älterer Mann steigt aus zum Tanken, ich beobachte ihn eine Weile und gehe auf ihn zu.

»Ich nehme dich gern mit, kein Problem«, sagt er. »Mein Name ist Roger.«

Roger fährt jedes Jahr um diese Zeit die 3 000 Kilometer von Adelaide nach Darwin, um seine Kinder zu besuchen, und zwei Monate später dieselbe Strecke wieder zurückzufahren. Eigentlich tue er das gemeinsam mit seiner Frau, aber die beiden haben sich letztes Jahr getrennt, und es sei das erste Mal, dass er die Strecke alleine fahren müsse, erzählte Roger. Daher sei er gar nicht so unglücklich darüber, mich mitnehmen zu können. Ich habe das Gefühl, er genießt es sogar richtig, eine Fahrt, die ihm eigentlich nur des Zweckes dienen sollte, von A nach B zu kommen, in eine Sightseeingtour zu verwandeln – bei der er den Tourguide spielen darf. Und Roger packt alle Geschütze aus. Er erzählt mir Geschichten aus früheren Zeiten. Geschichten, die er auf dieser Strecke erlebt hat. Und Geschichten über Ufos, die auf dieser Strecke von verschiedenen Leuten gesichtet worden sein sollen. Wir klettern bei Sonnenuntergang über tiefrote Granitbälle, die sich über Millionen von Jahren aus dem Erdinneren ans Tageslicht gearbeitet haben, und trinken in der lauen Abendluft Rotwein aus feinen Weingläsern, während wir leckere, von Roger vorgekochte Aufläufe verspeisen. Wir baden frühmorgens in den angenehm warmen Quellen von Mataranka, einer glasklaren, blauen Oase im Regenwald, der sich unerwartet plötzlich vor uns auftut. Und wir kämpfen uns durch den beißenden Rauch eines fegenden Buschfeuers, das sich bis an die Straße vorgearbeitet hat. Die Flammen schlagen bis zu unserem Fahrzeug vor. Ich mache mir Sorgen um die Benzinkanister, die rechts und links an unserem Camper festgemacht und bis oben hin mit Benzin gefüllt sind. Roger argumentiert, es sei ein höheres Risiko, mitten in der schwarzen Rußwolke anzuhalten, um die Kanister zu verlagern, und dadurch womöglich noch einen Unfall zu verursachen. Also fahren wir durch das Feuer hindurch, bis sich Flammen und Rauch endlich wieder lichten. Über uns kreisen riesige, schwarze Raben. Die Kleintiere, die aus dem Feuer fliehen, sind leichte Beute für sie.

Nach drei Tagen kommen wir pünktlich in Darwin an. Ron freut sich darauf, seine Kinder und Enkel bald wieder in die Arme nehmen zu können. Und ich mich darauf, dasselbe bei meiner Schwester zu tun. Denn ich werde sie in ein paar Tagen in Asien treffen.

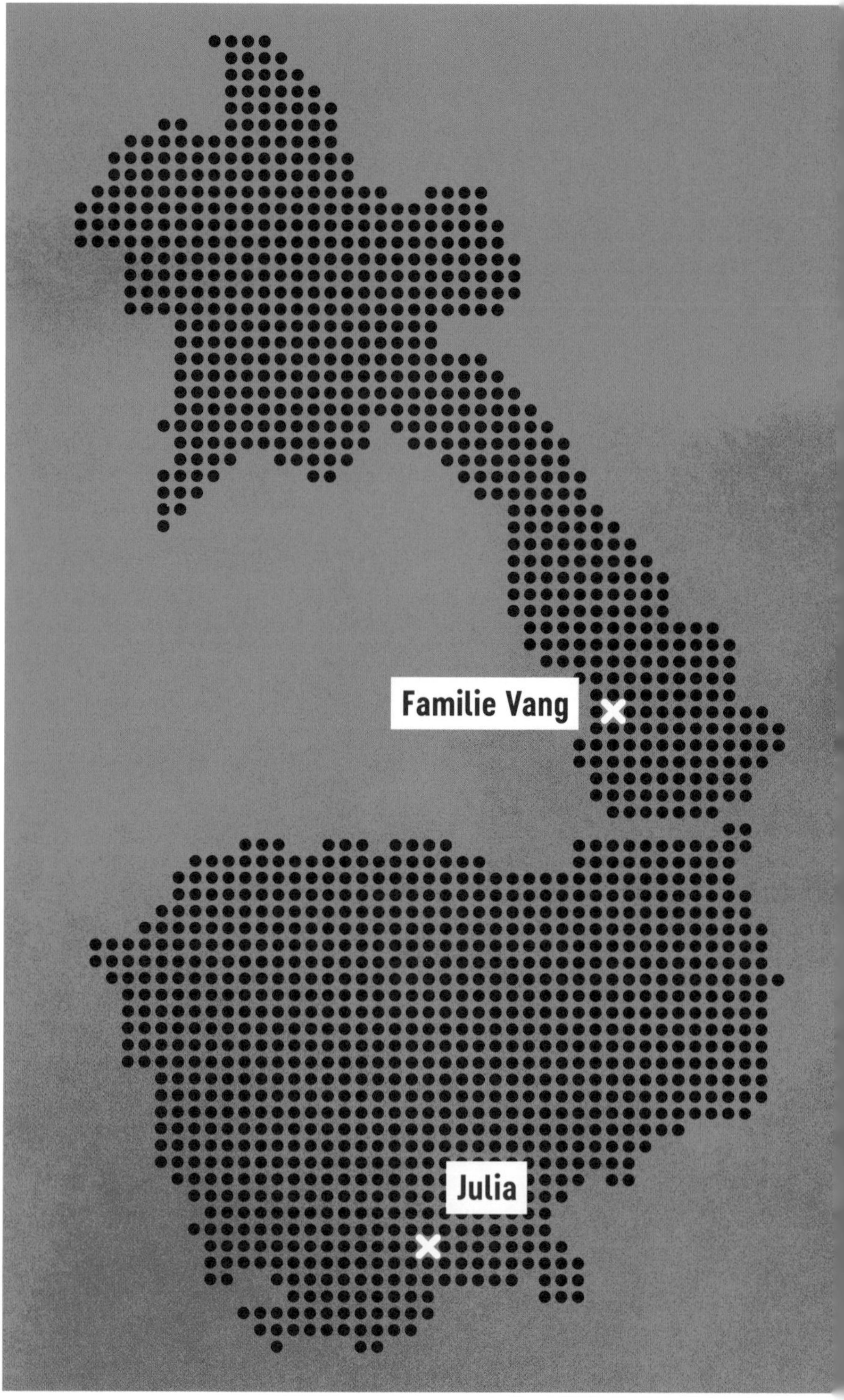
Familie Vang
Julia

Kambodscha und Laos

WO DIE UHREN LANGSAMER TICKEN

Ich sitze am Busbahnhof in Bangkok, der Hauptstadt Thailands. Hier werde ich wohl die Nacht verbringen müssen. Mein Plan war es gewesen, von hier aus direkt mit dem Bus über die nicht weit entfernte Grenze nach Kambodscha in die Stadt Battambang zu fahren. Dort geht gerade der letzte Tag der fünfmonatigen Bibelschule zu Ende, die meine Schwester Julia dort besucht hatte. Julia ist zwei Jahre jünger als ich. Neben unseren beiden älteren Geschwistern waren wir immer die »zwei Kleinen« gewesen. Egal, wie alt ich war – nie gehörte ich zu den Großen. Selbst dann nicht, als ich endlich das Alter erreicht hatte, das meine ältere Schwester zwei Jahre zuvor bereits zu den Großen zählen ließ. Als Kind ärgerte mich das oft. Heute erfüllt es mich umso mehr mit Freude und Stolz, dass meine kleine Schwester meine beste Freundin ist.

Der letzte Bus für heute hat die Station bereits verlassen. Wann der nächste Bus fährt, scheint keiner zu wissen oder aufgrund frustrierender Verständigungsprobleme einfach nicht zu mir durchzudringen. Ich gebe auf und beschließe, mir für die nächsten Stunden einen Schlafplatz zu suchen. *Eine Bank pro Person* scheint hier die ungeschriebene Regel zu sein und auch ganz gut aufzugehen. In einer Reihe Bänke, die rings um einen Pfahl im Innern des Bahnhofs aufgestellt sind, finde ich noch eine freie Sitzgelegenheit und nehme Platz. Ich presse mich an meinen Rucksack und döse weg. Als ich gegen 3:30 Uhr aufwache, ist es hell und es herrscht bereits leichter Betrieb im Bahnhof. Ich erfahre, dass in Kürze ein Bus direkt nach Phnom Penh fährt, Kambodschas Hauptstadt, ganz im Süden. Nicht wo ich hinwollte, aber wenigstens im richtigen Land.

Eilig rufe ich Julia an und spreche mit ihr schnell den Zeitplan ab: Der Bahnhof in Phnom Penh wird vermutlich riesig sein. Daher vereinbaren wir als Treffpunkt Gleis 1 um 18 Uhr, ungefähr die Zeit, an der auch Julias Bus am selben Bahnhof eintreffen sollte.

Der Plan klingt simpel. Doch wie so oft kommt alles anders als erwartet.

Mein Bus hat zwei Stunden Verspätung. Durch meinen ungeplant längeren Aufenthalt in Thailand hat mein Handy bereits keinen Akku mehr, doch ich habe in weiser Voraussicht Julias Handynummer auf einem Zettel notiert. Sie wird schon an Gleis 1 stehen, wenn ich ankomme, denke ich mir.

Doch falsch gedacht. Gleis 1 – gibt es nicht. In einer dunklen Seitengasse über einer feuchten Abwasserrinne hält mein Bus, und alle Fahrgäste darin werden zum Aussteigen bewegt. Die Menge läuft schnell auseinander. Von einem Ende der Gasse fällt warmes Laternenlicht ein, das die etwas größere, angrenzende Straße beleuchtet und nun meine einzige Lichtquelle ist. Es ist bereits stockfinster und schnell wird mir klar, dass ich Julia hier nicht finden werde. Eilig laufe ich einem Geschäftsmann hinterher, der sich mit mir im Bus befunden hatte. Mit fragendem Blick halte ich dem verwunderten Mann in der einen Hand mein totes Handy, in der anderen die Telefonnummer meiner Schwester unter die Nase. Er versteht und zückt sein Mobiltelefon.

Julia, die bei ihrer Ankunft in Phnom Penh ebenfalls kein Gleis 1 vorgefunden hatte, war – da sie mich nach mehreren Versuchen telefonisch nicht erreichen konnte – in ein Hostel gegangen, das sie kurzerhand ausfindig gemacht hatte. Ich rufe durch Winken einen

Tuktukfahrer heran. Über das Telefon gibt Julia ihm Instruktionen, wo sie zu finden sei, und erwartet mich bei meiner Ankunft bereits freudig und sichtlich erleichtert darüber, dass unsere Wege am Ende auch ohne Gleis 1 zusammengefunden haben.

WEIL MENSCHEN AUCH NUR MENSCHEN SIND

Da wir uns schon in der Hauptstadt befinden, informieren wir uns über die Geschichte Kambodschas, die im Land Spuren hinterlassen hat. Ähnlich wie an zu vielen anderen Orten dieser Welt wird man auch hier an einen Genozid erinnert. Als 1975 unter der Führung Pol Pots die Roten Khmer an die Macht kamen, versuchten sie mit Gewalt, die Wiedereinführung des Agrarkommunismus herbeizuführen. Zunächst wurde durch die Schließung der Grenzen und Zerstörung jeglicher Kommunikationsmittel das Land isoliert. Die Bevölkerung wurde aus der Stadt aufs Land gejagt, um sich wieder dem Bauerntum zuzuwenden. Familien wurden getrennt, emotionale Äußerungen verboten und selbst Beziehungsattribute wie *Mama* oder *Onkel* durch die neutrale Anrede *Kamerad* ersetzt. Jeglicher Ausdruck von Individualität wurde unterbunden. In politischen Gemeinschaftsschulen wurde der Sinn für selbstständiges Denken und eigenwilliges Handeln abgetötet – Soldaten wurden geschaffen.

Die Gesellschaft wurde systematisch aussortiert: Zuerst wurden die Intellektuellen ermordet, gefolgt von allen, die von unreiner Abstammung waren. Julia und ich betreten das *Tuol Sleng*, ein ehemaliges Gymnasium, das vom Roten-Khmer-Regime in eines von 200 bis 300 Hinrichtungszentren umfunktioniert worden war. In dem Sicherheitsgefängnis in Phnom Penh wurden Gegner des Systems gefangen gehalten, von denen man sich unter extremster Folter Informationen erhoffte. Beinahe 20 000 Gefangene kamen in diesem Sicherheitsgefängnis um – nackt, gedemütigt, in Ketten. Die zunächst heimliche Ermordung von Menschen nahm unaussprechliche Ausmaße an bis zur systematischen Durchführung von Massenmorden.

Aus Zeitmangel wurden die Leichname zu Hunderten in Gruben geworfen und nicht einmal verscharrt. Diese Gruben, die sogenannten *Killing Fields*, sind heute als Museum zu besichtigen und man kommt nicht darum herum, der traurigen Grausamkeit jener Zeit in ihr finsteres Auge zu blicken. Es wird geschätzt, dass etwa 1,5 bis 2 Millionen Menschen (das sind ein Fünftel der damaligen Gesamtbevölkerung Kambodschas) durch das Regime umkamen.

Es fällt mir schwer, so eine grausame Vergangenheit zu begreifen. Aber es ist gut, sich an sie zu erinnern. Im Zusammenhang mit unserer deutschen Vergangenheit hat sich mir ein Zitat von dem spanischen Schriftsteller George Santayana tief eingeprägt: »Diejenigen, die sich nicht an die Vergangenheit erinnern, sind dazu verdammt, sie zu wiederholen.«

Wir Menschen sind alle nur Menschen. Und wir werden es immer bleiben. Mit denselben Fehlern. Mit derselben Anlage, nach unserem eigenen Vorteil zu handeln. Der Mensch ist von Natur aus auf den eigenen Nutzen bedacht. Im schlimmsten Fall sogar ohne Rücksicht auf Verluste. Für ein fortwährendes, gemeinsames Zusammenleben der Menschen ist es daher unheimlich wichtig, dass wir uns an die Fehler der Vergangenheit erinnern, sie als Bestandteil unserer persönlichen Gegenwart reflektieren und daraus für unsere Zukunft lernen.

EIN PENETRANTER TAXIFAHRER

Es ist an der Zeit, auch hier in Kambodscha das Trampen auszuprobieren. Julia und ich sind vorbereitet. Wir wissen, von welchem Punkt aus wir starten wollen, und winken uns ein Tuktuk (ein Taxi auf drei Rädern) herbei, um an jenen Startpunkt zu gelangen.

»Einfach immer geradeaus, bis wir aus der Stadt hinaus sind und *Stopp* rufen«, erklären wir dem Fahrer auf Englisch. Doch was einfach klingt, soll sich als schwierig herausstellen. Noch als wir in das Tuktuk steigen, fährt ein Taxi vorbei, das uns anbietet, uns bis nach

Siem Reap zu fahren. Da wollen wir zwar hin, aber auf unsere eigene Weise. Trampend. Wir verneinen daher dankend und bitten unseren Fahrer, die Fahrt zu unserem Startpunkt aufzunehmen.

Nach ein paar Metern holt uns der Taxifahrer wieder ein und macht es uns unmöglich, einer Diskussion zu entkommen. Er will uns zu einer Mitfahrt in seinem Fahrzeug überreden. Erneut verneinen wir und bitten den völlig verwirrten Tuktukfahrer zur Weiterfahrt. Auch er kann nicht verstehen, warum wir an den Stadtrand möchten, als der Taxifahrer uns zum dritten Mal überholt und zum Anhalten auffordert.

»Bitte fahr einfach weiter. Fahr!«, flehe ich unseren Fahrer an, inzwischen gnadenlos genervt. Doch der Fahrer hält an. Und zeigt keinerlei Ambitionen weiterzufahren. Ich bin ermattet und meine Laune hebt sich nicht, als ich den Taxifahrer aus seinem Fahrzeug steigen und in schnellen Schritten auf uns zukommen sehe. Er hat diesmal einen Dolmetscher dabei, der uns erklärt, dass er auf einen Bruchteil seines Preises runtergeht, wenn er uns bis nach Siem Reap mitnehmen darf. Wir ergeben uns schließlich und steigen ein.

Die drängende Art des Taxifahrers hat mich ins Grübeln gebracht. War er der Überzeugung gewesen, wir könnten unser Ziel nicht erreichen, ohne ein Taxi zu benutzen? War er besorgt gewesen? Oder steckte mehr dahinter?

Erst später entdecke ich das fehlende Puzzleteil: Julia und ich laufen gerade eine Straße entlang, als wir völlig unerwartet von Tuktukfahrern belagert werden. Einer bietet uns eine Mitfahrt für einen tieferen Preis als der vorherige. Die Fahrer beginnen, sich gegenseitig zu unterbieten – so weit, dass immer mehr Fahrer aus der Debatte aussteigen und ein Fahrer uns am Ende seine Dienste erweisen darf – für einen Bruchteil des ursprünglichen Betrags.

»Es ist Nebensaison und Touristen sind aktuell so rar, dass die Fahrer sich lieber für wenig Geld einen Auftrag sichern, als gar nicht zu arbeiten«, erklärt Julia mir. »Wahrscheinlich haben wir mit dem Preis noch nicht einmal die Spritkosten gedeckt.«

Dem Tuktukfahrer geben wir am Ende der Fahrt mehr als vereinbart und obendrauf noch eine Packung Kekse, die wir als Wegverzehr in der Tasche dabeihatten.

Ich vermute, dem aufdringlichen Taxifahrer erging es in der Nebensaison nicht anders. Und so sehr ich mich anfangs noch darüber geärgert hatte, dass Trampen hier schwieriger scheint als gedacht, so sehr freue ich mich jetzt zu wissen, dass wir mit unserer Mitfahrt dem Taxifahrer etwas Gutes tun konnten.

REISSENDE FLUTEN IN LAOS

Das *Bolaven Plateau* ist eine 10 000 Quadratkilometer große Hochebene im Süden von Laos. Begierig, möglichst viel davon zu Gesicht zu bekommen, begeben wir uns mit dem Motorroller auf Erkundungstour. Dabei sollen wir mehr über das Leben in Laos erfahren als erwartet. Schon zu Beginn unserer Expedition bringen uns spartanische Beschilderung und immense Kommunikationsschwierigkeiten mit den Laoten der Verzweiflung nahe. Dafür bringen sie eine andere, unverhoffte Art von Abenteuer mit sich.

Zuerst wollen wir zu einem Wasserfall und folgen einer Straße aus rotem Staub, die bald im Nichts endet. Wir fahren zur letzten Abzweigung zurück, biegen dort ab und folgen der anderen Straße, die wieder ins Leere läuft. Eine einheimische Familie, die in einer offenen Strohhütte auf Stelzen sitzt, kann uns leider auch nicht weiterhelfen. Es gibt nur zwei Richtungen: aus der einen sind wir gerade gekommen und die andere führt uns auch nicht zu unserem Ziel. Wir geraten in eine Irrfahrt und an Orte, deren Zugänglichkeit stark begrenzt ist. Im roten Schlamm bleibt unser Roller stecken und muss unter Mühe wieder freigeschaufelt werden. Dann reicht es uns. Wir sind kurz davor aufzugeben, als wir endlich das Wasserrauschen hören. Wir folgen dem Geräusch quer durch ein Waldstück und gelangen an einen Fluss. Unser Plan ist klar: Wir waten flussabwärts, bis wir den Wasserfall sehen. Julia geht mutig voraus und kommt nach wenigen Schritten wieder in Richtung Ufer zurück.

»Der Fluss wird sofort tief. Und die Strömung ist zu stark!«, ruft sie mir zu.

»So schnell sieht der Fluss gar nicht aus«, denke ich und gehe ebenfalls ein paar Schritte vorwärts. Im selben Moment tritt mein Fuß ins Leere. Die Strömung reißt mir den Halt unter den Füßen weg und mich in Richtung des rauschenden Wasserfalls. Das Verrückte in solchen Momenten ist, dass sie oft in dem Bruchteil einer Sekunde passieren. Und dennoch erinnert man sich hinterher wie in Zeitlupe an jedes einzelne Detail. Wie mein rechter Fuß noch auf den spitzen Steinen im Wasser steht, während der linke bereits nach unten sinkt. Wie eine mächtige Kraft mein Bein ergreift und mich mit sich fortreißt. Die Nässe, die meinen Körper umspült. Hilflos bin ich ihr ausgeliefert. Aber statt blanker Angst um mich selbst, gilt meine ganze Aufmerksamkeit dem Rucksack, den ich noch immer auf dem Rücken trage. »Oh nein, die Sachen werden nass!«, schießt es mir durch den Kopf. Im Affekt krümme ich meinen Rücken, sodass der Rucksack aus dem Wasser ragt und sein Inhalt trocken bleibt. Das gibt Julia kurz die Möglichkeit, mich zu packen. Blitzartig greift sie nach vorne und zieht mich daran zu sich und zurück ans rettende Ufer.

Alles ging so schnell. Zum zweiten Mal auf dieser Reise bin ich gerade noch aus einer brenzligen Situation geraten. Das sollte ich mir besser nicht zur Gewohnheit werden lassen.

Wir setzen unsere Erkundungstour fort – ohne den Wasserfall gesehen zu haben. Gerade als wir tiefer in die Natur eindringen, öffnen sich jäh die Himmel und gewaltige Wassermassen prasseln auf uns nieder. Der Regen hält für die nächsten zwei Tage an. Gleichwie alle Sicht auf die Naturvielfalt dadurch auf ein Minimum eingeschränkt wird, tut sich uns eine komplett neue Perspektive auf die außerordentliche Gastfreundschaft der Laoten auf, die uns bisher eher verwehrt geblieben war. In kleinen Straßenrestaurants finden wir Unterschlupf und man spannt in unserer Abwesenheit bunte Regenschirme über unserem Roller auf, um die Gegenstände im Korb trocken zu halten. Tiefer in der Natur besuchen wir einen laotischen Stamm, der interessante, aber nach unserem Verständnis auch ziemlich veraltete Vorstellungen von der Welt hat. Zum Beispiel, dass die Erde flach sei, denn sonst würden wir hinunterfallen und das Wasser auslaufen. Oder dass weiße Männer deshalb weiß seien, weil sie so viel Milch trinken und zum Arbeiten in Büros und nie im Freien seien. Und dass sie groß sind und lange Nasen haben, weil sie Brot essen statt Reis und dadurch schneller wachsen. In einem nahe gelegenen Wald stehen 15 Häuser für 15 Götter, denen ausschließlich die Männer des Stammes opfern dürfen. Während ihres Lebens bauen sie sich ihre eigenen Särge, um sich durch diese Vorkehrung in ihrem nächsten Leben vor Unglück zu bewahren.

Manche ihrer Vorstellungen klingen witzig, fast ein bisschen lächerlich in unseren westlichen Ohren. Aber Bildung, wie wir sie kennen, gibt es hier nicht. Die Menschen bilden sich selbst, indem sie sich die Dinge so erklären, wie es für sie am meisten Sinn macht. Die, die studieren, finden hier keinen Nutzen. Sie können nicht mitanpacken, nicht beim Feldanbau oder der Ernte helfen, bei der Pflege der Kinder und Alten oder bei der Götterehrung. Menschen mit Bildung sind in ihrer Sicht die Faulen.

Schon oft habe ich darüber nachgedacht, wie es wohl sein muss, in einem anderen Land aufzuwachsen. Mit anderen Normen, anderen Bräuchen. Jeder Mensch wächst in einem Umfeld auf, das Richtlinien vorgibt, in einer Kultur, die das gesellschaftliche Zusammenleben bestimmt, und in einer Familie, die gewisse Werte vorlebt. Es fällt so leicht, das, was man von Kind auf lernt und kennt, als allgemeingültig zu bewerten. Als universal, weil man es selbst ja schon immer so gemacht hat. Und auf die herabzusehen, die anders denken. Doch wenn ich selbst nun in einem anderen Land, einer anderen Kultur, einer anderen Religion und Familie aufgewachsen wäre – wären deshalb die Werte meines jetzigen Heimatlandes weniger gut?

Hier, fern von zuhause, denke ich wieder über meinen Glauben und mein Gottesbild nach. Über die christlichen Werte, die ich durch meine Eltern und mein soziales Umfeld übernommen habe. Die regelmäßigen Gottesdienstbesuche, an die ich mich so sehr gewöhnt hatte, dass sie mir zu Beginn meiner Studienzeit gefehlt hatten.

Hier, wo ich unbeeinflusst und gedankenlos sein kann, beginne ich mich zu fragen, wie viel von dem, was ich glaube, an dem seidenen Faden meiner Prägung hängt, und was davon meine eigene Überzeugung ist. War alles eine reine Sonntagstradition gewesen oder hatte der Glaube damals schon mehr in mir bewegt, als mir selbst bewusst gewesen war?

Unterschiedliche Umstände erfordern unterschiedliche Notwendigkeiten. Und rufen somit unterschiedliche Welt- und Lebensansichten hervor. In seinem Buch *This is Water* beschreibt David Foster Wallace, dass ein und dieselbe Erfahrung für zwei verschiedene Menschen zwei völlig unterschiedliche Bedeutungen haben kann, wenn diese Menschen zwei verschiedene Glaubensschablonen haben und zwei verschiedene Arten, aus der Erfahrung eine Bedeutung zu konstruieren.

Es ist wichtig, dass wir Menschen selbst herausfinden, welche Richtlinien und Werte wir für uns, in unseren Lebensumständen, als gut befinden. Wer sich seiner eigenen Überzeugung gewiss ist, steht fester. Und ich will meine finden.

Aber bei alledem ist es wichtig, im Hinterkopf zu behalten, dass andere Menschen mit anderen Hintergründen und Lebensschablonen begründet anders denken können. Wenn wir das nächste Mal mit jemandem sprechen, der anders denkt als wir, ist es ein guter Start, sich erst einmal danach zu erkundigen, weshalb diese Person anders denkt.

AMEISEN AUF DEM ARMATURENBRETT

Zwei Tage später befinden wir uns wieder auf der Straße. Die junge Familie Vang mit ihren zwei kleinen Mädchen erbarmt sich und nimmt uns in ihrem Auto mit. Sie sprechen kein Englisch, aber sie verstehen, dass wir in Richtung Norden wollen. Da im Auto bereits jeder Sitz belegt ist, wird für Julia und mich auf der Ladefläche des Pick-ups Platz gemacht. Während wir fahren, bricht plötzlich ein gewaltiger Regen los. Das scheint außer uns beiden, die wir im Freien sitzen, jedoch niemanden zu interessieren. Der Regen wird stärker. Vorne arbeiten die Scheibenwischer auf Hochtouren. Hinten peitschen uns dicke Tropfen prall ins Gesicht. Der Pick-up hält. Papa Vang steigt aus, eilt zur Ladefläche des Autos und streckt uns eine Plastikplane entgegen.

»Für euer Gepäck«, macht er mit einer fingerzeigenden Handbewegung auf unsere Rucksäcke deutlich, die wir mit unseren Körpern versucht hatten, trocken zu halten. Julia und ich lachen und decken unter triefender Nässe amüsiert unsere Rucksäcke ab. Inzwischen sind wir selbst sowieso schon pitschnass.

In einem der vielen Restaurants an der Straße möchte Familie Vang uns zum Essen einladen. Am Tisch werden kleine Schalen mit traditionellen, lokalen Speisen gefüllt und vor uns abgestellt. Im Sinne echter Gastfreundschaft reicht uns der Familienvater den guten Teil der knusprigen Ente: Füße und Bürzel zum Abnagen. Das scheint eine Spezialität zu sein, die mir aus anderen asiatischen Ländern bekannt ist. Das weiße Fleisch der Ente teilt sich die Familie. Es wird gegessen, es wird viel übrig gelassen. Und ich habe das Gefühl, wir schauen uns gegenseitig sehnsüchtig auf die Teller.

Kurz darauf trennen sich unsere Wege wieder. Am Rande eines verlassenen Weges hocken Julia und ich in der staubigen Hitze auf unseren Rucksäcken und warten sehnsüchtig auf Autos, die einfach nicht vorbeikommen wollen. Eine laotische ältere Dame und ihre zwei Töchter haben uns von ihrem Haus aus entdeckt und winken uns zu. Wir heben ebenfalls die Hand zum Gruß, woraufhin das Winken der Dame sich in eine Einladung verwandelt. Sie möchte nicht, dass wir in der brennenden Hitze warten, und bittet uns in ihr Haus. Emsig bringt die alte Dame aus ihrem Garten Mais herbei, der nach Kartoffel schmeckt. Eine laotische Köstlichkeit. Die jüngste Tochter wurde zum nächsten Kiosk geschickt, um unsere Becher mit süßen Getränken in interessanten Farben zu füllen. Im kühlen Nass eines Hausbrunnens waschen wir unsere Gesichter und Füße und können hier im Schatten bei diesen liebenswürdigen Fremden verweilen, bis ein Tuktuk vorbeikommt und uns den restlichen Weg bis an unser Ziel bringt: das *Kong Lor* – eine dunkle Höhle, durch die ein unterirdischer Fluss fließt. In einem langen, aus einem einzigen Baumstamm geschnitzten Boot sitzen wir hintereinander und machen uns auf den Weg durch den schwarzen Tunnel. Lediglich mit einem Paddel und einer Stirnlampe bewaffnet, in deren Lichtkegel sich die Größe der Tropfsteine nur erahnen lässt, gleiten wir geschmeidig durch die Höhle. Über unseren Köpfen machen sich durch schrilles Kreischen Fledermäuse bemerkbar, eine Wasserschlange windet sich eifrig davon, um den Wellen unseres Bootes zu entkommen. Bald wird ein kleiner Lichtpunkt erkennbar und gibt wieder Sicht auf die Außenwelt frei, als wir ihm näher kommen. Auf der anderen Seite der Höhle nehmen Wasserbüffel eine Abkühlung im dreckigen Nass und starren uns regungslos an, als wir mit dem Boot an ihnen vorbeischleichen.

Wir legen am Ufer an und laufen an einem Reisfeld vorbei, auf dem gerade geerntet wird. Interessiert bleiben wir am Zaun stehen und schauen zu, mit welcher Geschicklichkeit die Reisernte betrieben wird. Auf der einen Seite des Feldes wird nacheinander der riesige Reisteppich in Bündel zusammengefasst und nebeneinandergelegt. Auf der anderen Seite werden manche der geernteten Halme einzeln und in Abständen mit unnachahmlicher Genauigkeit in die braune Brühe eingesetzt, um bald wieder Ertrag zu bringen.

Unsere Faszination bleibt nicht unentdeckt. Man hat uns am Zaun gesichtet und winkt uns auf das Feld, um bei der Ernte mitzumachen. Das lasse ich mir nicht zweimal sagen und klettere über den Zaun. Mit jedem Schritt, den ich vorwärtsgehe, drückt sich der kalte, weiche Matsch zwischen meinen nackten Fußzehen hindurch, als ich barfuß quer durch das Reisfeld der Dame entgegenlaufe, die uns gerade zu sich gewunken hat. Ich erreiche sie und tue ihr gleich, wie sie in ihrem hochgekrempelten Rock und spitzen Strohhut im Wasser steht. Leicht beuge ich meine Knie und mit einer einzigen, schwungvollen Armbewegung greife ich ein Büschel Reis, um es sanft aus dem feuchten Boden zu reißen. Sehr zur Belustigung der Damen schlage ich mir auf deren Anweisung hin ungelenk das frische Reisbündel gegen die Füße, um es von Schlamm zu trennen und zu den anderen Reisbündeln zu legen. Das klappt nur mäßig gut. Das Bündel in meiner Hand bleibt trotz meiner Bemühungen voller Schlamm. Dafür spritzt mir dieser die Beine hoch, was die Damen nur noch herzlicher zum Lachen bringt.

Der Schlamm an meinen nackten Beinen hat sich längst gelöst, als wir wieder an der Straße stehen. In unserer Hand ein Schild, auf dem in laotischen Schriftzeichen geschrieben steht: *Vientiane*, Hauptstadt von Laos.

Vor uns hält ein Van, der genau dorthin fährt, sagt der Fahrer. Er will uns jedoch nicht ohne Weiteres mitnehmen. Wir verhandeln, und einigen uns gemeinsam auf einen Preis. Die hintere Tür des Vans öffnet sich geräuschvoll von innen und wir steigen ein.

Außer den beiden Frontsitzen hat der Van keine weiteren Sitze im Innenraum. Auf dem Boden liegt neben ein paar alten Decken eine ausgerollte Strohmatte. Eine dicke Frau sitzt ausdruckslos auf der Matte und einigen alten Jacken. Es ist schmutzig und stinkt. Gebückt steige ich ein und trete dabei auf Obstkerne und Essensreste. Wir schmeißen unsere Rucksäcke ins hintere Ende des Vans und gesellen uns zu den gefüllten Essenstüten neben der Frau. Die

Luft steht, kein einziges Fenster ist geöffnet. Mücken fliegen im Van umher. Ameisen laufen übers Armaturenbrett. Auf dem Beifahrersitz röchelt ein alter, kranker Mann vor sich hin.

Die Fahrt ist stickig und lang. 25 Kilometer vor Vientiane halten wir an und werden zum Aussteigen aufgefordert. Man will uns weismachen, wir seien bereits an unserem Ziel angekommen. Sind wir aber nicht. Ich ärgere mich. Dummerweise haben wir den ausgehandelten Preis bereits bezahlt – ein großer Fehler, aus dem eine sofortige Lektion gelernt sein will. Da beide Seiten auf ihrem Recht beharren, entsteht eine lange Diskussion, die nur aufgrund Julias Gutmütigkeit ein Ende findet und uns schließlich doch zum Aussteigen bewegt. Immerhin sind wir jetzt wesentlich näher an Vientiane, als wir es heute Morgen noch waren. Wir fahren daher mit dem Tuktuk weiter.

Die meisten Laoten, denen wir begegnen, sind absolut entspannt und durch nichts aus ihrer Ruhe zu bringen. In ländlicheren Gegenden kommt es vor, dass wir im Restaurant sitzen und nicht wissen, ob es denn eigentlich geöffnet oder geschlossen ist. Aber nicht nur diese unentwegte Entspanntheit fällt auf. In diesem Land gibt es noch Zeit. Zeit, die man hat und sich nicht nehmen muss. Auch wenn diese Lebensart für mich eine Umstellung ist, da sie viel Geduld erfordert, findet sich beim genaueren Hinschauen eine wunderbare Schönheit in dieser Einfachheit. Mitten im Dschungel stoßen Offenheit und Ruhe, Dickköpfigkeit und Gutherzigkeit, Harmonie und ungezähmte Wildnis aufeinander und ziehen mich in ihren Bann.

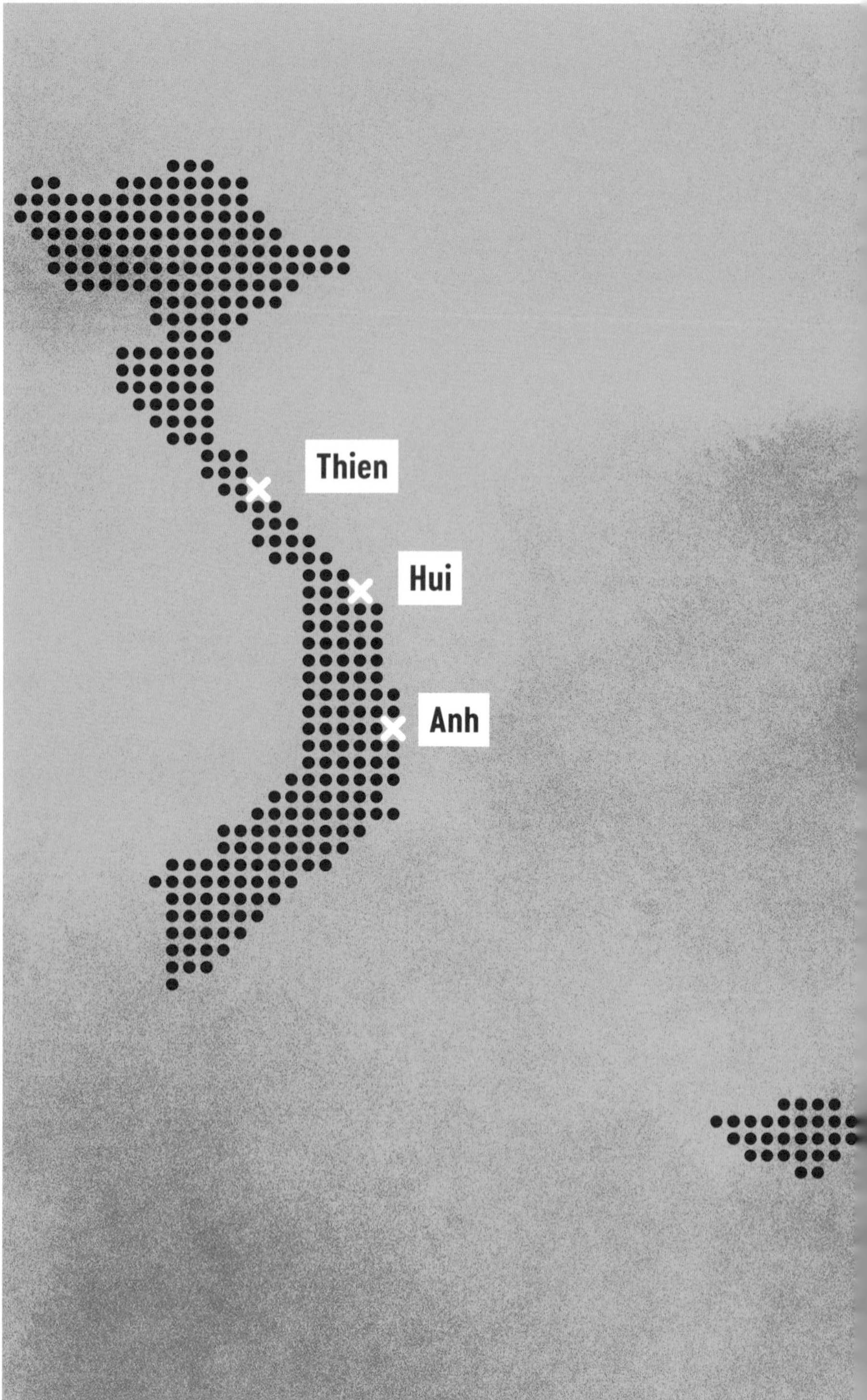
Thien
Hui
Anh

Vietnam und Bali

GEORDNETES CHAOS

Das Auto frisst sich mechanisch seinen Weg die Serpentinen hinauf und spuckt hinter uns die schlängelnde Spur des Asphalts wieder aus. Links von uns geht es steil einen Abhang hinab. Man kann das Tal überblicken, durch dessen Mitte ein Fluss fließt. Auf der anderen Seite des Tals formt die Landschaft geschmeidige, von tiefgrünen Wäldern besetzte Berge. Unser Weg führt durch kleine Dörfer hindurch und an Einheimischen vorbei, die unter der Dusche stehen – einem Schlauch, durch den Flusswasser den Hügel hinaufgepumpt wird. Vermutlich eine einzige Dusche, die von den Dorfbewohnern gemeinschaftlich genutzt wird.

Kurz vor der Grenze zu Vietnam halten wir in einem Dorf. Julia und ich haben die Wahl zwischen einem Gästehaus voller Spinnen oder Kakerlaken, und entscheiden uns dafür, lieber direkt im Freien zu schlafen. An einer belebten Dorfbushaltestelle legen wir uns mit Schlafsack und Kissen auf die Wartebänke und verbringen zwischen Hunden und ankommenden Bussen die Nacht.

Der Grenzposten ist leer, als wir am nächsten Morgen mit zwei vietnamesischen Geschäftsmännern dort angefahren kommen. Alles scheint wie ausgestorben. Wegen Mittagspause geschlossen. Erst nach zwei langen Stunden des Wartens machen wir endlich den ersehnten Schritt in neues Gebiet: Vietnam.

Die Hauptstadt Hanoi ist mit einer Einwohnerzahl von 7,5 Millionen laut, geschäftig und niemals müde. Julia und ich schlendern durch die malerischen Seitengassen des Zentrums. Was als gemütliche Entdeckungstour beginnt, entwickelt sich zu einem einzigen großen Versuch, den hupenden Motorrollern zu entkommen, die uns überall umgeben.

Die letzten paar Tage waren anstrengend gewesen und Schlaf war viel zu kurz gekommen. So schön und praktisch die Nächte im Freien auch sind, auf Dauer macht sich bemerkbar, dass man doch nicht richtig zur Ruhe kommt. Anhaltende Wachphasen durch das Zirpen des Urwalds, die schwüle Hitze und attackierende Moskitos können nicht einfach durch entspanntes Ausschlafen ausgeglichen werden. Denn bisher war, egal wo, die Gegend am nächsten Morgen bereits menschengefüllt und wir zum Aufstehen gezwungen. Die langen Warte- und Fahrtzeiten erfordern stetige Geistesgegenwart und strengen trotz all der schönen Situationen, die sie in sich bergen mögen, unsere Gemüter an. Wir gönnen uns eine Nacht in einem Hostel. Doch unser Wunsch nach Erholung muss sich der Realität beugen. Über Nacht entsteht durch einen Sturm ein Dachschaden im Hostel und der unaufhörliche Regen dringt durch die Decke und auf uns nieder. Ich klettere aus dem oberen Teil des Stockbetts nach unten zu Julia. Das obere Bett hält den Regen fern, der bereits seitlich an der Wand hinunterläuft. Im unteren Bett drängen Julia und ich uns nun dicht aneinander und versuchen auf einer Breite von 80 Zentimetern, Schlaf zu finden. Am nächsten Morgen setzen wir unsere vor Erschöpfung nun noch mehr nach Ruhe schreienden Körper in einen Bus und entfliehen dem Trubel in Richtung Natur.

Auf klapprigen Fahrrädern erkunden wir dort Ninh Binh, eine Schatzkammer botanischer Vielfalt und natürlicher Schönheit. Zum ersten Mal seit Tagen sehen wir die Sonne, in deren Licht das Grün der Reisfelder in einer ganz neuen Intensität erstrahlt. Ein Fluss schlängelt sich stolz durch die Natur, als müsse er der Welt vor Augen halten, dass er sich diesen Platz zwischen den rauen Bergen über Jahrhunderte hinweg mühevoll erkämpft und verdient hat. Wir fahren ihn aus der Höhe entlang ab, werden Zeugen eines Farbwechsels von dreckigem Braun zu glasklarem, schimmerndem Türkis. Die Berge ragen über ihm hoch in den Himmel hinauf, ausnahmslos bewaldet und tiefgrün.

Als wir auf der Straße eine Mitfahrgelegenheit suchen, finden sich Schaulustige neben uns ein, belagern uns und die Straße, eifern mit und machen uns auf heranfahrende Busse aufmerksam. Wenn ein Auto hält und wir mit dem Fahrer ins Gespräch kommen, stellen sich neugierige Passanten neben uns, um dem Gespräch interessiert zu lauschen.

Nur wenige Autofahrer verstehen das Konzept des Trampens, doch die, die es verstehen, bleiben uns dafür umso mehr in positiver Erinnerung. So zum Beispiel der Fahrer Anh, der nach unserer gemeinsamen Fahrt einen großen Strauß rosa, tulpenähnlicher Blumen aus seinem Kofferraum zaubert und uns zum Abschied schenkt. Oder der Lkw-Fahrer Hui, der uns auf dem Weg in das malerische Künstlerörtchen Hoi An mitnimmt und überaus um unser Wohlbefinden bemüht ist. Er versorgt uns mit Kissen und Kaugummi und lädt uns sogar zum Essen ein. Oder der junge Thien, der uns ein Stück auf seinem Weg mitnimmt und uns partout nicht weiter trampen lassen will aus Angst, wir könnten es nicht mehr vor Einbruch der Nacht an unser Ziel schaffen. In umsichtiger Fürsorge wartet er mit uns zwei Stunden lang an der Straße, bis er uns persönlich in den richtigen Bus in die richtige Richtung setzen und dem Fahrer unser Ziel nennen kann. So kommen wir zu dem Vergnügen, eine Busfahrt mit den Einheimischen zu erleben. Der Bus ist so voll, dass in den Mittelgang kleine, bunte Plastikstühle gestellt werden, auf denen weitere Passagiere Platz finden können.

Beim Einsteigen in einen anderen Bus werden Einheimische und Ausländer plötzlich sortiert. Letztere sitzen im hinteren Teil und zahlen den zweifachen Preis. Wir protestieren. Im Voraus hatten wir uns bei Einheimischen nach dem korrekten Ticketpreis informiert, doch die Regel steht fest: Ausländer zahlen doppelt oder laufen. Nicht nur hier, auch auf den Märkten machen viele

Vietnamesen, denen wir begegnen, dem Ruf der Geschäftsleute alle Ehre. Sie sind ausdauernd, stur und hartnäckig im Handeln. Anstatt auf unser Gebot einzugehen, drehen sie sich kopfschüttelnd weg oder laufen davon, wenn sie mit dem angebotenen Preis nicht einverstanden sind. Kein schlechter Schachzug – denn was bleibt einem als Tourist übrig, als den Händlern nachzulaufen und den geforderten Preis zu zahlen, wenn man an die Ware kommen will. Aber ihre Starrköpfigkeit reizt meinen Wetteifer nur noch mehr und ich gewinne zunehmend Freude, mit ihnen zu handeln. Es ist wie ein Spiel, das ich gewinnen will.

Nach intensiver, aber viel zu kurzer Zeit geht die Reise mit Julia schon wieder ihrem Ende zu. Es war schön, ein bisschen Familie in der Fremde zu haben. Und gemeinsam das teilen zu können, was aktuell meinen Alltag ausmacht. Bevor sich unsere Wege trennen, gehen wir noch einmal dem nach, was uns unter anderem besonders verbindet: die gemeinsame Liebe fürs Essen.

DER SCHLÜSSEL ZUR ZUFRIEDENHEIT

Ich fliege wieder nach Australien, wo ich vor dem Besuch von Julia meine Reise unterbrochen habe. Auf meinem Weg dorthin mache ich jedoch noch einen Zwischenstopp auf der Insel Bali, dem Mallorca der Australier.

Ich sitze im Flugzeug und fühle mich nicht besonders gut. Schon während meiner letzten Tage in Vietnam war mir flau im Magen gewesen. Jetzt, am denkbar ungünstigsten Zeitpunkt und Ort, muss ich mich plötzlich übergeben. Als wir endlich landen, verlasse ich das Flugzeug und versuche mich in der Flughafenhalle in Bali zurechtzufinden. Eine lange Schlange von Menschen hat sich bereits vor dem Schalter aufgereiht. Ich stelle mich dazu. Tief ein- und ausatmend. Ich merke, wie mir heiß wird. Wie die Hitze in meinen Kopf steigt und mir die Sicht verschwimmt. Wie benebelt trete ich aus der Schlange und setze mich an den Rand.

Ich trinke einen Schluck Wasser und schaue mich um. Es ist kein WC in der Nähe. Mir geht es nicht gut. Gibt es hier wirklich kein WC?! Ich spüre wieder, wie mir kalter Schweiß über den Rücken kriecht. Langsam stehe ich auf, finde hinter einem Pfosten einen Mülleimer – und übergebe mich erneut.

Ich lasse mich neben dem Mülleimer nieder. Nicht direkt daneben, sondern ein paar Meter entfernt, sodass niemand den Gestank von Erbrochenem unmittelbar mit mir in Verbindung bringt. Aber insgeheim hoffe ich, dass irgendjemand auf mich aufmerksam wird. Doch die Schlange vor dem Schalter wandert vorwärts und niemand blickt zurück. Hier sitze ich und schaue zu, wie die Menschen nach und nach verschwinden.

Erst als ich höre, dass ein weiteres Flugzeug gelandet ist und die Passagiere sich dem Schalter nähern, erhebe ich mich. Auf wackligen Beinen gehe ich zu dem inzwischen leeren Schalter und lasse meinen Reisepass stempeln. Das Wichtigste wäre geschafft. Mit der Rolltreppe fahre ich in den zweiten Stock und lasse mich hier auf einer Bank nieder.

Zwei Tage später befinde ich mich noch immer auf derselben Bank, die inzwischen zu meinem Territorium der Sicherheit geworden ist. Ich kann nicht essen, fühle mich schwach und muss mich zwingen, wenigstens einen überteuerten Kamillentee aus einem Flughafenkiosk zu mir zu nehmen, der nur fünf Schritte entfernt ist. Unweit meiner Bank gibt es eine Toilette, zu der ich immer wieder rennen und noch den letzten Rest meines Inneren entleeren kann. Einen besseren Ort zum Kranksein hätte ich mir kaum vorstellen können – zumindest wenn ich bedenke, dass ich jetzt auch alleine in einem Zelt in der Pampa festsitzen könnte. Hier kann ich ungestört liegen, habe direkten Zugang zu Toilette, Waschmöglichkeiten und Gesundheitstee.

Während ich so auf meiner Bank ruhe, muss ich dabei zusehen, wie von meinen wenigen Tagen des Zwischenstopps immer mehr Tage sinnlos verstreichen. Auch solche Erfahrungen mit Krankheit gehören zum Reisen dazu. Sie sind Bestandteil des Lebens, egal, wo sich dieses abspielt. Und dennoch bin ich erschöpft und entmutigt. Immer wieder schaffen solche Herausforderungen es, sich auf das Zufriedenheitsgefühl auszuwirken.

Dabei hängt Zufriedenheit nicht von meinen Umständen ab. Nicht davon, was ich habe oder nicht habe. Vielmehr ist Zufriedenheit doch eine Sache der Perspektive und der richtigen Einstellung. Der Einstellung, sich nicht von den äußeren Gegebenheiten aus der Ruhe bringen zu lassen. Und das können wir beeinflussen. Der Schlüssel dazu ist die Dankbarkeit.

In den letzten Wochen habe ich es mir zur Gewohnheit gemacht, Predigten aus dem Internet herunterzuladen und tagsüber beim Trampen oder abends im Zelt anzuhören. Oft höre ich Predigten von allen möglichen Sprechern. Aber am liebsten höre ich die von meinem Bruder Simon, der heute Pastor in meiner Heimatgemeinde ist. Simon verpackt seine Gedanken so, dass sie einfach nachvollziehbar sind und praktisch anwendbar werden. Einmal predigt er über die Dankbarkeit: Das was man sagt, beeinflusst, was man denkt. Je öfter man sich für etwas bedankt (egal, ob man es so meint oder nicht), desto dankbarer wird man auch im Herzen. Schon jedem kleinen Kind wird beigebracht, Danke zu sagen, auch wenn das Kind keine Dankbarkeit verspürt. Die Dankbarkeit entwickelt sich erst als Folge der Danksagung.

Es gibt genug Dinge im Leben, die ich nicht beeinflussen kann. Aber eines kann ich: Mich jeden Tag dafür zu entscheiden, glücklich, dankbar und zufrieden zu sein. Genauso wie ich mich dafür entscheide, das Gute in den Menschen sehen zu wollen.

Das ist eine Einstellung und eine Freiheit, die mir neben allen Lebensumständen, die ich nicht in der Hand habe, keiner nehmen kann. Das heißt, die eigentliche Frage, die wir uns vor allem bei Unzufriedenheit stellen sollten, ist doch: Fokussiere ich mich auf die Dinge im Leben, die ich bereits kann und habe, oder auf die, die ich nicht habe?

IMMER EIN LÄCHELN AUF DEN LIPPEN

Am dritten Tag geht es mir besser. Ich miete einen Motorroller und fahre los. Die Straßen sehen aus wie Alleen, sind links und rechts gesäumt von hohen, alten Mauern, umwachsen und überhangen von starken Bäumen mit dunkler Rinde. Die Häuser, nicht unbedingt groß, sehen aus wie kleine Tempel – alt und grau, brüchig und robust zugleich, umkleidet von der Weisheit des Moses und reich geschmückt mit Ornamenten.

Mit dem Roller fahre ich durch entlegene Dörfer. Ich liebe dieses Gefühl, mich schnell und spontan auf den Weg machen zu können, wo immer ich hinwill. Das Schöne am Rollerfahren ist, dass es zwar Regeln gibt, diese aber keine Grenzen darstellen. Oft scheint eine Straße nur in eine Richtung zu führen oder die Durchfahrt ist verboten. Das gilt vielleicht für Autos, uns Rollerfahrer interessiert das wenig. Bei dichtem Verkehr drücke ich mich rechts oder links an den Massen von stehenden Autos vorbei. Wenn es eng wird, fahre ich auch mal auf dem Gehweg oder der Gegenfahrbahn. Ich tue es den einheimischen Fahrern gleich und fahre, wo ich will – jedoch immer mit Bedacht und mit Rücksicht auf meine Umgebung. Es herrscht ein geordnetes Chaos. Will ich abbiegen, quetsche ich mich mit den Mitabbiegern so lange Stück für Stück durch den entgegenkommenden Verkehr, bis dieser zum Stillstand gezwungen wird. Will ich überholen, lasse ich meinen Vordermann dies durch ein kurzes Hupen wissen. Manchmal. Aber die meiste Zeit werde ich zur Vorwarnung angehupt und bekomme nicht selten noch schnell ein »Hello, how are you?« (Hallo, wie geht es dir?) beim Vorbeifahren zugerufen.

Ich bin froh über die wenigen Tage, die ich hier noch verbringen konnte. Und die Gegenden, die ich neben der Flughafenbank noch sehen durfte. In alten Hütten und verlassenen Verkaufsbuden an der Küste finde ich Plätze zum Schlafen und kann an wunderschönen Stränden, Klippen und Lagunen entspannen. Die Leute sind fröhlich, haben immer ein Lächeln auf den Lippen und nehmen sich Zeit, mich und meine Gesten zu verstehen. Ich weiß nicht, ob es daran liegt, dass ich hier hauptsächlich in ländlichen Gegenden unterwegs bin, oder ob das einfach die Mentalität Balis ist. Ich beobachte, wie Mütter sich zum abendlichen Zumba treffen, während die Männer auf ihren Rollern sitzen und mit selbst gebranntem Schnaps anstoßen. Manchmal laden sie mich ein, den ein oder anderen zu probieren. Kinder und Jugendliche lassen ihre aus Mülltüten selbst gebastelten und liebevoll zu Vögeln und Fantasiegestalten verwandelten Drachen steigen. Sie begleiten mich am Himmel auf meinem Weg zurück zum Flughafen.

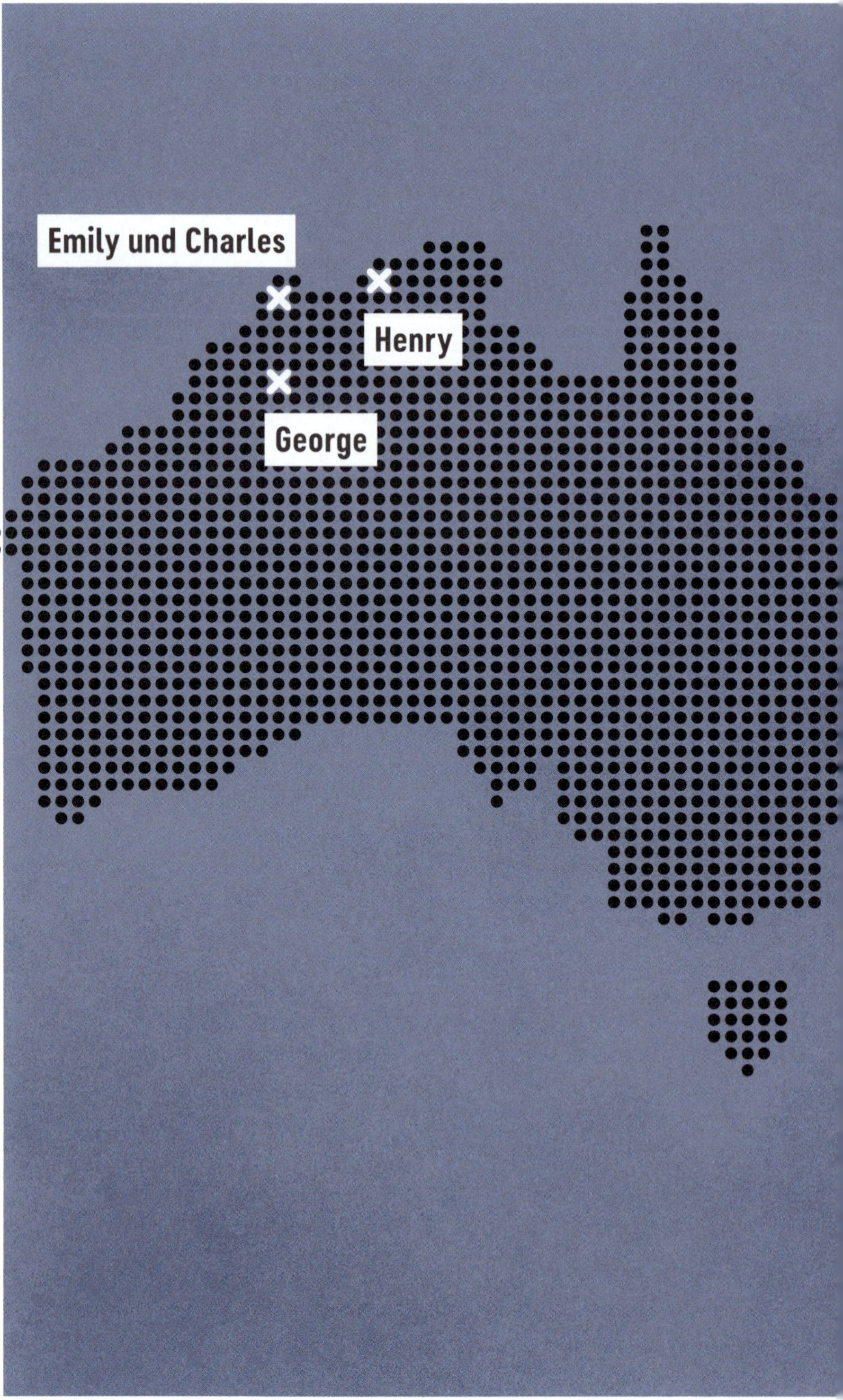

Emily und Charles
Henry
George

Australien – Nordwesten

DAS LEBEN IST SCHÖN

Auf dem Flug zurück nach Darwin sitze ich neben einem Griechen, der in Australien groß geworden ist. Wir unterhalten uns angeregt, sodass die Zeit wie im Flug vergeht. Obwohl der Grieche kein Gepäck aufgegeben hatte und bei der Passkontrolle schneller durch ist als ich, wartet er am Ausgang, um mich im Taxi mit in die Stadt zu nehmen.

Dort treffe ich Ines, eine alte Schulkameradin von mir. Wir haben zusammen Abitur gemacht. Wir hatten beide Musik als Hauptfach belegt, aber mehr als Schulkameradinnen waren wir nie gewesen. Ines liebt es, zu reisen. Neuseeland, Mexiko, Ägypten – sie ist schon an vielen Orten gewesen. Mehrere Sommer hat sie bereits in Italien gearbeitet und hatte auch in diesem Jahr vorgehabt, wieder nach Italien zu fahren. Doch ihr geplanter Aufenthalt ist abgesagt worden. Jetzt hat sie drei freie Wochen zur Verfügung und hat mich spontan gefragt, was ich davon halte, wenn sie stattdessen nach Australien käme. Ich bin absolut begeistert von ihrer Spontanität! Aber drei Wochen sind eine lange Zeit. Ich will nicht das Gefühl haben, mich um jemanden kümmern oder mich für anstrengende Wartezeiten beim Trampen entschuldigen zu müssen. Ich will sichergehen, dass Ines weiß, worauf sie sich einlässt, wenn sie kommt.

»Ich reise folgendermaßen«, schrieb ich ihr daher zurück. »Ich trampe ausschließlich und schlafe im Zelt. Wenn das für dich kein Problem ist, bist du herzlich willkommen!«

Es ist kein Problem für Ines. Und so kommt es, dass wir uns jetzt in Darwin treffen. Ohne viel Zeit zu vergeuden, machen wir uns auf den Weg zum *Litchfield Nationalpark*. Das bedeutet etwa 100 Kilometer Umweg für Lkw-Fahrer Henry, der uns aufgegabelt hat. Es könnte ihn jedoch nicht weniger stören.

»Geht auf die Arbeitszeit. Und ist eh nicht mein Wagen«, meint er trocken mit einer abwehrenden Handbewegung. Klasse Arbeitsmoral, Henry. Aber uns soll es recht sein.

Dort angekommen, wandern wir die wunderschönen *Wangi Falls* hinauf und verbringen in den kühlen, pooähnlichen Wasserlöchern unseren Nachmittag. Als wir zurück zum Fuß der Wasserfälle kommen, ist es bereits früher Abend. Nicht sehr viele Leute sind mehr da, die wir um eine Mitfahrgelegenheit zum Campingplatz bitten können. Wir sitzen noch auf einer Wiese, als ich ein bisschen entfernt jemanden laufen sehe, der aussieht wie ein Parkaufseher. Schnell springe ich auf und renne zu ihm hinüber.

»Ich bin kein Parkaufseher«, antwortet er, als ich ihn anspreche, »sondern Pilot. Aber mitnehmen kann ich euch trotzdem.«

Die Gelegenheit lassen wir uns nicht entgehen! Keine 20 Minuten später sitzen wir startbereit in seinem Helikopter, der uns zuerst einen kleinen Rundflug über den Nationalpark gewährt und uns anschließend zu einem Campingplatz bringt. Der Flug dauert nur wenige Minuten, die jedoch zum Überfließen gefüllt sind von kindlicher Aufregung und fassungslosem Staunen.

Bald darauf durchstreifen Ines und ich die heiße Einöde des *Gregory Nationalparks* und gelangen nach Kununurra, den letzten größeren Ort, der sich als Zivilisation bezeichnen lässt, bevor wir in die Kimberley-Region ziehen – eine der letzten Regionen der Welt, die noch mit unberührter Wildnis überzogen sind. Eine alte Landform langer Bergketten mit unzählbar vielen spektakulären Schluchten und massiven Flüssen, die bei Regen donnernde Wasserfälle und erfrischende Wasserlöcher hervorbringen. Eine beeindruckende Gegend, die eine der am schnellsten wachsenden Bevölkerungsrate Australiens hat und zugleich weniger Menschen pro Quadratkilometer als nahezu irgendwo sonst auf der Welt. Ein faszinierender Flecken Erde.

Am Rande einer staubigen Straße steht ein Holzschild mit der Aufschrift: *Die Kimberley-Region ist eine unermessliche, unberührte und unverdorbene Gegend, die zu erforschen ein Abenteuer ist, das man nie vergessen und für immer schätzen wird.*

Dann, jenseits von jeglicher Zivilisation, beginnt unser eigenes Abenteuer: Eine Strecke von 1400 Kilometern Schotterpiste von Kununurra über das *Mitchell Plateau* nach Broome, ohne eine einzige Ortschaft zu durchqueren.

Die Straße ist schon längst nicht mehr betoniert. Und der Weg, der vor uns liegt, ist herausfordernd. Autos kommen an ihre Grenzen und müssen nicht selten mit einem Schlepper von Kununurra abgeholt werden – ein Ärgernis, das uns zum Vorteil wird. Mit einem Abschleppwagen fahren wir in die Kimberley-Region hinein. Auf Dreck und Geröll arbeitet sich der Wagen seinen Weg nach vorne. Inmitten der orange schimmernden Wüste eröffnen sich immer wieder grüne Oasen, genährt durch einen Wasserstrom unbekannter Herkunft, der die Straße überläuft und jedes Mal mit einem Kribbeln im Bauch durchquert werden muss. Als der Wagen uns absetzt, ist es bereits dunkel. Unter blutrotem Vollmond und bei Lagerfeuer schlagen Ines und ich zum ersten Mal unsere Zelte auf.

Autofahrer sind uns wohlgesonnen und so kommen wir auf dieser Strecke viel schneller vorwärts als gedacht. Eine besondere Begegnung nach der anderen bringt uns ein Stückchen weiter voran:

Mit zwei Aborigines fegen wir rasant über die Dreckstraße, gekonnt die Kuhlen und Rillen umfahrend. Während sich mit einem älteren Ehepaar, trotz 30 km/h Durchschnittsgeschwindigkeit, ein platter Reifen ihres Campers nicht verhindern lässt.

Von drei vollbärtigen Seniorenfreunden, die in einem umgebauten Reisebus durch Australien touren, werden Ines und ich zum Grillen eingeladen. Wir lernen sie kennen, als wir unser kleines Zelt neben ihrem gigantischen Gefährt aufbauen.

Mit einem Farmer, der eine Vorliebe für deutsche Mädels hat, fahren wir im Laster Richtung Norden, wo er die nächsten zwei Monate Inventur von Kuhherden machen wird. Als Köchinnen getarnt, schmuggelt er uns mit seinem Team auf einen Campingplatz, sodass wir die Nacht dort verbringen können.

Am nächsten Morgen nimmt uns ein junges Paar mit, das zu der frühen Uhrzeit schon angefangen hat, Alkohol zu trinken, und auch nicht damit aufhört, als wir zusteigen. Bei ihrem Fahrstil fühlen wir uns fast dazu verführt, uns ebenfalls etwas Mut anzutrinken.

Viele Kilometer und irrsinnige Begegnungen später sind wir an unserem ersten großen Ziel im Norden angekommen: den *Mitchell Falls*, dem Highlight der Kimberley-Region. Die Wasserfälle und -löcher erstrecken sich über eine Ebene von 150 Meter.

So schnell waren wir angekommen. Entgegen der Bedenken anderer haben wir mit überraschender Leichtigkeit geschafft, was wir uns als Herausforderung gesetzt hatten. Erleichtert und siegessicher treten wir nach wenigen Tagen die zweite Etappe an: den Weg nach Broome. Und stellen verblüfft fest, dass die wahre Herausforderung erst jetzt beginnen sollte.

DER DRITTE TAG

In aller Frühe sitzen wir auf dem Besucherparkplatz der Wasserfälle und hoffen auf eine Mitfahrgelegenheit. Wir befinden uns weit im Norden, am äußersten Ende der Straße. So weit, dass nur etwa eine Handvoll Autos pro Tag den Weg hierher auf sich nimmt. Keines der wenigen Autos, die den Parkplatz verlassen, hat genug Platz, uns mitzunehmen.

Als wir am Abend erfolglos wieder auf den Campingplatz zurückkehren, hält neben uns ein Auto mit einer übereifrig winkenden Fahrerin an. Höflich lächelnd grüßen wir zurück.

»Ihr habt's geschafft!«, ruft sie herüber und schlägt ihre Hände freudig vor der Brust zusammen.

»Wir haben euch bereits im Süden stehen sehen, aber hatten keinen Platz, euch mitzunehmen. Können wir euch wenigstens zum Essen und einem Stück Schokolade einladen?«

Da sagen wir nicht Nein. Emily und ihr Mann Charles haben die letzten 25 Jahre damit verbracht, ein Kind nach dem anderen großzuziehen. Jetzt sind die Kinder aus dem Haus und es ist Zeit, dass die Eltern das eigene Land entdecken. Doch eine Mutter bleibt auch beim Reisen eine Mutter: Zuerst verwöhnen die beiden uns mit einem leckeren Abendessen. Und am nächsten Morgen verabschiedet sich Emily nicht von uns, ohne uns ein Lunchpaket mitzugeben, bevor für uns ein neuer Tag des Wartens auf dem Besucherparkplatz anbricht. Wir setzen uns auf einen Baumstamm und beobachten wieder, wie wenige Autos an uns vorbeischleichen – ohne uns mitzunehmen. Ein Parkaufseher mit Beifahrerin fährt in einem Zweisitzer vor.

»Euch habe ich doch gestern schon hier sitzen sehen. War wohl nicht so erfolgreich, hm?«, meint er mitfühlend. Auch sie haben keinen Platz für uns und fahren mit einem freundlichen Winken davon, das viel Empathie und Wohlwollen ausdrückt.

Keine zehn Minuten später sind sie zurück. Die Beifahrerin hopst aus dem Auto und strahlt über das ganze Gesicht: »Wir haben den Mittelteil mit Kissen und Schlafsäcken ausgepolstert, damit ihr es nicht so hart habt. Wo ich hinwill, kann ich auch nächste Woche noch hin. Aber euch hier sitzen zu lassen, das macht mein Gewissen nicht mit.« Völlig verdutzt lehnen wir ab.

»Keine Diskussion. Es ist schon entschieden!«, antwortet sie mit einer Bestimmtheit in ihrer Stimme, die keine Widerworte zulässt.

Auf der knapp zweistündigen Fahrt aus dem Nationalpark heraus zur nächstgelegenen Kreuzung erzählt uns der Parkaufseher

Geschichten aus seinem Leben. Von seiner Jugendliebe, die er nach 50 Jahren zum ersten Mal wiedergesehen hat. Von den außergewöhnlichen Gästen, die er im Nationalpark trifft. Und von damals, als sein Wagen mitten auf der Landstraße liegen blieb und er nur knapp Ivan Malat, dem bekanntesten Rucksacktouristen-Mörder Australiens, entkam.

Trotz der großzügigen Hilfe des Parkaufsehers und seiner Bekannten kommen Ines und ich auch den Rest des Tages nicht mehr weiter und schlagen auf einer freien Fläche in der Nähe der Kreuzung unser Lager auf. Wie jeden Abend machen wir uns ein Lagerfeuer. Meine Feuermachkünste, die ich direkt zu Beginn in Kanada zum ersten Mal erprobt hatte, habe ich inzwischen auf ein Optimum ausgearbeitet. In alten Konservendosen heizen wir darin Drei-Minuten-Nudeln auf und schauen anschließend dem Tanz der glühenden Kohlen beim Erlöschen zu.

Früh am nächsten Morgen sitzen wir auf unseren gepackten Rucksäcken wieder an der Straße, die geradewegs vom Norden zurück Richtung Süden führt. Eine Straße, die nicht mehr ist als ein paar Spurrillen im roten Staub. Immer wieder klingt es, als würde sich ein Auto nähern. Aber es ist nur der Wind, der durch die trockenen Blätter streift und seine Spielchen mit unserem Verstand treibt.

Inzwischen ist der dritte Tag des Wartens angebrochen und wir haben uns noch keinen Meter weiterbewegt. Das Brot ist uns ausgegangen und wir teilen uns einen Apfel zum Frühstück. Den letzten Müsliriegel bewahren wir uns für später auf.

In unklaren Situationen wie diesen verspürt der Mensch den Impuls, etwas zu tun. Dabei spielt es keine Rolle, ob unsere Handlung uns in der Situation weiterbringt oder nicht. Danach fühlen wir uns besser, selbst wenn sich nichts zum Besseren gewendet hat.[5] Doch es gibt nichts, das Ines und ich tun könnten. Es zehrt an unserem Gemüt, einfach nur dazusitzen und stundenlang zu warten, ohne ein einziges Auto vorbeifahren zu sehen. Noch schlimmer ist es, wenn endlich doch ein Auto anhält und man enttäuscht feststellen muss: Es ist bereits bis oben hin bepackt. Hier ist kein Platz für uns.

Doch dann hält ein weißer Transporter an. Hinter dem Steuer sitzt George, ein blonder Mann mittleren Alters. Er erkundigt sich nach unserem Befinden und stimmt uns zu: Es ist Zeit für uns, wieder in den Süden zu kommen! Überglücklich quetschen Ines und ich uns neben Filmmaterial und Zeltzubehör ins Auto und fahren mit George für den Rest des Tages durch.

Für einen kurzen Zwischenstopp machen wir 100 Kilometer südlich an der Raststätte *Drysdale River Station* halt, als ein Mitarbeiter auf uns zukommt und fragt, ob wir »die trampenden Mädels aus dem Norden« seien.

»Gestern Abend haben zwei Damen angerufen, die äußerst besorgt um euch waren«, sagt er. »Sie hatten euch an der Straße sitzen sehen, aber nicht mitnehmen können. Sie wollten wissen, ob ihr eine Mitfahrgelegenheit gefunden habt, und werden heute wieder anrufen, um sich nach euch zu erkundigen.«

Ich bin beeindruckt und gerührt. Immer wieder durften wir in den letzten Tagen erfahren, dass Menschen für uns angehalten haben, auch wenn sie uns nicht mitnehmen konnten. Manchmal, um ihre Sorge mitzuteilen, die oft als Empörung über unsere Unvernunft getarnt war, oder um sich gespannt zu erkundigen, wo wir herkamen und was wir vorhätten. Sie teilten ihr Essen und Wasser mit uns, sodass, obwohl unser Nahrungsbestand gering war, nie ein Grund zur Sorge bestand. Menschen wollten an unserem Abenteuer teilhaben – in welcher Weise auch immer.

George ist auf dem Weg nach Kununurra und möchte uns bis zur Abzweigung mitnehmen, die uns weiter nach Broome führt. Als wir dort ankommen, beschließt er kurzfristig, die weiteren 100 Kilometer bis zur nächsten Raststätte auf sich zu nehmen, um dort auf dem Campingplatz zu schlafen. Während Ines und ich unsere Zelte aufstellen, richtet sich auch George sein Lager auf einem Feldbett. Anschließend streifen wir um den Campingplatz, um Zweige zusammenzusuchen, mit denen wir ein Feuer machen können. Doch die Ausbeute ist eher karg. Wie gut, dass wir nette Campingnachbarn haben, die vorausschauend Holzscheite mitgebracht hatten. Sie schenken uns eine Handvoll Holz, sodass unser Feuer nach einer Weile Gestalt annimmt. George genießt diesen spontanen Ausflug sichtlich. Er kümmert sich rührend um uns und ich habe das Gefühl, dass er jemanden vermisst. Ich erkundige mich und er erzählt mir, dass er sich von seiner Frau getrennt hat. Dass er alleine ist, doch nicht gerne alleine reist, weil er niemanden hat, mit dem er seine Erlebnisse teilen kann. Während er erzählt, bekomme ich Mitgefühl mit George. Er fühlt sich so alleine, dass er lieber einen Umweg von 200 Kilometern auf sich nimmt, nur um noch nicht wieder alleine sein zu müssen.

Als sich unsere Wege am nächsten Morgen trennen, fällt es George sichtlich schwer, seine neu gewonnenen Bekanntschaften zurückzulassen, und sich wieder alleine auf die Reise zu begeben. Bevor er sich verabschiedet, präsentiert er uns ein selbst gemachtes Pappschild, auf dem mit schwarzem Edding geschrieben steht: *Hallo wir brauchen eine Mitfahrt nach Broome bitte.* ☺

Georges Schild wird gelesen und unsere Bitte erhört. Mit einer wunderbaren Familie gelangen wir zur *Windjana Gorge*, einer breiten Schlucht, in der Krokodile leben. Durch eine schmale Felsspalte steigen wir ins Innere der Schlucht. Ein Sandpfad führt an dem grünen Ufer des Flusses entlang bis auf eine Sandbank. Je weiter wir laufen, desto größer erheben sich vor uns die mächtigen Sandsteinklippen, die ins weiche Orange der untergehenden Sonne getaucht sind. Im Wasser gleiten wie schwebend Süßwasserkrokodile ganz leise an uns vorbei, lauern und tauchen ab, sobald man ihnen zu viel Aufmerksamkeit schenkt.

Als wir abends mit der Familie auf einen Campingplatz rollen, auf dem wir gemeinsam campen werden, kommt ein Ehepaar zögernd auf uns zu. Auch sie hatten uns zuvor an der Straße stehen sehen, aber nicht mitnehmen können. Ich erinnere mich an ihre Gesichter, sie hatten angehalten und wir hatten ein paar kurze Worte gewechselt. Jetzt erzählen sie, dass sie sich gefragt hatten, wie es uns wohl ergangen war seit unserer Begegnung. Wo wir inzwischen wohl wären und wer uns mitgenommen habe. Dann wenden sie sich an die Familie und beginnen sich ausschweifend bei dieser dafür zu bedanken, dass sie uns gesehen und mitgenommen haben. Diese Fürsorge für Fremde und die gemeinsame Verbundenheit zu erfahren, ist beeindruckend. Auf eine ganz neue, selbstverständliche Art dürfen wir miterleben, wie Menschen am Leben anderer Anteil nehmen und einander helfen.

Zwei Tage später lassen wir die Kimberley-Region hinter uns und erreichen Broome. Von hier aus tritt Ines den Heimweg an. Für mich ist es immer eine Umstellung, wieder alleine zu sein, nachdem ich mit jemand anderem gereist bin. Drei Wochen können lang und intensiv sein. Das Warten in der Hitze, der Hunger und das ständige Beisammensein ohne Freiraum können sich schnell auf die Laune ausschlagen. Gemeinsam zu reisen kann daher Beziehungen und Freundschaften herausfordern. Es kann entzweien oder zusammenschweißen.

Ich merke selbst, wie schnell ich mich daran gewöhnt habe, nur für mich selbst verantwortlich zu sein. Deshalb hat es mir gutgetan, dass ich mich mal wieder für längere Zeit auf jemand anderen einlassen musste. Im Nachhinein sagen Ines und ich, dass für uns in Australien ein Upgrade stattgefunden hat – von Schulkameradinnen zu Freundinnen.

PLANÄNDERUNG

Noch bin ich in Broome. Aber auch ich will die Stadt bald wieder verlassen, als sich durch eine Couchsurfing-Bekanntschaft unerwartet ein Job auftut: Ich kann auf das Haus eines Briten aufpassen, der für ein paar Wochen seine Heimat besucht. Im Grunde bedeutet das eine kostenlose Unterkunft – im teuren Australien der

Traum eines jeden Backpackers – und eine Gelegenheit, die ich mir nicht entgehen lassen will. Ich entschließe mich zu bleiben. Ein zusätzlicher Job in einem Restaurant am Strand ist schnell gefunden und verwöhnt mich mit einer wunderschönen Aussicht über das Meer und vorbeiziehende Buckelwale.

Jeden Abend erlebe ich die schönsten Sonnenuntergänge. Nachts beobachte ich den Mond, der hier viel größer scheint und tiefer hängt. Er wächst hier nicht von rechts nach links und schrumpft nicht wie ein Apfel, der Biss für Biss gegessen wird. Hier liegt der Mond in völliger Entspannung am Himmelszelt. Und füllt sich von unten her wie ein Weinglas, in das jeden Tag ein bisschen mehr eingegossen wird, bis er vollständig gefüllt ist.

Das Leben hier ist simpel und schön. Rund um Broome liegen weiße Sandstrände umsäumt von türkisblauem, klarem Wasser, das einen perfekten Kontrast bildet zum heißen Rot der Sandsteinklippen. Wunderschöne, ruhige und menschenleere Orte liegen in unmittelbarer Nähe. Ich habe ein Haus für mich allein und erfülle den einzigen Zweck, dass die Wohnung nicht leer steht, die Blumen gegossen werden und der Hund Buddy seinen Auslauf bekommt.

Mit dem Geländewagen des Hausbesitzers fahre ich *den Cable Beach* entlang und parke so, dass ich es mir auf der hinteren Ladefläche gemütlich machen kann und einen perfekten Blick über das Meer habe. Während ich wie jeden Morgen Bälle für Buddy werfe und dabei den farbenreichen Sonnenaufgang bestaune, streifen meine Augen den Strand. In der Ferne sehe ich einen grünen Van, in dem ein paar Rucksacktouristen leben und ihre Nächte am Strand verbringen – ein klassisches Backpacker-Leben. Ein paar Meter entfernt von mir steht ein Mann bis zu den Knöcheln im Wasser. Nackt. Nur mit Hut und Angelrute in der Hand. Ein weiterer läuft am Wasser entlang. Nackt. Lesend, mit Buch in der Hand. Und es dauert nicht lange, da läuft das ältere Pärchen beim allmorgendlichen Spaziergang am Strand an mir vorüber. Mit der Badehose auf Halbmast, wie üblich. Ich rutsche von der Ladefläche des Wagens herunter, laufe in Richtung Wasser und werfe einen letzten Ball für Buddy. Dann kehre ich zurück zum Wagen. Oben ohne, wie jeden Morgen.

Ich genieße mein Leben. Meine Reise. Und mein Herz ist gefüllt mit einer tiefen Zufriedenheit und der leisen Zuversicht, dass alles gut ist, so wie es ist.

Nach 2,5 Monaten wird es für mich Zeit, weiterzuziehen. Mein Visum läuft bald aus und vorher will ich noch in Ruhe die Westküste bereisen.

Ich erreiche Paraburdoo und komme von hier nicht weiter. Seit Mittag sitze ich am Ortsausgang und warte auf eine Mitfahrgelegenheit. Obwohl innerhalb der Stadt reger Verkehr herrscht, scheint keiner die Stadt in meine Richtung verlassen zu wollen. Als die Nacht hereinbricht, greife ich meine Sachen und laufe querfeldein von der Straße weg. In einer geschützten Ecke nahe einer Mauer baue ich mein Zelt auf, als kurz darauf ein Dirtbike heranfährt und anhält. Ein Minenarbeiter hat mich bemerkt und erkundigt sich, ob ich eine Bleibe für die Nacht bräuchte. Wortlos deute ich über meine Schulter auf das Zelt hinter mir und beteuere, dass es mir gut gehe. Zögernd zieht der Arbeiter von dannen.

Es dauert keine zwanzig Minuten, als derselbe Mann zurückkommt, diesmal mit seinem Wagen. Ohne langes Reden packt er mein bereits aufgebautes Zelt samt Inhalt auf die hintere Ladefläche des Fahrzeugs und befördert mich in das Camp der Minenarbeiter. Ein Freund ist derzeit auf Heimatbesuch und sein Zimmer steht leer. Er habe kurzerhand abgeklärt, ob es in Ordnung sei, dass ich darin schliefe, und im selben Zuge den Schlüssel bei seinem Freund abgeholt. So wird mir an diesem Abend bei Klimaanlage, Internet, Fernseher, Kühlschrank und privatem Badezimmer mit Warmwasser mal wieder unerwarteter Luxus zuteil, der nur noch durch das gigantische Abendbüfett in der Kantine gesteigert wird.

Ich liege zeitlich gut im Plan, die Westküste entlangzureisen, bevor mein Visum ausläuft. Und ich mache mir bereits Gedanken, wo ich danach hinmöchte. Pläne sind gut. Ziele und Ideen kann man verfolgen, ambitioniert danach streben und visiert darauf hinarbeiten. Sie sind der Antrieb unserer Motivation. Das, was uns nach vorne bringt. Und nur Ziele, die man sich steckt, können auch erreicht werden.

Es gibt jedoch Zeiten, da kann man so viele Pläne machen, wie man will, und muss dann schmerzlich erkennen, dass das Leben manchmal eigene Pläne macht. Das sollte auch ich kurze Zeit später erfahren.

Mit einer Gruppe von Backpackern komme ich gerade in Exmouth an und verbinde mein Smartphone mit dem WLAN des Campingplatzes, als mich eine Nachricht von zuhause erreicht: Einer meiner liebsten Menschen ist gestürzt und liegt im Koma. Ein Mensch, der mich hat aufwachsen sehen und mit dem ich mir immer vorgenommen hatte, mehr Zeit zu verbringen, sobald ich nur wieder zuhause sei. So viele Fragen zu stellen, die ich nie gefragt habe. So vieles zu tun, das ich bisher immer auf später geschoben habe. Meine Oma lag plötzlich im Koma und sollte nur wenige Tage später sterben.

Noch mit dem Telefon am Ohr breche ich in Tränen aus. Ich schluchze aus tiefstem Herzen, während mein Gehirn versucht, die gerade gehörte Nachricht zu verarbeiten. An einem Tisch nahe der Küche sitze ich, und nehme um mich herum nichts mehr wahr. Am anderen Ende der Leitung ist meine Mutter und hört mir schweigend beim Weinen zu.

Bis gerade hatte ich noch gedacht, ich könnte nicht freier, nicht lebendiger sein, als ich es bis hierhin gewesen bin. Ich hatte gedacht, ich stünde voll im Leben, wäre dabei, es in seiner ganzen Tiefe auszuschöpfen. Und plötzlich, mit dem Erhalt dieser Nachricht, ist mir, als würde mich das wahre Leben mit eiskalten Fingern packen und mir mit einem stumpfen Fausthieb wieder einen Sinn für die Realität in den Kopf prügeln.

Da war sie, die schmerzliche Erkenntnis, dass das Leben manchmal eigene Pläne macht, auf die ich keinen Einfluss habe. Das

Gute daran ist, dass sie zwar nicht immer schmerzlos, selten aber schmucklos serviert werden. Sie bergen in sich die Kunst, neue oder längst vergessene Gedanken wieder anzustoßen. Sie bringen eine ganze Farbpalette neuer Erkenntnisse mit sich. Und fordern heraus, Prioritäten und Werte neu zu überdenken.

Auch ich werde bald dazu bewegt, so manches zu überdenken. Doch weil ich das Leben nicht ändern kann, so gerne ich es manchmal täte, werde ich erst einmal dazu veranlasst, meinen eigenen Prioritäten durch Taten neuen Ausdruck zu verleihen: Ich unterbreche meine Reise und gewähre Wichtigerem den Vorrang.

Auf schnellstem Weg reise ich zu meiner Oma nach Deutschland. Fünf Tage lang kann ich sie noch im Krankenhaus besuchen und Abschied von ihr nehmen, bevor sie friedlich die Augen schließt.

WAS MICH DAS REISEN ÜBER DAS LEBEN LEHRT

Herausforderungen und Wachstum. Das ist es doch, was das Leben ausmacht. Was uns prägt und zu dem formt, wer wir sind. Beim Reisen gibt es zum Beispiel Tage (und Länder), da läuft das Trampen wie am Schnürchen. Wie in einer perfekten Welt der Nächstenliebe und der Unvoreingenommenheit: Ohne lange Wartezeiten, und alles fühlt sich einfach und leicht an. Auch wenn es diese Tage sind, die mich physisch vorwärtsbringen, sind es die Tage, an denen ich stundenlang an der Straße stehe und nichts passiert, an denen ich persönlich wachse. Tatsächlich gibt es Zeiten, da scheint das Trampen mehr ein Kampf als Glanz zu sein. Das schlägt nieder und raubt Energie. Anfangs habe ich auf solche Tage mit Unverständnis reagiert, mit Bitterkeit und Ärger. Bis ich begriff, dass ich mit der Zeit angefangen hatte, die einfachen Momente des Trampens als selbstverständlich hinzunehmen. Und Komfort als normal zu betrachten. Wenn wir zu lange dem Guten, Besonderen ausgesetzt sind, werden wir auf Dauer blind dafür und beginnen, es mit Normalität zu verwechseln. Und wenn wir uns zu lange in unserer Komfortzone aufhalten, dauert es nicht lange, bis wir unzufrieden werden. Früher oder später lässt sich in allem Schönen ein Makel finden, genauso wie sich im Makel Schönheit entdecken lässt. Alles ist eine Sache der Perspektive. Einer Perspektive, die veränderbar ist – erlernbar und verlernbar.

Ich beginne also aktiv, meine Sichtweise zu ändern und die Tage, an denen ich gut vorwärtskomme, wieder als etwas Besonderes zu sehen. Und für das weniger Gute dankbar zu sein.

Das ist die Sichtweise, die gewöhnliche Tage wieder in ein bedeutungsvolleres Licht rückt und mich wieder zufriedener sein lässt. Und es ist diese scheinbar so banale, wunderbare Art des Reisens, die mich etwas über das Leben lehrt:

1. Aus jedem Augenblick das Beste machen.

Trampen klingt aufregend, abenteuerreich. Und das ist es definitiv. Aber oft bedeutet es einfach nur: Warten. Manchmal stundenlang. Wie oft habe ich mich an solchen Tagen aufgeregt, wenn wieder Auto um Auto an mir vorbeigefahren ist, ohne auch nur ansatzweise auf die Bremse zu drücken. Aber statt mich über all die Stunden zu ärgern, die ich schon längst hätte woanders sein können, genieße ich den Moment der Ruhe in vollen Zügen und sage mir, dass es nicht darum geht, möglichst schnell von einem Ort an den nächsten zu kommen. Sondern um das, was zwischendurch passiert.

Es gibt eine Weisheit, die besagt, dass wahres Glück nicht bedeutet, von allem das Beste zu haben, sondern aus allem das Beste zu machen. Ich habe angefangen, die Zeiten des Wartens positiv zu nutzen. In der Weite der Natur meinen Gedanken freien Lauf zu lassen. Mit Muse dazusitzen und mich von meiner Umgebung inspirieren zu lassen. Es sind die Momente des Wartens, die mich Geduld lehren. Und es sind die Tage des Regens, die mir ein wertschätzendes Herz für den Sonnenschein schenken. Probleme verlieren ihre Macht, wenn ich mir bewusst mache, dass jedes Problem die Chance bereithält, daran zu wachsen. Wenn wir Durchhaltevermögen und Ausdauer beweisen, werden wir sehen, zu was wir in der Lage sind. Und am Ende können wir aus Problemen stärker hervorgehen als zuvor.

Auch in schwierigen, unangenehmen und ungewollten Situationen steckt so viel mehr Potenzial als nur Ärger und Gram. Sei es auch nur die Erkenntnis, dass manche Situationen selbst dann nicht geändert werden können, wenn man sich umso stärker darüber aufregt.

2. Alles hat seine eigene (nicht immer augenscheinliche) Schönheit.

Auf die Frage, welches der Länder, in denen ich bisher gewesen bin, ich am schönsten finde, antworte ich gerne: »Jedes Land hat seine eigene Schönheit.« In dem einen Land ist es das saftige Grün, die atemberaubende Weite oder die gigantischen Berge. In dem anderen fasziniert mich die Einfachheit des Alltags. Ein weiteres wird schön durch das Lächeln seiner Landsleute.

In der Wüste findet Wasser einen ganz neuen Wert. Gastfreundschaft ist eine wunderbare Sache, doch wenn sie mir von einer Person entgegengebracht wird, die selbst nichts hat, bekommt sie eine ganz neue Gewichtung. Eine simple Geste der Brüderlichkeit im Alltag ist nichts Herausragendes, in der Not am Straßenrand jedoch bedeutet sie alles. Regen und Sonnenschein, Berge und Täler, einfache und scheinbar aussichtslose Situationen, Wärme und Kälte, Einsamkeit und Trubel, Vertrautes und Fremdes – das eine braucht das andere, um seinen wahren Wert zu offenbaren. Und darin zeigt sich seine Schönheit.

3. Alles hat seinen Preis. Und seinen Wert.

»Du machst es dir ja einfach. Fährst bei anderen im Auto mit und musst selbst nichts zahlen.« Diesen Satz habe ich das ein oder andere Mal entgegengebracht bekommen – teils lächelnd, teils vorwurfsvoll. Meine Antwort: ja und nein.

Ja, unter anderem trampe ich, um Geld zu sparen. Das ist kein bedeutungsloser Grund, der für das Trampen spricht. Doch es spielen auch andere, weit wichtigere Faktoren eine entscheidende Rolle, die von außen oft nicht gesehen werden. Denn, wenn ich auch nicht für Mobilität in Form von Geld zahle, kostet es mich dennoch Zeit, Energie, Bequemlichkeit und Unabhängigkeit. Das ewige an der Straße Stehen und Warten, ungeachtet der ungnädigen Wetterbedingungen, braucht Zeit. Es zehrt an mir, mich von Auto zu Auto zu hangeln, jedem Fahrer mit neuer Aufmerksamkeit entgegenzutreten und mit derselben Geistesgegenwart zum Gespräch zur Verfügung zu stehen wie dem Fahrer zuvor. Trampen fordert eine hohe Sensibilität für das Umfeld, die Fähigkeit von Flexibilität und schnellem Handeln, da man nicht planen kann, wie der Rest des Tages verlaufen wird. Und nicht immer sind alle Naturschönheiten so leicht zugänglich, wie ich es mir wünsche. Nicht immer sind die Straßen so befahren, dass ich nicht noch kilometerlang laufen müsste. Oder mich nicht doch von der Vernunft überzeugen lasse, mein Ziel aufzugeben und weiterzuziehen.

Auch wenn Trampen Geld spart – gezahlt wird trotzdem. Aber der Aufwand ist mir die Sache Wert. Oder anders herum gesagt: Welchen Wert eine Sache für mich hat, zeigt sich darin, wie viel ich bereit bin, dafür zu zahlen. In welcher Form auch immer.

4. Verbunden bleiben mit Gott und mit mir selbst.

»Wir alle haben unsere besten Wegweiser in uns selbst – wenn wir doch nur auf sie hören würden«, sagte einst Jane Austen.[6] Manchmal habe ich ein Gefühl in mir, nur ein leichtes, fast unmerkliches Gefühl, das mich durch den Tag leiten will. Es beginnt bei den kleinsten Dingen, wie zum Beispiel mich noch einmal umzudrehen und sicherzugehen, dass ich auch nichts vergessen habe. Oder lieber doch noch einmal zu überprüfen, ob der Rucksack wirklich zu ist. Gelegentlich habe ich auch ein Gefühl, das sagt: »Steig hier lieber nicht ins Auto.«

Manchmal folge ich diesem Gefühl. Manchmal nicht und merke bisweilen, ich hätte es tun sollen. Manche sagen, dieses Gefühl sei eine Art Intuition oder Urinstinkt. Ich glaube, dass es die flüsternde Stimme Gottes ist, die mich immer begleitet, aber im Alltag leicht von Trubel und Lärm übertönt wird. Aber vor allem merke ich, dass es mir guttut, mehr mit diesem Gefühl in Einklang zu leben – und auf es zu hören.

5. Sorgen ist nutzlos.

Schon oft habe ich an einer Straße gestanden, an der ich nicht weiterkam. Oder ich war in einer Gegend, in der es mir unmöglich schien, einen Schlafplatz zu finden. Aber das Reisen hat mich gelehrt, mir keine Sorgen zu machen und in allen Situationen ruhig zu bleiben. Egal, wie verlassen der Ort war, an dem ich stand oder an den ich wollte – ich war nie die Einzige auf dem Weg dorthin. Irgendwann kam jemand vorbei, der in genau dieselbe Richtung unterwegs war wie ich.

Ich habe herausfinden dürfen: Einen Weg gibt's immer. Es mag nicht immer ein idealer Weg sein, aber nächtigen kann man in der Not fast überall. Und ein langer Tag des Marschierens ist das weichste Kissen, auf dem man sich betten kann. So habe ich schon viele Nächte im Nassen verbracht, zwischen Kühen schlafend oder einfach nur an einer Tankstelle die Nacht ausharrend. Aber ich habe jede Nacht überstanden. Und das zu wissen, ist ein schönes Gefühl.

Warum sich also sorgen, anstatt gespannt abzuwarten, wie sich diesmal alles zum Guten wenden wird.

6. Kennenlernen braucht Zeit.

Ein Freund sagte einmal zu mir: »Menschen sind wie ein Buch. Man muss sich mit ihnen beschäftigen, um zu sehen, was wirklich hinter dem Cover steckt. Manchmal ist es nur eine knappe Bedienungsanleitung und manchmal, ganz unerwartet, ein ganzer Roman.«

Ich weiß nie, welche Person ich auf meiner Reise als nächste treffen werde und was aus dieser Begegnung entsteht. Manchmal lerne ich einen Reisegefährten kennen, manchmal erhalte ich eine Einladung, manchmal entstehen Freundschaften und manchmal bleibt es bei einem flüchtigen Gespräch. So wird jede Begegnung zu einem spannenden Abenteuer. Ich treffe ernste und humorvolle, bescheidene und von sich überzeugte, abenteuerlustige und auf Sicherheit bedachte Menschen. Beim Vorbeilaufen würde ich manchen von ihnen nicht viel Aufmerksamkeit oder gar allzu viel Beachtung schenken. Beim Reisen habe ich jedoch die Zeit und Muße, genau das zu tun. Wenn ich, zum Beispiel, bei ihnen im Auto sitze, komme ich nicht darum herum, Gespräche mit diesen Fremden zu führen und sie dabei näher kennenzulernen. Und oft bin ich es, die dabei überrascht wird, wie ein Mensch plötzlich Form annimmt, wenn man sich die Zeit nimmt, ihn in der Tiefe, in seinem Kontext und mit seinen Emotionen kennenzulernen.

7. Das Leben ist schön.

Manchmal glaube ich, dass uns heutzutage so viele Wege offenstehen, dass wir dabei gar nicht wissen, in welche Richtung wir gehen sollen. Wir überlegen viel, fordern zu viel Sicherheit von uns selbst und von unseren zukünftigen Lebenssituationen. Dabei merke ich, wie einfach das Reisen ist, bei dem man nicht genau wissen muss, wo man am Ende des Tages sein wird.

Unsere Welt birgt pure Schönheit der Natur. Größe, Anmut und die atemberaubendsten Wunder, die das Auge je gesehen hat. Doch die schönste Kostbarkeit der Welt ist es, zu jeder beliebigen Zeit von jedem beliebigen Ort aus aufbrechen und losziehen zu können. Die Gutherzigkeit und Brüderlichkeit anderer Menschen zu erfahren, unabhängig ihrer Herkunft, Sprache und Kultur. In der Lage zu sein, einfach den Daumen hinauszustrecken und sich von ihm zu neuen Möglichkeiten führen zu lassen, ist eines der unglaublichsten und erstaunlichsten Dinge, die ich erlebt habe. Und das macht das Leben so wunderbar einfach und schön.

SIGHTSEE AND GAZE
DON'T SET THE
COUNTRY ABLAZE!
Hello WE
NEED A LIFT
TO Broome

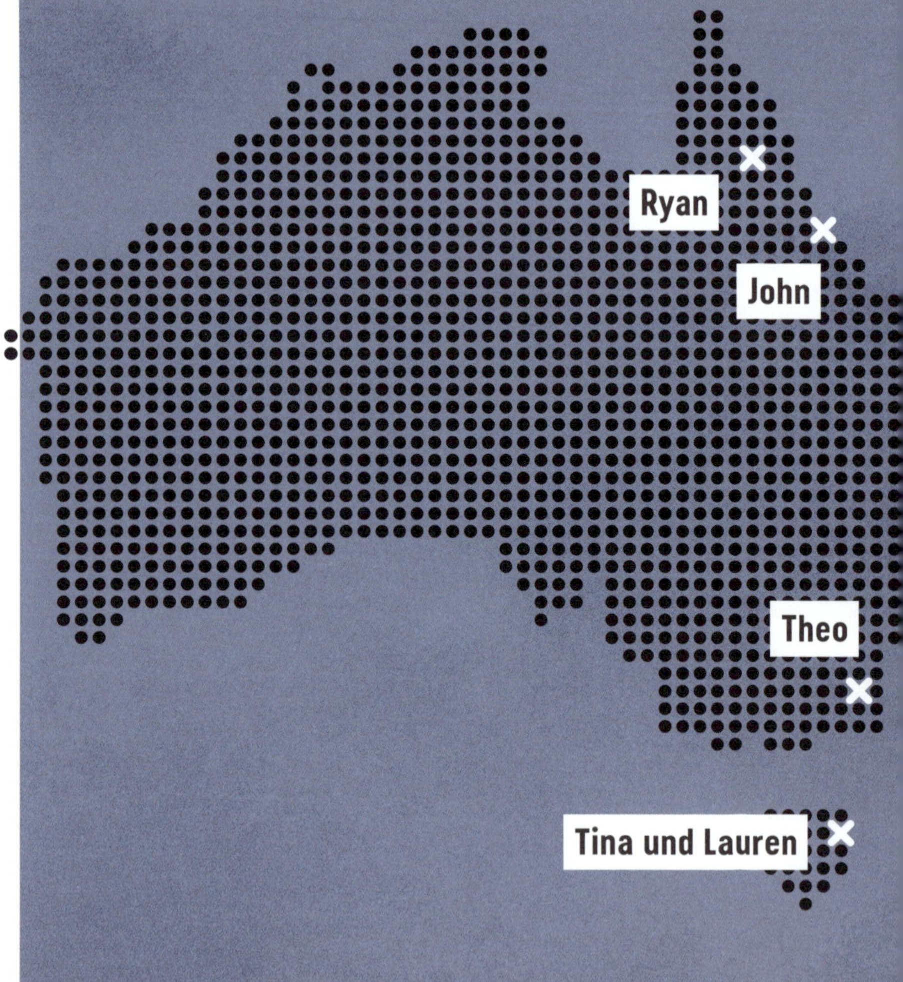
Ryan
John
Theo
Tina und Lauren

Australien - Osten

DER ROTE KREIS SCHLIESST SICH

Während meines bisherigen Lebens hatte ich immer gedacht: »Endlich einmal ungebunden sein. Endlich einmal das tun können, was ich will – das ist Freiheit! Dann bin ich glücklich!«

Nun hatte ich meine Unabhängigkeit erreicht. Ich konnte bleiben, wo immer ich bleiben wollte. Und ich konnte wieder gehen, wann immer ich gehen wollte. Ich war ungebunden und musste mich nach niemandem richten. Ich konnte davor fliehen, Verantwortung zu übernehmen. Und davor, über die Konsequenzen meiner Taten und Entscheidungen nachdenken zu müssen.

Allerdings, so musste ich feststellen, ändert das nichts daran, dass alle unsere Taten Konsequenzen haben. Und nur, weil wir tun, was wir wollen, läuft nicht auch das Leben so, wie wir uns das vorstellen.

Und deshalb begann ich hier, auf der letzten Etappe meiner Australienreise, meine Vorstellung von Unabhängigkeit und Glück zu überdenken.

WAS WIRKLICH ZÄHLT

Nach dem plötzlichen Tod und Abschied von meiner Oma bleibe ich nicht lange in Deutschland. Ich fliege zurück nach Australien, genauer gesagt an die Ostküste. Dort lerne ich Theo kennen. Theo ist

Rentner und zeichnet gerne Comics. Über das Wochenende möchte er seine Freunde besuchen, um ihrem gemeinsamen Hobby nachzugehen: dem Sammeln von Spielzeugsoldaten und dem Nachspielen von Kriegen. Diese sogenannten Planspiele können über mehrere Tage gehen und erfordern genaue Spielregeln, erklärt mir Theo. Dieses Wochenende soll der Napoleonische Krieg nachgestellt werden.

Gemeinsam folgen wir der Küstenstraße. Der einst grün bewachsene Berg ist heute an den Stellen kahl, an denen der Mensch ihn gerodet hat, um jene Straße zu bauen, der wir nun folgen. Fasziniert bestaunen wir die verschiedenen Formationen und Farben der Klippen. Von tiefstem Schwarz über helles Ockergelb bis zu einem dunklen Lehmrot, das sich wie Zuckerguss über den Sandstein ergießt und den perfekten Nährboden für die grünen Wüstenpflanzen bietet. Der Kreativität der Natur sind keine Grenzen gesetzt. Beim Durchfahren einer Eukalyptusallee ragen über uns die hohen Bäume empor, ihre Kronen treffen sich in der Mitte und versperren der Sonne den Weg zu uns. Trockene Rinde schält sich von den Ästen und hängt wie Girlanden herab. Im Kontrast zu dem grau bewölkten Himmel bekommen die grünen Wälder und das türkisblaue Wasser eine zusätzliche Strahlkraft verliehen.

Südlich von hier befindet sich Tasmanien. Ein Bundesstaat wie jeder andere, und dennoch ganz besonders. Tasmanien ist eine Insel und konzentriert Australiens gesamte Artenvielfalt auf kleinstem Raum. Und es fehlt an nichts: Höhe, Weite, Flüssen und Seen. Mit zwei amerikanischen jungen Frauen fahre ich zur Wineglass Bay, wo ich campen möchte. Als meine Begleiterinnen Tina und Lauren das hören, schließen sie sich spontan und ohne Ausstattung an. Gemeinsam laufen wir durch hohe Eukalyptuswälder hinauf zu einem Aussichtpunkt, von dem aus wir einen atemberaubenden Blick über die Bucht mit ihrem türkisblauen, klaren Wasser und dem weißen Sandstrand haben. Dort unten schlagen wir unser Zelt auf. Außer einem Boot, das in der Bucht vor Anker liegt, gibt es hier keine Spur von Menschen. Wir genießen die Ruhe und das kühle Nass, essen selbst gekochte Pasta und trinken selbst gekauften Wein (dafür hatten meine Begleiterinnen vorgesorgt) und kuscheln uns abends zu dritt ins Zelt unter meinen Schlafsack.

Erst spät am darauffolgenden Abend gelange ich zu meinem nächsten Ziel, den Saint Columbia Falls, und schlage dort mein Lager auf. In der Nacht regnet es unaufhörlich. Mein Zelt steht standhaft, doch irgendwann gibt auch das stärkste Zelt nach. Der trockene Boden kann kein Wasser mehr aufnehmen und so beginnt das Wasser von unten durch den Zeltboden ins Innere zu dringen. Durch die Nähte über mir dringt Feuchtigkeit ein. Tropfen fallen auf meinen Schlafsack. So sehr ich auch hoffe, es würde kein weiterer folgen, sitze ich dennoch angespannt da, um lauschend auf das dumpfe Geräusch des nächsten Tropfens zu warten, der auf meinen Schlafsack fällt. Ich schließe die Augen und versuche die Nässe um mich herum zu ignorieren, um wenigstens ein bisschen Schlaf zu bekommen. Mit eher mäßigem Erfolg.

Es regnet noch immer, als sich im Morgengrauen Scheinwerfer nähern. Schlaftrunken springe ich auf. Dann bin ich plötzlich hellwach. Ich sehe meine einzige Chance, hier rauszukommen, wenn ich nicht im strömenden Regen 11 Kilometer bis zur Hauptstraße zurücklaufen will. Ohne zu überlegen, werfe ich meine Regenjacke über und sprinte dem Auto entgegen. Welch unerwartete Gelegenheit! Bei diesem Wetter hatte ich es für schier unmöglich gehalten, dass überhaupt irgendjemand einen Abstecher zu den Wasserfällen machen würde.

Als könne er nicht glauben, dass ich aus einem Zelt zwischen den Bäumen gerannt komme, starrt der Mann im Auto mich an. Er kommt zweimal pro Woche zu den Wasserfällen, um die Plumpsklos zu putzen, und heute war es wieder so weit. Zu meinem Glück. Ich packe meine nassen Sachen so schnell es geht zusammen und klettere über den Fahrersitz auf die eingedellte Beifahrerseite seines Wagens – und damit wieder zurück in Richtung der Hauptstraße.

Ich verbringe noch weitere Tage auf Tasmanien und wandere durch die Höhen und Weiten *des Cradle Mountain Nationalpark*, bevor ich wieder ans Festland zurückkehre.

Bald darauf lerne ich einen älteren Lkw-Fahrer mit großem Mundwerk und noch größerem Herzen kennen, der mich eine längere Strecke mitnimmt. Abends will er mich zum Campen nicht einfach irgendwo an der Straße absetzen. Er kennt da einen Pub, hinter dem man zelten kann, sagt er. Als wir vor dem Pub aus dem Lkw steigen, läuft uns die Besitzerin bereits entgegen. Kurzerhand pfeift sie einen ihrer Stammkunden herbei, um meinen Rucksack ins Haus tragen zu lassen, wo sie mir nach ein paar Minuten einen Zimmerschlüssel und ein warmes Schnitzel vorsetzt. Im Pub ist die Atmosphäre so familiär, dass ich zunächst nicht unterscheiden kann, wer hier Gast ist und wer bedient. Was ich allerdings weiß, ist, dass als die Besitzerin mir einen Job anbietet, ich auf jeden Fall annehmen will!

Es ist ein Pub, wie man ihn aus amerikanischen Filmen kennt. Mitten im Nirgendwo, an einer langen Landstraße neben einer Tankstelle. In bunten Farben prangen große Buchstaben über der Salon-Tür, vor den Fenstern stehen alte Fässer, die als Tische dienen, und ein paar Barhocker, von denen der marineblaue Lack abblättert. Die dunklen, holzigen Wände sind mit Spinnweben bedeckt. Das Klackern von Billardkugeln geht unter dem Klickern der Spielautomaten unter. In der Ecke summt eine Jukebox vor sich hin.

Massive Körper hängen mit schweren Schultern über den alten Holztresen. Es ist Schichtschluss in der Mine, die nur wenige Hundert Meter entfernt liegt. Dreckige Arbeiterhände werden mir entgegengestreckt, um das kühle Bierglas zu greifen und sogleich mit einem kräftigen Zug zu leeren. In undeutlichem Arbeiterslang unterhält man sich über die Bar hinweg. Dass man sich nicht kennt, ist nur schwer ersichtlich. Irgendetwas zu reden, gibt's immer. Lkw-Fahrer reden über ihre Routen, Farmer über Heu- und Landpreise, Schafscherer über gemeinsame Arbeitgeber und Ansässige über den neusten Dorfklatsch.

Ein Glas nach dem anderen wird geleert. Mit rauen Händen wischen sich die Männer über den Mund, stellen das leere Glas wortlos, aber demonstrativ vor sich ab, während ich bereits das nächste zapfe. Die Stammkunden lerne ich schnell kennen. Ich weiß ihre Namen, und wenn nicht, dann wenigstens ihre Vorlieben. Da gibt's Old Jack, der immer um 12 Uhr auf der Matte steht und ganz penibel den Schaum auf seinem Bier bewertet. Die Biersorte *Tooheys Old* trinkt keiner, bis auf den Mann, der immer gegen 17 Uhr mit *Carlton-Draught-Guy* kommt. Sie alle haben ihre Stammplätze. Ohne ihren Redefluss zu unterbrechen, ersetze ich leere Gläser durch volle. Von dem Wechselgeld, das vom letzten Bier noch vor ihnen liegt, suche ich mir den entsprechenden Betrag zusammen. Bis die Gläser seitlich auf den Tresen gelegt werden, dann waren das die letzten Biere für den Abend. Der Pub leert sich wieder. Und ich selbst wechsle allmählich von der einen Seite der Bar auf die andere.

Einige Wochen später trete ich aus den Schwingtüren hinaus auf die Straße und laufe wieder los.

Ein Auto hält. Der Fahrer stellt sich mir als John vor. Vor ein paar Jahren wurde bei John Krebs diagnostiziert – ihm wurden noch 5 bis 10 Jahre zu leben gegeben. Das ist jetzt 3 Jahre her, die Zeit läuft aus. Ich kann nur erahnen, wie sich das anfühlt. Plötzlich realisiert man, wie wertvoll das Leben ist. Mit einem Mal lebt man den einzelnen Tag viel bewusster als noch vor Kurzem, als scheinbar das ganze Leben noch vor einem lag. Denn erst die Aussicht auf Verlust lehrt uns den wahren Wert der Dinge. Aus jedem von Johns Sätzen geht hervor, wie sehr er das Leben genießt. Er ist dankbar, lebt normal weiter und ist gerade auf dem Weg zum Zahnarzt, als er mich an der Straße laufen sieht und mitnimmt. Aber er lebt jetzt bewusster. Er ist aus der Stadt aufs Land gezogen. Hat mit seinen 60 Jahren angefangen zu surfen und erzählt mir von dem Surf-Erlebnis am Vortag: Es war kein Wellengang. Nach und nach verließen die Surfer das Wasser. Aber er saß einfach nur da, auf seinem Brett, und wartete. Und freute sich dabei seines Lebens. John ist ein ruhiger Mann, der oft seine Kinder besucht, sich wenig beklagt. Und einer Fremden dazu verhilft, ihr nächstes Ziel zu erreichen. »Denn das ist doch das, was zählt: die Liebe untereinander«, meint er nachdenklich, während sein Blick lächelnd auf die Straße gerichtet ist. Seinen Satz stellt er nicht fragend in den Raum, sondern als eine schlichte Erkenntnis, die ihm der Krebs in seine Seele geschrieben hat. Und ich habe den Eindruck, dass er sich wünschte, er hätte diese Erkenntnis schon früher gehabt.

John lässt mich dort raus, wo orange gefärbte Sandsteinfelsen in der Sonne glänzen, bewachsen mit Pandanus-Palmen und anderen tropischen Pflanzen. Hier sitze ich jetzt bei dem Klang der rauschenden Wellen und freue mich wie John des Lebens.

Nicht weit von hier liegen die *Whitsunday Islands*, eine der beliebtesten Inselgruppen vor der Küste von Queensland. Die See ist still und glatt wie ein Spiegel, als ich und weitere Touristen frühmorgens mit dem Segelboot den Hafen verlassen. Wir fahren zu einem Riff und gehen schnorcheln. Wie schwerelos lasse ich mich vom Wellengang treiben, den Kopf und die Augen darauf gerichtet, was sich unter mir befindet. Dort leuchtet das bunte Riff im Licht der Sonne in schimmernden Farben. Darin tummeln sich große und kleine Fische aller Formen und Art.

Die Makellosigkeit und pure Schönheit der *Whitsunday Islands* strahlen mir schon von Weitem entgegen. Sie ist eine der Inselgruppen mit dem weißesten Sand der Welt, der von kristallklarem Wasser bedeckt wird. In der Nähe einer Insel gehen wir vor Anker. Auf feinstem Sandstrand laufen wir zwischen Palmen hindurch, diesem Bild entgegen, das in fast himmlischer Perfektion vor uns liegt. Haien und Rochen kann man hier zum Berühren nahekommen, als wären sie zahme Goldfische. Diese ursprüngliche und scheinbar unberührte Natur raubt mir den Atem. Ich fühle mich wie im Paradies, ohne jegliche Spur der vielen Besucher, die hier tagtäglich in dasselbe Staunen versetzt werden wie ich.

DER WALD, DER VON DER ZEIT VERGESSEN WURDE

Ein dunkler Lockenkopf schwingt zur Beifahrerseite herüber, um mir die Tür seines Vans zu öffnen. Unter seinem braunen Bart blitzt ein weißes Lächeln hervor. Mit einem sympathischen Grinsen auf den Lippen, gluckst er in australischem Slang: »Von hinten siehst du aus wie ein wandelnder Rucksack auf zwei Beinen. Ich bin gerade auf dem Weg zum See. Willst du mitkommen?« Na klar will ich mit! Ryan ist auch Backpacker und reist mit seinem Van einmal um den roten Kontinent. Aktuell wohnt er in einem Hostel und arbeitet auf einem Hof bei der Kartoffelernte mit. Nicht weil er das Geld braucht, sondern einfach um die »komplette Backpacker-Erfahrung« zu erleben, wie er sagt. In seinem großen Kastenwagen fällt mein Blick auf die Bibel, die abgenutzt zwischen den Frontsitzen liegt. Ich muss gar nicht erst nachfragen. Irgendetwas ist anders an diesem jungen Kerl, mit dem ich spontan einen Ausflug mache.

»Am See gibt es einen Baum, von dem aus man super ins Wasser springen kann«, höre ich Ryan sagen. »Magst du Bäume? Hier in der Umgebung gibt es so tolle Orte. Die muss ich dir zeigen!«

Ryans Art, sich für die einfachen Dinge zu begeistern und mich damit anzustecken, fasziniert mich. So verbringen wir den Tag mit schwimmen und auf Bäume klettern. Gegen späten Nachmittag wandern wir zu einem Wasserfall. Wir setzen uns auf einen großen Felsen im seichten Flussbett und betrachten das Wasser, das rauschend über die Kante des Wasserfalls fließt.

»Was denkst du, warum Menschen Wasserfälle so sehr mögen?«, fragt Ryan. »Warum schauen wir sie mit Ehrfurcht und Bewunderung an?« Ich überlege. Doch ich habe keine Antwort.

»Ich denke, Gott hat die Wasserfälle geschaffen, damit wir darin seine Güte und Macht sehen und uns an ihnen freuen – und an ihm.«

Lächelnd blicke ich Ryan an, mit dieser Erklärung habe ich nicht gerechnet. Dann wende ich meinen Blick wieder dem Wasserfall zu.

So oft habe ich mich schon an dieser Schöpfung erfreut. So oft habe ich schon über die vielen Facetten, die feinen Details und die mächtigen Naturgewalten gestaunt. Doch der Gedanke, dass sie mich deshalb so faszinieren, weil sie in ihrer Größe auf etwas Größeres schließen lassen, war mir bisher noch nicht in den Sinn gekommen. Gedankenverloren sitzen wir noch eine Weile so da und betrachten den rauschenden, mächtigen Wasserfall. Als sich Ryans und meine Wege abends trennen, ist es bereits dunkel. Ich konnte die Nacht in einer Öko-Lodge, einer Art Baumhaus-Hotel, im *Daintree Rainforest* verbringen. Der Besitzer der Lodge, der mich am Abend mit dem Auto aufgegabelt hatte, hatte es mir angeboten. Da während der Nebensaison aktuell kaum Gäste zu Besuch sind, meinte er, stünden viele seiner Hütten ohnehin leer. Ich solle einfach die Tür hinter mir zuziehen, wenn ich ginge.

Ich genieße es, seit Längerem mal wieder in einem echten, großen Bett zu schlafen. Als ich wach werde, trete ich hinaus auf die hölzerne Veranda und schaue mich um. Ein Kasuar spaziert vorbei und hat mich im Visier. Mit seinem blauem Hals und großen Horn ist er ein beeindruckendes Tier. Der gefährlichste Vogel der Welt, sagt man. Aber in der Regel ein scheues Tier. So wie der exotische Vogel, strahlt der ganze Wald eine gewisse Mystik aus. Auf der Landessprache nennt man es ein Land, das von der Zeit vergessen wurde. Mit geschätzten 180 Millionen Jahren ist der *Daintree Rainforest* der älteste tropische Regenwald der Erde. Seither singt er sein Lied: Sanfter Niederschlag prasselt auf das dichte Blätterdach, unter dem ich kurze Zeit später fast trockenen Fußes entlanggehe. Auf einem hölzernen, auf Stelzen erbauten Pfad laufe ich durch einen Mangrovensumpf. Fortwährend halte ich Ausschau nach Krokodilen. Besonders über die Krokodile in dieser Region habe ich bereits jede Menge Geschichten gehört, die nicht immer ein glimpfliches Ende für jene Touristen nahmen, die ihren Weg gekreuzt haben. Erschreckt zucke ich zusammen, als eine aufgeschreckte Wachtel aus dem Gebüsch über den Holzsteg flattert.

Kurz darauf kreuzt eine Wildschweinfamilie verärgert über die Störung grunzend meinen Weg und hätte mich erneut fast zu Tode erschreckt. Nur langsam bewege ich mich vorwärts. Noch immer suchend, aber auf der Hut vor Krokodilen, vor denen zahlreiche Schilder warnen. Krokodile sind lauernde Meister der Jagd. Wenn man eins sieht, dann oft erst, wenn es bereits zu spät ist. Vielleicht ist es daher besser, dass ich trotz der intensiven Suche keines zu Gesicht bekomme.

Mittags fahre ich mit Bauarbeitern auf einer roten Staubpiste durch die dürre Landschaft und werde auf diese gewaltig großen Tiere aufmerksam, als wir über eine Brücke fahren. Nur wenige Meter unter uns sonnen sich riesige Krokodile auf einer Sandbank inmitten von dem, was vom Flinders River noch übrig ist: Ein schlammiges Rinnsal, das vor Kurzem noch ein reißender Fluss war. Kahle Bäume, die einst Blätter hatten. Trockenes Gras, das nach dem nächsten Regen lechzt.

Bald wird es Nacht. Kängurus werden aktiv und hüpfen rechts und links von uns die Straße entlang. Direkt vor uns blitzen zwei Augenpaare aus der Finsternis. Kühe. Erst als wir langsam heranfahren, bewegen sie sich sorglos und gemächlich von der Straße.

Die Männer setzen mich an einer Abzweigung ab. Im Mondschein laufe ich durch die Einöde, auf der Suche nach einem Platz zum Campen. Im Dunkeln schlage ich geübt mein Zelt auf und lege mich schlafen.

Am nächsten Morgen werde ich von Dingorufen geweckt. Wie im Chor stimmen sie in ein wohlklingendes Heulen ein. Ich stehe auf und beobachte, wie der Mond allmählich an Höhe verliert und sich der Strahlkraft der aufgehenden Sonne beugt.

Wie jeden Morgen mache ich ein Feuer und koche mir darüber einen wässrigen Haferbrei mit dem Obst, das ich am Vortag auftreiben konnte. Dann laufe ich wieder die Straße entlang. Hinter mir lasse ich die Weggabelung zurück, an der ich zuletzt im Nirgendwo abgesetzt wurde. Vor mir liegt die nächste Ortschaft mehrere Hundert Kilometer entfernt. Ein überrolltes Wallaby liegt auf der Straße. Adler, die sich darauf gestürzt hatten, schrecken auf, als ich mich nähere. Eine Kulisse wie im Wilden Westen. Die Sonne steht hoch über mir und strahlt mit gnadenloser Härte auf mich herab. Da rollt ein Campervan langsam heran, hält, um zu grüßen, und zieht von dannen. Ich schaue ihm nach, sehe ihn mit der flimmernden Hitze der Straße verschmelzen, bis er schließlich als kleiner, schwarzer Punkt am Horizont verschwindet.

Aber selbst an diesem noch so verlassenen Ort findet sich schließlich jemand, der mich mitnimmt.

»Weißt du eigentlich, wie gefährlich Trampen ist?!«, begrüßt mich das ältere, australische Ehepaar als ich einsteige. Den Satz habe ich schon so viele Male gehört. Meistens stelle ich direkt die Rückfrage, ob mein Gegenüber selbst schon einmal trampen war. Oft lautet dann die Antwort etwa: »Nein, weil es viel zu gefährlich ist!«

Auf die Frage des Paares hin denke ich mir: »Es ist mindestens genauso gefährlich, jemand Fremden in sein Auto einsteigen zu lassen« und versuche stattdessen höflich zu widersprechen: »Wenn ihr wüsstet, wie viel Gutes ich dabei bisher schon erlebt habe.« Aber sie wollen nicht verstehen. Und kurz darauf erklären sie auch, weshalb. Um die 20 Jahre lang haben die beiden in einem Hochsicherheitsgefängnis in Queensland gearbeitet. Dort, wo die brutalsten Schwerstverbrecher sitzen. Sie wurde wegen Personalmangels damals als erste und einzige Frau in einem Männergefängnis eingestellt. 17 Jahre lang arbeiteten sie Seite an Seite. Die beiden erzählen Geschichten, die mir die Sprache verschlagen.

»Es war eine gute Zeit«, meint er abschließend in Erinnerungen schwelgend und wirft ihr einen liebevollen Blick von der Seite zu, während er sanft ihre Hand streichelt, die auf dem Schaltknüppel ruht.

Wir arbeiten uns mit dem Wohnwagen im Schlepptau einen roten Hügel hinauf. Auf der anderen Seite muss ein Flusslauf durchquert werden. Als wir dort ankommen, steckt ein weißer Campervan mit Anhänger im Flussbett fest, der sich festgefahren hat. Drei weitere Camper, die nach und nach eintreffen, helfen dem australischen Ehepaar, Stück für Stück zunächst den Anhänger, dann das Auto aus dem Fluss zu ziehen. Während die Männer Hand anlegen, setzen wir Frauen uns auf der anderen Flussseite nieder und lernen uns über einem Gläschen Wein und spannenden Geschichten kennen.

Nur ein paar Tage später bin ich wieder zurück in Darwin. Der Kreis um den roten Kontinent schließt sich hier. 540 Tage liegen zwischen meiner Ankunft und dem Abschied von Australien. 421 Tage, die ich davon tatsächlich im Land selbst war. Über 26 000 Kilometer habe ich zurückgelegt – ausschließlich trampend. Das ist mehr als zweimal um den Mond. Von über 160 Menschen wurde ich spontan mitgenommen, an die ich mich bis heute noch erinnere, unzählige kleinere Mitfahrten mehr. An Dutzenden Orten entlang der Küste und im Zentrum Australiens habe ich mein Camp aufgeschlagen. Wind und Wetter, rote Erde und Sand haben ihre Spuren an meinem Zelt hinterlassen, genau wie die Erlebnisse und Begegnungen ihre Spuren an mir hinterlassen haben.

Mit dem Reisen kommt die Kenntnis der Welt. Und mit der Erfahrung kommt die Erkenntnis der eigenen Werte. Ich merke, wie sich mein Blick auf das Reisen und auf das Leben schon jetzt verändert hat. Es steht nicht mehr länger nur das Abenteuer im Vordergrund. Nicht mehr nur das Ziel, möglichst viel erlebt und gesehen zu haben. Stattdessen rückt allmählich etwas anderes an diese Stelle, das ich selbst noch nicht genau benennen kann ...

Eigentlich ist es eine ziemlich simple Tatsache, dass wir nicht alles im Leben in der Hand haben. Und doch hatte mir dieser so plötzliche Tod von meiner Oma die Bedeutung dieser Tatsache noch einmal deutlich vor Augen geführt. Bis vor Kurzem noch hatte ich gedacht, ich könnte ewig so in den Tag hineinleben. Mir keine Gedanken um morgen machen. Mich mit Gelegenheitsjobs über Wasser halten und die Vorzüge des Lebens auskosten. Ich konnte alleine sein, wann ich es wollte. Und Kontakt zu Fremden, Freunden und Familie suchen, wenn ich es wollte. Mit der heutigen Technik und den vielen Kommunikationsmitteln, die sie uns schenkt – was spielt räumliche Distanz zwischen Menschen dann überhaupt noch für eine große Rolle? Nirgends mehr ist man doch heutzutage wirklich fern.

Doch plötzlich, nach diesem einschneidenden Erlebnis, wird mir die Vergänglichkeit des Lebens neu bewusst. Und ich erhasche einen flüchtigen Blick auf die wirkliche Rolle von Nähe und Distanz. Ich beginne, für mich zu realisieren: Nur auf mich selbst gestellt sein und das zu tun, was ich will – das kann nicht alles sein. Im Gegenteil! In einer Welt, in der jeder nur für sich selbst lebt, und nach seinem eigenen Vorteil handelt, ist kein Platz für andere. In so einer Welt sind wir nicht in der Lage, das zu leben, wozu wir doch von Beginn der Welt an geschaffen sind:

‚Es ist nicht gut für den Menschen, allein zu sein. Ich will ihm ein Wesen schaffen, das zu ihm passt‘ (…). Dann formte Gott, der Herr, eine Frau aus der Rippe, die er Adam entnommen hatte, und brachte sie zu ihm.

1. Mose 2, 18, 22

Gott selbst ist ein Gott der Beziehung. Und er hat die Sehnsucht nach Gemeinschaft auch in uns gelegt, als er den einen Menschen aus dem anderen und nach Seinem eigenen Bilde erschuf. Es kommt nicht mehr länger bloß darauf an, nach Unabhängigkeit zu streben, sondern darauf, in Verbundenheit zu leben.

Fast drei Jahre bin ich bereits alleine unterwegs. Fast drei Jahre ungebunden, froh und unbekümmert. Aber an diesem Tag fühle ich mich zum ersten Mal einsam.

Plötzlich wird mir klar, dass meine Handlungen, meine Worte und meine Beziehungen nicht belanglos sind: Man kann den Menschen, die man liebt, noch so oft aus der Ferne sagen, wie sehr sie einem am Herzen liegen. Aber all diese Worte sind leer, wenn auf die emotionale Verbundenheit nicht auch wieder eine räumliche folgt. Und erst wenn die eigene Herzenshaltung auch durch Taten zum Ausdruck gebracht wird, gewinnen die Worte ihre vollkommene Bedeutung.

Ich beschließe, dass es Zeit wird, langsam den Heimweg anzutreten.

Einen Monat lang laufe ich täglich die Häfen an der Küste Darwins ab. Ich hänge Zettel aus, frage in mehreren Segelklubs, Frachthäfen und Vereinen nach, ob es ein Boot gäbe, das Australien in Richtung Asien verlässt. Von dort aus möchte ich Russland erreichen und anschließend meinen Weg zurück nach Europa fortsetzen. Das ist der Plan.

Nach einem Monat finde ich ein Schiff, das jedoch erst zwei Monate später den Hafen verlassen würde. So lange will ich nicht warten. Ich muss mir also einen anderen Plan überlegen, wie ich nach Asien gelange.

MARINE STINGERS
ARE PRESENT IN
SUMMER MONTHS

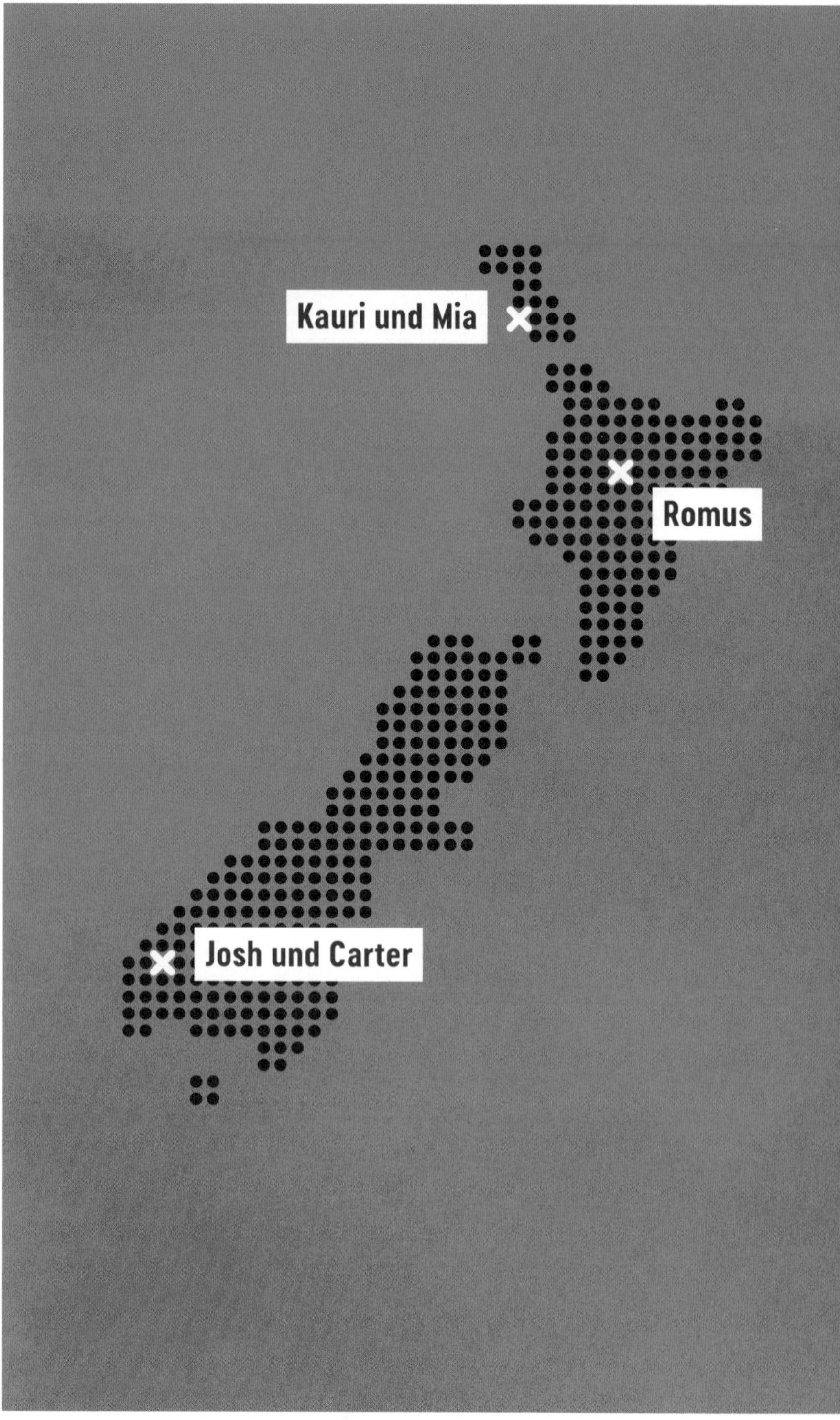
Kauri und Mia
Romus
Josh und Carter

Neuseeland
GEMEINSCHAFT IN DER FREMDE

Wie immer laufe ich mit meinem Rucksack die Straße entlang, den Daumen selbstbewusst zur Seite gestreckt. Bereit, mich ganz von einer neuen Kultur einnehmen zu lassen. Und es dauert nicht lange, da kommt sie vorbei, die neuseeländische Urkultur in Person. Knatternd kommt der grüne Van neben mir zum Stehen und der dunkle Zottelkopf eines Maori (das sind die Ureinwohner Neuseelands) springt aus dem Wagen. Kauri greift meinen Rucksack und schiebt ihn auf die Waschmaschine, die bereits den Raum auf den umgeklappten Rücksitzen des Vans einnimmt. Er fordert mich auf, zwischen Krümeln und Murmeln auf dem Vordersitz Platz zu nehmen. Vor meinen Füßen steht ein Korb mit Enteneiern. Ein weiteres Ei liegt unter dem Schaltknüppel und noch ein weiteres links von mir in der Türablage. Spinnen haben sich den Raum zwischen Frontscheibe und Armaturenbrett zu ihrem Zuhause gemacht und einige der alten Muscheln, die dort liegen, mit in ihr Netz gewoben. Kauri ist ein Naturmensch. Er nimmt das Leben nicht allzu ernst. Mit hastiger Sprache erzählt er einen Witz nach dem anderen, woraufhin ich in sein lautes Lachen miteinstimme, ohne die Pointe verstanden zu haben.

Während wir fahren, wird es spät und es fängt an zu regnen. Kauri überlegt nicht lange und nimmt mich mit zu sich nach Hause. Wir fahren eine Hofeinfahrt hinauf und vor mit tut sich ein stattliches Haus auf. Noch bevor ich es schaffe, meine Begeisterung darüber zu äußern, wird diese von Kauris Worten zurückgedrängt:

»Der Bauwagen, in dem wir wohnen, befindet sich direkt *dahinter.*« Und was hinter dem Haus liegt, begeistert mich fast noch mehr. Wir fahren auf eine große Wiese mit fantastischem Blick auf die Berge. Kühe grasen frei in großzügig abgezäunten Bereichen und nur ganz vereinzelt sieht man in der Ferne Häuser stehen, die das nächste Grundstück markieren.

Auf der Wiese steht ein blauer Bauwagen. Rechts von ihm befindet sich eine kleine Holzhütte, die Kauri und seine Frau Mia mit ihren eigenen Händen gebaut haben. In etwa 10 Metern Entfernung steht ein Plumpsklo, das Mia mit allerhand Dekoration und Pflanzen – genauer gesagt mit Marihuana – ausgestattet hat (»Kacke produziert Hitze und das Klohäuschen hat damit denselben Effekt wie ein Gewächshaus«, sagt Mia). Die beiden sind Selbstversorger, die von dem leben, was ihnen die Erde schenkt. Für das Abendessen pflücken wir aus dem liebevoll angelegten Garten alles frisch, was wir brauchen. Die beiden träumen davon, bald ihr eigenes Hostel zu eröffnen, in dem sie alle Speisen selbst frisch zubereiten.

Das Innere des Bauwagens ist mit Bildern und selbst gemachter Kunst dekoriert. Ein Schriftzug findet sich mehrmals im Raum wieder: *Be the change you want to see* (Sei die Veränderung, die du selbst sehen willst) – ein Satz, den Mahatma Gandhi gesagt und gelebt haben soll. Mia ist wie Gandhi der Überzeugung, dass, wenn wir uns alle diese Weisheit zu Herzen nehmen und danach leben würden, wie wir es selbst gerne sähen, dann wäre die Welt ein besserer Ort. Denn die Welt wird uns das widerspiegeln, was sie von uns vorgelebt bekommt. Wenn wir also eine Veränderung sehen wollen, können wir bei uns selbst anfangen. Und brauchen nicht darauf zu warten, was andere tun.

Kauri und Mia nehmen mich mit zum *Cape Reinga*, dem nördlichsten Kap Neuseelands. Immer wieder machen wir Halt an schönen Stränden und saftig grünen Weiden. Und rutschen mit dem Sandboard die gigantischen Dünen der *Te Paki Sand Dunes* hinunter. Weit und breit sind wir die einzigen Menschen inmitten dieser gelb leuchtenden Landschaft. Ich genieße die Aussicht und stehe als Gegenleistung für diesen Ausflug Model für die Website des Hostels, das Kauri und Mia hoffentlich bald eröffnen können.

DAMPF UND NEBEL

Vom Zeitpunkt meiner Einreise an erfahre ich durchweg Gutes von allen Seiten. Menschen fahren Umwege, um mich näher an mein Ziel zu bringen. Sie laden mich ganz selbstverständlich zum Essen in ihr Haus ein. Verwandte werden kontaktiert, um mir Informationen über Sehens- und Machenswertes in der Gegend zu beschaffen, man nimmt Zeit und Mühe auf sich, mir möglichst viel zu zeigen und jede Sehenswürdigkeit mitzunehmen, die geht. Die einen lassen ihre Beziehungen spielen, um mir eine Mitfahrt oder Unterkunft zu besorgen. Die anderen, um mein Gepäck unterzubringen, während ich am *Hot Water Beach* kleine Wasserlöcher in den Sand grabe. Ein heißer Wasserstrom fließt dort aus einer Quelle, angeheizt durch Geothermie (Erdwärme) nur etwa 2 Kilometer unterhalb der Erdoberfläche. Wenn ich tief genug grabe, sprudelt das heiße Wasser nach oben. Unter dem Gewicht heißer Sonnenstrahlen kann ich in meiner selbst gebuddelten Wanne, mitten am Strand, ein heißes Bad genießen.

Neuseeland liegt auf der Kante von zwei kollidierenden tektonischen Platten, was der Grund für die hohe geothermische Energie in diesem Land ist. Eine Platte schiebt sich langsam unter die andere und verursacht dadurch enorme unterirdische Hitze. Magma baut sich auf und erhitzt das Grundwasser auf immense Temperaturen. Durch enge Spalten steigt das überhitzte Wasser rasch nach oben. Nahe der Oberfläche fängt es an zu kochen und produziert Dampf. Dieser tritt in Form von lauten, dampfenden Fontänen aus: heiße Quellen, Schlammtöpfe und Geysire. Ich besuche *Craters of the Moon*, ein Teil des größten geothermischen Feldes Neuseelands. Mehrere Kilometer unter mir, tief im Erdinneren, brodelt es, während ich durch die Kraterlandschaft wandere. Rechts und links von mir steigt Dampf auf und der faulige Geruch von Schwefel steigt mir in die Nase.

Ich bin von dort zu Fuß auf dem Weg in die Stadt Rotorua, als eine junge Frau mit ihren zwei kleinen Söhnen zögerlich ihr Auto neben mir stoppt. Auch die Großmutter sitzt im Wagen. Lange haben sie im Auto hin und her diskutiert, ob sie anhalten sollen, erzählen sie mir später. Der Gedanke, jemand Fremden auf der Straße einzusammeln, war zunächst kein verlockender Gedanke. Aber ein Mädchen alleine auf der Straße zurückzulassen, schien noch weniger richtig zu sein. So gewähren sie mir doch eine Mitfahrt und wir verstehen uns prächtig. Spontan gehen wir daher gemeinsam auf einen Rummel und dort auf die Sommerrodelbahn. Wir fahren um die Wette und ich gewinne beim Herumalbern das Herz der beiden Jungs. Die junge Familie lädt mich ein, mit ihnen zu essen und bei ihnen zu übernachten. Ich darf mich im Bett des älteren Sohnes schlafen legen. Er freut sich, da er sich stattdessen zu seiner Mutter ins Bett kuscheln darf.

Als die Großmutter am nächsten Morgen wieder nach Hause in das anderthalb Stunden entfernte Taupo fährt, bietet sie mir an, mitzufahren und bei ihr unterzukommen. In der Nähe ihres Zuhauses liegt mein nächstes Ziel, der *Tongariro Nationalpark*, und so bietet sich mir die nächste wunderbare Gelegenheit.

Früh am Morgen des nächsten Tages steige ich für einen Tagesausflug in einen Bus in Richtung des Nationalparks. Ich setze mich in eine Zweierbank, in der Hoffnung, dass sich jemand neben mich setzt, der ebenfalls alleine reist und mit dem ich mein Vorhaben gemeinsam in Angriff nehmen kann. Der Plan geht auf. Als ich Romus, einen argentinischen Piloten auf Urlaub, in meine Idee einweihe und ihm erzähle, dass ich mich von der Gruppe lösen und den 2291 Meter hohen Gipfel des noch aktiven Vulkans Ngauruhoe erklimmen will, stellt er keine Fragen. Er ist dabei!

Langsam lassen wir uns vom Rest der Gruppe zurückfallen und gelangen über einen Pfad zum Fuß dieses höchsten Vulkans des Tongariro-Massivs. Es ist kalt und neblig und die Sicht ist eingeschränkt, als wir den steilen Aufstieg beginnen. Nur langsam kommen wir vorwärts. Meine Füße finden keinen rechten Halt. Überall liegt Geröll und loser Sand, der geradezu unter meinen Schuhen wegrutscht und einen heimtückischen Sog verursacht, der mich nach unten zieht. Für drei Schritte, die ich nach vorne mache, rutsche ich zwei wieder zurück. Trotz der kühlen Temperaturen glänzt mir der Schweiß auf der Stirn. Auf allen vieren arbeite ich mich an dieser steilen Wand voran. Mühsam kämpfen wir uns unseren Weg vorwärts, an großen Schneeplatten und heißen Dampffontänen vorbei, bis wir erschöpft den roten Gipfel des Vulkans erreichen. Auf der schmalen Kante des Kraters laufen wir entlang und blicken neben uns in die verschwommene, rauchende Tiefe.

Romus und ich verweilen nicht lange, denn es ist frostig und es weht ein starker Wind. Wir genießen noch einen Moment der Erholung und des Siegesgefühls, bevor wir uns wieder an den Abstieg machen. Noch immer versperrt uns der Nebel die Sicht. Unsere Orientierung ist geschwächt. Wir können kaum 10 Meter weit sehen und nur vereinzelte Blicke zwischen den dichten Nebelschweifen erhaschen, um zu sehen, was dahinterliegt. Die extreme Steigung des Vulkans und das steinige Geröll bringen uns immer wieder ins Rutschen. Ich gehe in die Hocke, um auf Schuhsohlen den Vulkan hinunterzuschlittern, an Eis und Schnee vorbei. Immer wieder verliere ich dabei das Gleichgewicht und falle auf die fest gewordene Lava. An den spitzen Ecken des Basalts schlage ich mir die Hände auf. Durch den Schwung löst sich Geröll und schlägt mir gegen die Knöchel. Ich versuche mir tapfer einen Weg nach unten zu bahnen und bin erleichtert, als meine Füße wieder festen Boden unter sich spüren.

Nach dieser Erfahrung ist der Rest der Wanderung für uns ein Klacks. Über staubige Plateaus laufen wir geradewegs auf die sagenhaft schönen Emeraldseen zu, deren Makellosigkeit uns die Sprache verschlägt. Aus dem Nichts taucht ihr smaragdgrünes Leuchten in magischer Erscheinung plötzlich vor uns auf. Und wie eine Perle in der Muschel fügen sie sich malerisch in ihre Umgebung mit ein.

Romus und ich haben dieselbe Reiseroute vor uns. Beide wollen wir nach Wellington. Beide wollen wir dort mit der Fähre zur Südinsel Neuseelands übersetzen und anschließend den Abel-Tasman erkunden – einen Nationalpark entlang der Klippen und Berge, in dem sich Sandstrand und Wald vereinen. Keine Ortschaft, kein Kiosk, nur reine, pure Natur. Über mehrere Tage und Etappen hinweg kann man den Nationalpark von einem zum anderen Ende durchqueren.

Da wir uns so gut verstehen, wollen wir uns in Wellington am Fährhafen wiedertreffen. Getrennt und auf unterschiedliche Weise gelangen wir dorthin – er mit dem Bus, ich mit dem Daumen. Fast gleichzeitig kommen wir an und setzen gemeinsam zur Südinsel über.

Die erste Etappe des *Abel-Tasman-Nationalparks* starten wir mit dem Kajak. Wir stoppen an goldenen Sandstränden, beobachten Scharen von Vögeln und Seehunde, die spielend um das Kajak schwimmen. Wir paddeln in ruhige, grünblaue Buchten und klettern auf moosbewachsene Baumstämme. Müde und hungrig kommen wir an unserem ersten Etappenziel an und freuen uns nach einer kurzen Abkühlung im Meer auf ein gutes, warmes Essen mit meinem neuen Campingkocher. Der ist so neu, dass die Box noch geschlossen ist, als ich sie aus meinem Rucksack nehme. Und sogar so neu, dass der Ultraleicht-Campingkocher noch immer im Laden steht, wie ich fassungslos feststellen muss: Man hatte mir die Box des Ausstellungsstücks verkauft. Wie ärgerlich! In diesem naturgeschützten Park ist es nicht gestattet, Feuer zu machen. Statt Reis und warmer Pasta müssen wir uns daher für den restlichen Trip mit rationiertem Dosenfisch und einer Handvoll süßen Keksen abfinden. Die nächsten Tage werden mir unfassbar lang erscheinen.

Die weiteren Etappen unserer Route laufen wir zu Fuß und entdecken dabei hinter einem schmalen Eingang eine Höhle. Im tiefschwarzen Innern der Höhle durchbrechen Tausende von Glühwürmchen die Finsternis mit ihren funkelnden Lichtern. Stille hallt uns von den glänzenden Wänden der Höhle entgegen, während wir in staunendes Schweigen gehüllt dastehen und atemlos diese Pracht bewundern.

Die Vielzahl an Menschen, die am Morgen unseres ersten Fußmarsches mit uns den Zeltplatz verlassen hatte, ist inzwischen sehr ausgedünnt und auch Romus hat bereits den Rückweg zum nächsten Flughafen und wieder zurück nach Argentinien angetreten. Der Rest der Menschen verteilt sich so sehr auf der Strecke, dass ich den Pfad fast für mich alleine habe und nur vereinzelt Wanderern begegne. Je weiter ich laufe, desto seltener werden auch diese gelegentlichen Begegnungen. Und es ist schön, abends am nächsten Etappenziel wieder manchen müden Gleichgesinnten zu sehen. Ausgehungert und ausgekühlt vom Regen, der am zweiten Tag eingesetzt hat, gelange ich vier lange Tage später mit einem Boot zurück zum Startpunkt meiner Wanderroute.

Gen Süden gehen die sandigen Küsten langsam in grüne Regenwälder über. Es ist ein fremdartiges Bild, das sich mir bietet. Hoch über dem dicht bewachsenen Regenwald ruht wunderschön, aber wie ein Fremdkörper zwischen dem Grün der *Franz-Josef-Gletscher*. Mit einem reiselustigen Mechaniker aus Wanaka fahre ich die kurvigen Serpentinen zum *Haast-Pass* hinauf an einem Flusslauf entlang. Es nieselt. Der Himmel ist grau und hängt tief über uns, klare Wolken steigen malerisch zwischen den Bergen aus den schwarzgrünen Wäldern auf. Inzwischen peitschen dicke Regentropfen gegen die Windschutzscheibe und lassen sich nur träge von den Scheibenwischern zur Seite schieben, um Platz zu machen für nachkommende Tropfen. An den Berghängen haben sich strömende Wasserfälle gebildet, die unter der Straße verschwinden, sich auf der anderen Seite mit dem Fluss vereinen und zu dessen reißender Gewalt beitragen.

Langsam lässt der Regen nach und mit dem Klima verändert sich auch wieder die Landschaft. Wälder werden ersetzt durch Felder, Berge durch Flachland und Wasserfälle durch Seen. Über Wanaka liegen Sonnenstrahlen. Es ist, als begänne ein neuer Tag.

EIN GANZ BESONDERES WEIHNACHTSGESCHENK

Viel später als geplant, verlasse ich die Stadt, um an einem entlegeneren Ort mein Zelt aufzuschlagen. Hastig laufe ich die Straße entlang, als zwei Jungs ihr Auto neben mir zum Halten bringen, um zu fragen, wo ich hinwolle.

»Nur aus der Stadt hinaus, um zu campen«, meine ich.

»Das trifft sich gut«, ist ihre Antwort. »Wir auch«.

Mit Josh und Carter fahre ich zum *Lake Mistletoe*, einem kleinen, idyllischen See, umgeben von Sumpfgebiet. Durch dichtes Gebüsch schlagen wir uns einmal um den See herum und laufen über schwammartige Sumpfpflanzen wie auf Marshmallows, bis wir ihn gefunden haben, den perfekten Ort, um unser Lager aufzuschlagen: hinter einem Hügel in einer Ausbuchtung direkt am See. Weich gebettet mit perfektem Blick auf einen klaren, reich bestückten Sternenhimmel.

Als wir am nächsten Tag wieder aufbrechen, stellt sich heraus, dass wir dasselbe Ziel im Visier haben: *Milford Sound*. Gemeinsam fahren wir zu dem Fjord, der von dem englischen Dichter Rudyard Kipling als das 8.Weltwunder gepriesen wurde. Mit dem Boot fahren wir an Felsen und sprudelnden Wasserfällen vorbei, bis zum Mund einer versteckten Bucht. Lange war sie unerkannt, bis John Grono diesen Ort im Jahr 1812 entdeckte. Beim friedvollen Anblick dieser Bucht schweifen meine Gedanken ab. Bald ist Weihnachten. Letztes Jahr habe ich Weihnachten mit anderen Backpackern in Australien verbracht. Es war ein schönes Beisammensein gewesen, aber im Grunde ein ganz normaler Tag wie jeder andere. Mit Weihnachten hatte das nicht viel zu tun gehabt.

Dieses Jahr wollte ich Weihnachten besonders werden lassen. Ich hatte mir vorgenommen, von der Liebe und Verbundenheit, die ich bisher auf meiner Reise erfahren hatte, ganz praktisch etwas weiterzugeben. Ich wollte denen helfen, die Hilfe brauchen. Mit dieser Idee komme ich ins kalte Milford Sound, einem kleinen Ort mit nichts weiter als einer Touristeninformationsstelle und einer Zapfsäule –

und gewiss keiner Möglichkeit zur Dienstleistung. Wie soll ich denn hier bitte Weihnachten praktisch werden lassen? Enttäuscht schiebe ich den Gedanken an mein geplatztes Vorhaben beiseite und wende mich wieder der Bootsfahrt zu.

Ich bin noch immer mit Josh und Carter unterwegs, als ich frühmorgens von Weihnachtsmusik geweckt werde. Schlaftrunken öffne ich den Reißverschluss meines Zeltes und blicke großen, grünen Farnen und Palmen entgegen, zwischen denen dunkle, von Moos behangene Stämme gen Himmel ragen. Unter ihnen, auf dem feuchten Boden vor dem Zelteingang, steht eine schwarze Musikbox und spielt Jingle Bells.

»Weil doch in Deutschland schon am 24. Dezember Weihnachten gefeiert wird«, grinsen mich die amerikanischen Jungs verlegen an.

Geübt packen wir unsere Zelte zusammen und stapfen durch den Wald zurück zum Auto. Immer wieder sinke ich in den weichen Boden ein. Totes Geäst ächzt unter meinen Füßen und nasses Laub beugt sich meinem Gewicht.

Mit den einzigen zehn Weihnachtsliedern in Dauerschleife, die wir auf unseren Handys ausfindig machen konnten, fahren wir zum *Mavora Lake*, einem See, der von einem der traumhaftesten Märchenwälder umgeben ist, die ich bis dahin gesehen hatte. Die hageren Bäume sind von grünem Moos bedeckt und geben mit ihrem dünnen Blätterdach genug Raum für die wärmenden Strahlen der Sonne. Der gesamte Wald ist in goldgelbes Licht getaucht und verstrahlt eine liebliche Ruhe, die nur durch das Rauschen der Blätter untermalt wird. Ohne viel zu reden, setzen wir uns auf den weichen Waldboden und genießen die Ruhe. Ich schaue mich um und mein Blick bleibt an Carter und Josh hängen. Den ganzen Morgen war ich noch immer in trauriges Grübeln über meine verlorene Weihnachts-Wohltat versunken gewesen, sodass ich nicht bemerkt hatte, wie ich mich mitten in meinem eigenen kleinen Weihnachtserlebnis befunden hatte. Keiner von uns dreien hat dieses Jahr Weihnachten mit seiner Familie verbringen können.

Keiner von uns hat dieses Jahr alleine sein wollen. Erst jetzt, hier auf dem weichen Laubboden sitzend, denke ich: Vielleicht waren dieses Jahr wir selbst diejenigen, die etwas gebraucht hatten. Und wir haben es hier in diesem magischen Märchenwald, fernab von unseren gewohnten Weihnachtstraditionen, gefunden: die Besonderheit von Gemeinschaft in der Fremde.

Ich erinnere mich daran, dass Gott selbst in der Fremde zur Welt gekommen ist. In einer Art und Weise, die niemand erwartet hatte. An Weihnachten vor vielen Jahren bekam die größte Form der Liebe Ausdruck verliehen durch die Gestalt eines Kindes. In einem Ausmaß, wie kein Mensch sie geben kann: perfekt, bedingungslos und unendlich. Diese Liebe ist Gottes größtes Geschenk für eine Welt, die ihn zu großem Teil nicht kennt oder nicht kennen will.

Aber er ist gekommen, um mit uns Menschen in Gemeinschaft zu leben. Denn darum geht es ja an Weihnachten: Der Gott der Liebe ist Mensch geworden und macht uns das Geschenk der Gemeinschaft.

DER KLANG DER STILLE

Es fasziniert mich immer wieder neu, wie aus einer Mitfahrgelegenheit so viel mehr entstehen kann als eine Autofahrt. Wie erquickend die kleinen Dinge des Lebens sein können, die man plötzlich wieder zu schätzen lernt: Dem Bauern zuzuschauen, der vor Freude und Stolz in der Brust fast platzt, weil er mich in seinem langsamen, vor sich hin tuckernden Traktor eine kurze Strecke weiterbringen darf. Der Standpauke eines besorgten Familienvaters zu lauschen, der mich im Auto mitgenommen hat, bevor es »jemand anderes« tut. Oder nun Josh und Carter beim Staunen zu beobachten, als wir durch erhabene Berge und über kristallklare Flüsse bis zu einem Gletschersee am Fuße des Giganten *Mount Cook* laufen. Wir atmen dort eine wunderbar friedliche Kälte, die vom Klang kleiner Wasserfälle begleitet wird. Lassen Steine über den See springen und schauen, wer es öfter schafft, mit einem Stein das andere Seeufer zu treffen. Die Begeisterung der beiden Jungs ist förmlich am Übersprudeln und steckt mich an.

Als wir am nächsten Morgen am Strand aufwachen, ist es kalt und nass. Nicht das gemütlichste Wetter, um unsere Zelte zusammenzupacken. Wir ziehen es vor, den Vormittag in unseren Zelten, eingekuschelt in unsere Schlafsäcke, liegen zu bleiben und uns durch geöffnete Zelteingänge und seichte Regenvorhänge hindurch zu unterhalten. Seelöwen kommen an den Strand gerobbt, werfen uns träge Blicke und ausdrucksloses Gähnen entgegen, als sie uns bemerken, und lassen sich dann ebenso gleichgültig in den Sand fallen.

Erst als der Regen nachlässt, fahren wir zu unserem letzten gemeinsamen Ziel, bevor wir uns voneinander verabschieden. Wir fahren zu *Castle Hill*, dem »spirituellen Zentrum des Universums«, wie der Dalai Lama es bei seinem Besuch 2002 nannte. Eine Vielzahl riesiger Felsbrocken, deren Herkunft bis heute ein Mysterium ist.

In das grüne Gras wurden schon etliche Wege zu den Felsen getreten. Einem von ihnen folgen wir bergauf. Die enorme Größe der Felsen nimmt zu, je näher wir ihnen kommen. Oben angekommen, klettern wir hinein, zwischen den weich geschliffenen Felsblöcken hindurch, und betreten einen sonderbaren Ort der Stille. Den Lärm der Straßen und Menschen haben wir hinter uns gelassen. Vor uns liegen nur Berge und grüngraue Weite. Ich klettere auf einen der Felsen und frage mich, ob wohl alle, die diesen Ort besuchen, ihn auch ähnlich wahrnehmen. Ich frage mich, ob es wohl immer derselbe Eindruck ist, der viele diesen Ort als »geistlich andersartig« bezeichnen lässt. Oder ob die Besonderheit des Ortes darin liegt, dass die hier gefundene Ruhe dem Menschen ein Spiegel der eigenen Gedanken ist. Ich nehme hier den Klang ausgeglichener Stille wahr. In diesen Felsen vereinigen sich Stärke und Weichheit, Leben und Tod, Jetzt und Immer in dem Moment eines einzigen Augenblickes. Und machen dem Menschen seine weltliche Vergänglichkeit gegenüber der himmlischen Ewigkeit bewusst.

Slow Down

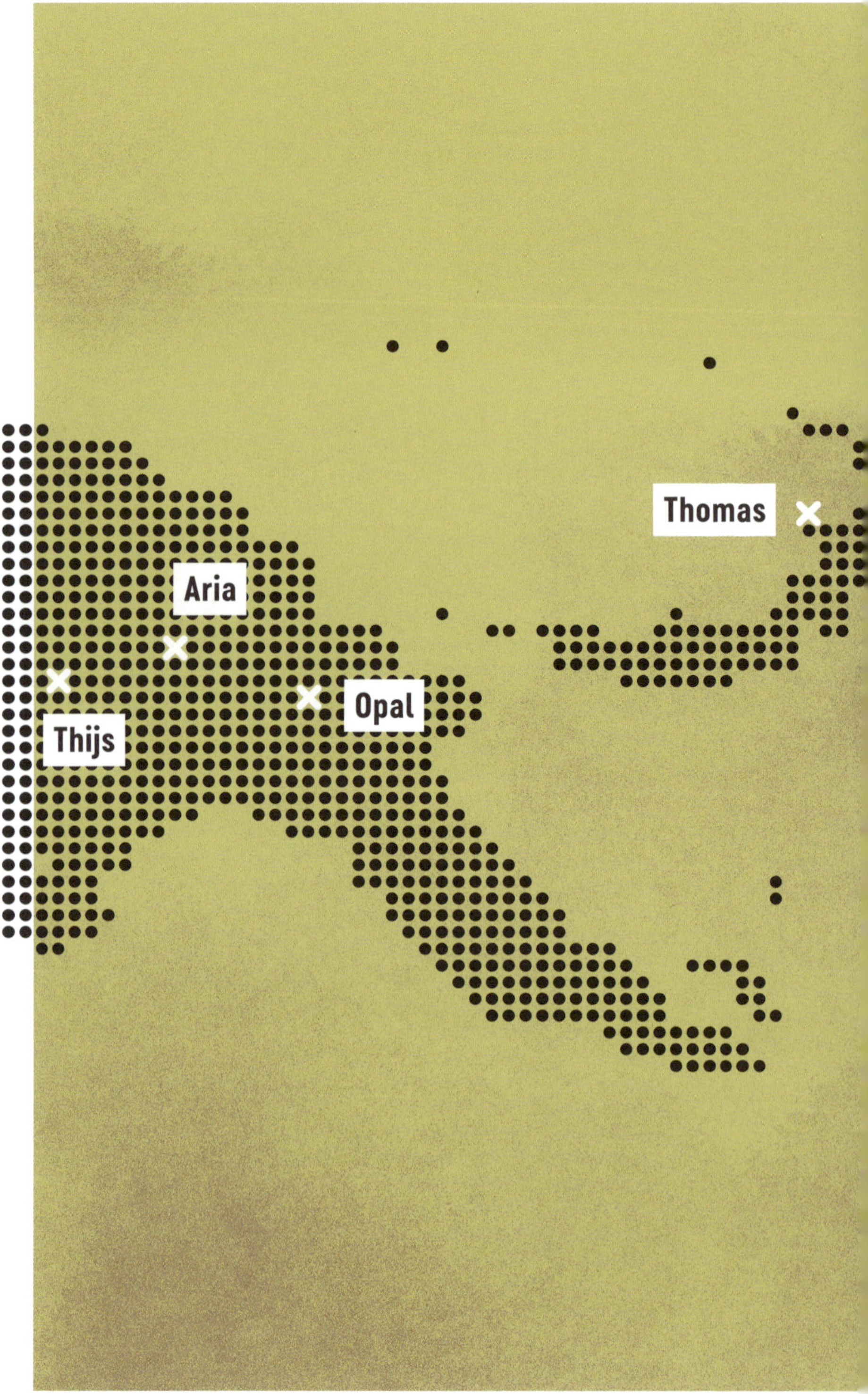
Thomas
Aria
Opal
Thijs

Papua-Neuguinea

»FOR HER SAFETY!«

Papua-Neuguinea. Der Name zergeht mir auf der Zunge, wie ein Stück Schokolade. Er löst in mir Neugierde und gleichzeitig Zögern aus. Und ruft vor meinem inneren Auge ein Bild von Kannibalen und Gefahren hervor. In Australien bin ich vor diesem Land immer wieder gewarnt worden. Es ist ein Land, das Vorbereitung erfordert und zugleich jede Vorausplanung erschwert. Denn im Internet gibt es kaum etwas über dieses Land zu finden – erst recht nicht, was das Reisen betrifft. Noch weniger das Reisen mit Rucksack. Und dennoch, oder vielmehr gerade deswegen, reizt es mich ungemein dazu, es kennenzulernen.

Für mich ist es ein Land wie ein weißes Blatt Papier. Ein leerer Fleck auf meiner mentalen Landkarte. Und es gibt keinen besseren Weg, jenem weißen Flecken Farbe zu geben, als hinzugehen und dieses Stück Erde samt seinen Bewohnern selbst zu erforschen.

ROT GEFÄRBTES LÄCHELN

Das kleine 20-Personen-Flugzeug fliegt tief, sodass ich auf dem Weg ins westliche Kiunga eine ausgezeichnete Sicht auf das erhalte, was unter mir liegt: tiefer Dschungel. Grüne Baumkronen, die dicht nebeneinander gedrängt um Sonnenlicht wetteifern. Hohe Berge, ummantelt von einer dunkelgrünen Decke aus Wäldern, die nur dort gehoben wird, wo sie den Blick auf den *Fly River* freigibt, der sich zwischen den Bäumen hindurchschlängelt. Wir fliegen immer tiefer über den bedrohlich näher kommenden Baumspitzen. Mit Schrecken stelle ich fest, dass wir uns nur knapp über den Wipfeln der Bäume befinden, als ich die kleine, staubige Landebahn entdecke, einen braunen Streifen aus Dreck, der sich da unten vor uns eröffnet.

Auf einem schlichten, aber robusten, hölzernen Ziehwagen wird mein Gepäck vom Flugzeug zu einer umzäunten Holzhütte transportiert, die das Flughafengebäude von Kiunga darstellt. Auf der anderen Seite des Drahtzaunes wartet bereits Thijs auf mich, ein holländischer Couchsurfer, bei dem ich in den kommenden Tagen wohnen werde. Thijs ist Arzt und liebt das Reisen. Deshalb kam er auch von Holland ins ländliche Kiunga, um hier seine beiden Leidenschaften miteinander zu verbinden.

Thijs lebt in einer einfachen, aber stabilen Hütte in der Nähe des Flughafens. Ich lege meinen Rucksack in seinem Wohnzimmer ab. Hier werde ich später meine Matte ausrollen und das Zimmer in der Nacht zu meinem Schlafzimmer umfunktionieren.

Gemeinsam laufen Thijs und ich in die Stadt. Der Weg, den die Einheimischen für gewöhnlich nehmen, ist seit dem letzten Regen überflutet und daher unpassierbar. Wir machen einen Umweg, schlendern durch ein Nachbardorf, waten durch den Schlamm und waschen anschließend unsere Füße in einem braunen Rinnsal, das wir soeben noch über eine Brücke aus Baumstämmen und einem Gitter überquert haben. Einheimische bleiben stehen und grüßen Thijs mit einem freundlichen »Hello Doc!«. Ihre auffällig rot gefärbten Münder strahlen uns lächelnd entgegen. Die rote Färbung kommt vom Kauen der Betelnuss, einer walnussgroßen, bitteren Frucht der Arecapalme. Wenn man diese mit den richtigen Zutaten (Betelpfeffer und Löschkalk) einnimmt und kaut, verspürt man einen kurzen Rausch, ein Höhegefühl. Betelnuss wird hier an jeder Ecke verkauft. Das Kauen ist Tradition und Zeitvertreib. Überall trägt der Boden Spuren von ausgespuckter, roter

Breimasse. Thijs und ich gehen auf den Markt, auch ich will die Betelnuss probieren. Ich öffne die Schale und entnehme den Kern. Den Betelpfeffer tauche ich in Löschkalk, beiße ab und beginne zu kauen.

Kauen, spucken, kauen, spucken. Die Masse färbt sich rot, wird weich und flüssig. Mein Mund füllt sich mit Speichel, gleichzeitig fühlt er sich unglaublich trocken an.

Kauen, spucken – Schluss damit. Augenblicklich spüre ich Schwindel aufkommen und mir wird schlecht. Es ist etwa dasselbe Gefühl, das ich habe, wenn ich Tabak rauche.

Einheimische entdecken Thijs und kommen auf uns zu. Sie halten zuerst ihm, dann mir ihre Hände hin. Mit zwei ihrer Finger haken sie meinen gekrümmten Zeigefinger ein. Dann ziehen sie ihre eingehakten Finger ruckartig zurück, sodass beim Auseinanderziehen ein Schnipsen entsteht. Sie wiederholen das Ganze ein zweites Mal. Das soll Glück bringen. »Einmal für dich und einmal für mich«, sagen sie.

Kiunga ist klein, heimelig und anders als alles, das ich kenne. Aber der wahre Grund, weshalb ich hier bin, ist nicht das Dorf selbst, sondern Thijs und sein Beruf. Als Tropenarzt geht er regelmäßig auf Patrouillen entlang des *Fly Rivers*. Oft geht er über mehrere Tage oder Wochen hinweg kleine Dörfer besuchen, die zu weit von Kiunga entfernt sind und daher keinen Zugang zu medizinischer Versorgung haben. Seine Arbeit als Arzt ist wichtig und gut für die Kranken, aber langfristig wird sich nichts ändern, wenn er sich nur auf die Behandlung einzelner Patienten konzentriert, sagt Thijs. In nachhaltige Verbesserungen muss investiert werden! Daher ist ihm der Ausbau von sogenannten Hilfsposten vor Ort wichtig. Das sind Stellen, die erste medizinische Hilfe auch für entlegenere Dörfer verfügbar machen, für die das nächste Krankenhaus oft weit entfernt ist. Derzeit sind diese Hilfsposten nicht voll funktionsfähig, da es an Medikamenten, Ausrüstung und Personal mangelt. Thijs beschäftigt sich bei der Arbeit daher bewusst auch auf die Ausbildung von Mitarbeitern und muss dabei sehr weise vorgehen. Denn die einheimischen Mitarbeiter haben schon viele Ärzte aus dem Ausland kommen und gehen sehen. Und Thijs möchte nicht einfach nur ein weiterer lästiger Arzt sein, der ihnen sagt, was sie falsch machen.

»Die Menschen müssen einen erst kennenlernen«, sagt er. »Man kann nicht einfach von außen kommen und den Leuten sagen, was sie ändern sollen. Zuerst muss man verstehen, warum die Dinge vor Ort so sind, wie sie sind, und dann kann man beginnen, Verbesserungsvorschläge zu machen.«

Das kostet Zeit und Geduld. Bis entsprechende Mitarbeiter ausgebildet sind, wird Thijs daher weiterhin entlegene Dörfer besuchen und ärztlich versorgen müssen. Und genau deshalb bin ich hier. Genau da will ich mit.

In einem schmalen, motorbetriebenen Holzboot fahren wir mit zwei einheimischen Helfern durch die engen Ausläufer des *Fly River* flussaufwärts. Als wir anlegen, werden wir bereits von dem Oberhaupt des Dorfes erwartet. Wir schleppen die Medizinkoffer und Kisten durch hohes Gras einen Berg hinauf bis in den schönen Ort Drimdenasuk. Als wir dort ankommen, liegt ein großes Feld aus roter Erde vor uns. Hochgewachsene Palmen umgeben das Feld. Zwischen ihren Stämmen stehen auf Stelzen kleine Holzhütten mit Strohdächern. Darunter findet man Schatten und im Innenraum Schutz vor lästigen Kriechtieren. Rechts an dem Feld vorbei laufen wir zum Hilfsposten des Dorfes und gehen direkt an die Arbeit. In einer kleinen Hütte bauen wir die Krankenzimmer auf: Einen Raum für Allgemeinuntersuchungen, einen speziell für Malaria und einen für HIV – zwei der häufigsten Erkrankungen hier. Nach und nach kommen die Einheimischen aus ihren Hütten zusammen. Es hat sich herumgesprochen, dass wir angekommen sind.

Thijs und sein Team starten mit einer Aufklärung über die Malaria-, HIV- und Tuberkulose-Erreger und deren Ausbreitung. Eindrücklich erklären sie auch, wie man sich am besten vor diesen

Krankheiten schützen kann. Während anschließend alle Anwesenden ihr Krankenbuch abgeben und einer nach dem anderen vor der Hütte darauf wartet, aufgerufen zu werden, schlendere ich durch das Dorf. Unter einem schattenwerfenden Baum sitzt eine Frau, die selbst gedrehte Zigaretten und kleine Würstchen am Spieß verkauft. Weitere sitzen in einer Reihe daneben, verkaufen gegrillte Maiskolben, kleinere Snacks und Süßigkeiten. Ein riesiges Wildschwein wird von den Männern herangetragen. Es wird in Stücke gehauen und zum Verkauf auf dem Markttisch in der Dorfmitte präsentiert. Roh liegt es da, während Frauen und Kinder mit Plastikbändern wedeln, um zu verhindern, dass sich Fliegen darauf niederlassen.

Ich komme mit einer jungen Mutter ins Gespräch, die bruchstückhaft Englisch spricht, und frage, ob sie mich im Dorf herumführen würde. Das tut sie sehr gerne. Die junge Frau erklärt mir, dass das rote Feld in der Mitte des Dorfes ein Fußball- und Volleyballfeld ist. Es besteht lediglich aus rotem Staub und einer von rechts nach links gespannten Schnur. Weitere Frauen schließen sich uns an. Sie bringen mir einen Regenschirm, damit ich meine helle Haut vor der Sonne schützen kann, und Zuckerrohr als süße Erfrischung. Wir laufen durch den Palmenwald an den Holzhütten vorbei, an der Schule und der Kirche und lassen uns im Schatten eines hochgewachsenen Bambusstrauches nieder. Zwei Frauen verschwinden und kommen kurze Zeit später mit einer Plane wieder – sie wollen nicht, dass ich auf dem dreckigen Boden sitzen muss. Ich bin beeindruckt von ihrer Aufmerksamkeit und Gastfreundschaft.

Ihre Sprache *Tok Pisin*, auch bekannt als Pidgin-Englisch, klingt nach einem Englisch, das von einem Deutschen aufgeschnappt und niedergeschrieben wurde (zum Beispiel wird das englische Wort *Talk* im Deutschen wie *Tok* ausgesprochen, und in *Tok Pisin* (engl. *Talk Pidgin*) entsprechend geschrieben). Schnell habe ich den Dreh raus und kann zumindest grob verstehen, um was es geht. *Tok Pisin* ist eine beschreibende Sprache, keine faktische. Ein Begriff wie *Klavier* wird auf ihrer Sprache als »großer Kasten, er hat weiße Zähne, er hat schwarze Zähne, wenn man ihn schlägt, schreit er auf« beschrieben. Als ich eine der Frauen frage, wie groß ihr Dorf sei, meint sie: »Verglichen mit anderen Dörfern groß, aber verglichen mit größeren klein.« Das macht Sinn. Zwar bringt es mich zunächst nicht weiter, aber vielleicht enthält diese Antwort mehr Inhalt, als es scheint. Denn vielleicht spielt die genaue Zahl überhaupt keine Rolle und ich bin es nur zu sehr gewohnt, Dinge und Umstände in Zahlen zu messen.

Ich stelle den Frauen alle möglichen Fragen und beantworte ihre. Es gibt so vieles, das sie weder glauben noch fassen können.

»Gemüse wird bei uns im Supermarkt gekauft.«

»Im Winter wird es so kalt, dass Schnee vom Himmel fällt.«

Gespannt hören sie zu.

»Tz tz tz«, schütteln sie ungläubig den Kopf. »Tz tz tz tz …«

Während ich noch erzähle, ist Schulschluss und eine Gruppe kraushaariger Kinder schart sich um mich. Still stehen sie da und starren mich an. Die Mutigeren streichen laut kichernd über mein helles, glattes Haar. Sie selbst und ihre Mütter haben kurze Haare. Das ist pflegeleichter und weniger anfällig für Flöhe.

»Sieht anders aus, hm?«, wende ich mich lächelnd den Kindern zu. Schnell ziehen sie ihre kleinen Händchen zurück und drehen sich glucksend weg.

Am Nachmittag, als das Ärzteteam und ich uns auf dem Rückweg zum Boot befinden, sehen wir eine ältere Dame im Fluss ihre Kleider waschen. Interessiert gehe ich auf sie zu. Mit ihren zwei Kleinen steht sie am Fluss. Eines der Kinder sitzt in einem Netz.

»Sik« (krank), sagt sie. Na wie gut, dass wir Ärzte bei uns haben. Unsere Ärzte zögern nicht lange und machen einen Malariatest – er ist positiv. Sie lassen dem kranken Kind Medizin zurück, wir verabschieden uns und machen uns mit dem Boot wieder auf den Weg nach Kiunga.

VON BRAUTKAUF UND TRAUERGESANG

Früh am nächsten Morgen stapfen wir mit schläfrigen Augen einem einheimischen Vogelexperten tiefer in den Regenwald hinterher. Das dichte Blätterdach lässt kaum Sonne durch. In der Dunkelheit weichen wir Pfützen aus und springen über schwarze Wurzeln, von denen sich eine als braune Boa entpuppt. Blutegel finden ihren Weg durch Hose und Socken und saugen sich an meinen Beinen fest, bis sie voll und gesättigt wieder von mir ablassen. Dann bleibt der Experte stehen und zeigt nach oben. Zwischen all den grünen Bäumen sieht man einen kahlen Ast. Dort wird er erscheinen, der Vogel, auf den wir warten. Wir stellen das Teleskop auf und legen uns mit dem Fernrohr auf die Lauer. Sogar mit dem bekannten Naturforscher David Attenborough war er schon hier, erzählt uns der Vogelexperte, um die Wartezeit zu überbrücken.

»Er hatte seine Kameraleute hier, hier und da.« Mit seinen langen Fingern zeigt er in verschiedene Richtungen. »Dort hoch sind sie geklettert und haben sich ein kleines Baumhaus eingerichtet, um dort tage- und nächtelang filmen zu können.« Er lacht, als er sich die Bilder wieder vor Augen ruft.

Und dann erscheint er: der Paradiesvogel, das selten gesehene Nationalsymbol von Papua-Neuguinea. Sein schriller Ruf lässt uns nach oben schauen, wo er auf seiner Bühne sein langes, buntes Federkleid präsentiert. Auf und ab hüpfend dreht er sich im Kreis und zeigt sich uns in seiner Pracht. Das Schauspiel dauert nur wenige Sekunden. an. Dann verschwindet der Paradiesvogel wieder mit einem lauten Schrei, bis er morgen früh an derselben Stelle denselben Tanz wieder vollführen wird.

Auch wir wollen tanzen – und tun das im Dorfpub von Kiunga. Der Pub ist voll und euphorische Einheimische drücken uns von allen Seiten Dosenbier in die Hände. Die Musik dröhnt. Man beginnt *Two Step* zu tanzen und zieht uns mit auf die Tanzfläche. Die simplen Schritte sind schnell gelernt und werden von uns bis zum Abwinken getanzt. Eine gut gelaunte Reinigungskraft tanzt mit dem Wischmopp über die Fläche und genießt die Aufmerksamkeit und den Beifall der belustigten Menge. Der Mopp wird bald zum Limbostab umfunktioniert und sorgt im Pub für großes Vergnügen.

Am nächsten Morgen reise ich weiter in die Highlands (Hochland), ins Zentrum Papua-Neuguineas. Weil die Straßen so weit nicht ausgebaut sind, nutze ich das Flugzeug und komme mit zwei Stunden Verspätung am Flughafen in Mount Hagen an. Von meinem einheimischen Couchsurfer, mit dem ich vor Wochen zum ersten Mal Kontakt aufgenommen habe, ist keine Spur zu sehen. Seit zwei Tagen versuche ich bereits erfolglos, wieder mit ihm in Kontakt zu treten, doch auch jetzt gelingt mir das nicht. Ich setze mich vor dem Flughafengebäude auf meinen Rucksack und rufe ihn erneut an. Endlich antwortet jemand am anderen Ende der Leitung und bittet mich, zum 30 Minuten entfernten Marktplatz zu kommen. Ich stehe auf und laufe in Richtung Straße, um herauszufinden, wie ich zum Marktplatz komme. Oder zumindest, in welcher Richtung sich dieser befindet. Aber ich muss nicht lange rätseln. Drei Damen, die mich vor dem Flughafen haben sitzen sehen, haben sich ein Herz gefasst und kommen auf mich zu. Sie kichern und schütteln mir freundlich die Hand. Als ich sie nach dem Weg zum Marktplatz frage, zögern sie nicht. Die Dame, die als Einzige von den dreien ein paar Brocken Englisch spricht, nimmt mich am Arm und bringt mich kurzerhand persönlich zum Marktplatz.

Dort angekommen, nimmt mich die sechsköpfige Familie des Couchsurfers in Empfang und bringt mich in ihr Zuhause. Es ist nur ein paar Stationen mit dem Bus entfernt, am Rande von Mount Hagen. Über eine kleine Leiter klettern wir in ihre Holzhütte. Diese besteht aus einem Raum, in dem gegessen und gelebt wird. Zwei weitere Räume schließen sich an, beide gerade groß genug für das Bett, das jeweils darin steht. Die Familie überlässt mir einen der beiden Nebenräume mit Bett. Der Rest der Familie schläft gemeinsam in dem Bett im anderen Zimmer oder auf der hölzernen Couch im Essbereich. Die Toilette befindet sich zehn Schritte entfernt gegenüber des Hütteneingangs. Über ein Loch in der Erde wurden zwei Holzplanken gelegt, die in der Mitte einen etwa 20 Zentimeter breiten Spalt freigeben. Um das Loch herum wurden zwei Blechwände aufgestellt, die anderen beiden Wände bestehen behelfsmäßig aus Stoffen.

Zusammen mit der Oma der Familie laufe ich nach einem Ausflug auf einen Berg wieder ins Tal hinab. Immer wieder begegnen uns Leute, die stehen bleiben, lächeln und unsere Hände schütteln wollen.

»Das Mädchen wollte auf den Berg, also sind wir auf den Berg«, erklärt die Großmutter stolz. Während wir laufen, staune ich über die Einfachheit dieses Landes. Mir gefallen die simple Sprache und die Kreativität, die sich in den kleinen Dingen wiederfindet. Der Erfindergeist, der aus Mangel resultiert und genau diesen Mangel dadurch außer Kraft setzt. Selbst an den entlegensten Ecken hat jemand eine Decke ausgebreitet, einen breiten Sonnenschirm darübergespannt, Betelnüsse, Zigaretten und weitere Kleinigkeiten ordentlich darauf arrangiert und betreibt so einen kleinen Marktstand. Viele Frauen, die uns entgegenkommen, tragen ihren dunklen Damenbart mit Stolz. Ihre Kinder erziehen sie als gesamte Kommune. Dadurch nennen die Kinder mehrere Menschen *Mama* und *Papa*. Vor allem als mir diese Tatsache noch nicht bekannt war, führte das zu Komplikationen, wenn ich versuchte, ihre Familienstrukturen nachzuvollziehen.

An einem Seil führt ein Mann sein Schwein spazieren. Schweine haben hier eine ganz besondere Stellung: Als vor unserem Haus eine Streiterei geklärt werden muss, übergibt die Familie, die ins Unrecht geraten ist, der Familie, an der sie schuldig wurde, zur Wiedergutmachung ein Schwein. Auch Brautpreise werden mit Schweinen bezahlt. Nachdem Brautpreise in Mount Hagen so sehr in die Höhe getrieben worden waren, dass es für junge Männer unmöglich war, eine Ehefrau zu bekommen, ist im Jahr 1956 ein Standardpreis von 30 Schweinen festgelegt worden.

Mit Aria, der Mutter der Familie, fahre ich gerade durch die Dörfer, als wir im Bus von einer Beerdigung in Arias ehemaligem Heimatdorf in den Bergen erfahren. Sofort machen wir uns auf den Weg dorthin. Am Ende einer Lehmstraße setzt uns der scheppernde Bus ab und wir gehen zu Fuß weiter. Wir marschieren durch platt getretene Gräser, gehen Hügel hinauf und hinab, überqueren Flüsse, laufen an Gärten und anderen Dörfern vorbei, bis wir in jenes Dorf kommen. Schon von Weitem ereilt uns das Klagegeschrei. Der gesamte Stamm hat sich versammelt und immer mehr Freunde und Verwandte treffen an der Klagestelle ein. Die Familie der Verstorbenen sitzt im Freien auf dem Boden. Links davon trauern die Männer, rechts die Frauen, die sofort auf Aria und mich zukommen, uns innig umarmen und laut heulend begrüßen. In einer Hütte ist der Körper der Verstorbenen, der Tochter der Familie, aufgebahrt, und gibt die Möglichkeit, Abschied zu nehmen. Wir drücken Hände und setzen uns zu den Frauen im Hintergrund, wo gedämpfte Unterhaltungen stattfinden. Kinder springen umher und werden gelegentlich ermahnt, wenn sie zu laut und waghalsig werden. Taschen werden geöffnet, gekochte Bananen und Erdnüsse ausgepackt und freundschaftlich geteilt. Immer wieder flammt in harmonischen Melodien das Wehgeschrei der Familie auf, der Stamm stimmt ein und der Gesang gewinnt an Kraft und Vehemenz. Im Gesang und in der Stille werden Trauer und Schmerz der Familie geteilt und uneingeschränkte Unterstützung ausgedrückt.

Einer Dame neben mir ist kalt. Ich biete ihr meine Jacke an, die sie dankend annimmt. Als wir uns später zum Gehen verabschieden, trägt die Dame wie selbstverständlich meine Jacke, ohne die Absicht, sie zurückzugeben. Also überlasse ich sie ihr.

»Das ist hier normal«, erklärt Aria mir später. »Allen gehört alles. Wenn man etwas nur verleihen und später wieder zurückerhalten möchte, muss man es direkt zu Beginn dazusagen.«

Da Aria ursprünglich aus diesem Dorf kommt, will sie mir ihren Garten zeigen, den sie hier noch besitzt und pflegt. Also wandern wir tiefer in die Berge hinein. Wir nehmen Abkürzungen und dringen gebückt durchs tiefe Dickicht des Urwaldes, schreiten an vereinzelten Hütten vorbei und waten mit hochgekrempelten Röcken und Hosen durch eiskalte Flüsse, bis wir Arias makellos gepflegte Süßkartoffel- und Erdnussplantage erreichen. Eine kleine, runzlige Dame kann ihr Glück kaum fassen, als sie mich sieht. Eine weiße Frau in ihrem Dorf! Ganz aufgeregt kommt sie aus ihrer Hütte auf mich zugelaufen. Barfuß, mit Ketten um den Hals und schweren Stofftaschen, die um ihre Stirn gebunden über ihren Rücken baumeln. Ich höre ihre Rufe und gehe ihr entgegen. Als sie mich erreicht, jauchzt sie laut auf und ihre kleinen, alten Hände umgreifen meine Hüfte. Liebevoll streicht sie über meine Wange und meine Arme und ist ganz außer sich vor Freude. Was für eine wunderschöne Begegnung in diesem Land, vor dem ich wegen seiner Kannibalen und lauernden Gefahren gewarnt worden bin.

ÜBERSTÜRZTE ABREISE

An der Haltestelle vor dem Markt steige ich frühmorgens in den Bus. Die Busschreier versuchen lauthals Leute für sich zu gewinnen, denn wir können erst losfahren, wenn der Bus voll ist. 4 Stunden, 3 Schlägereien, viele Straßenverkäufer und »Hallo-weiße-Frau« später setzen wir uns endlich in Bewegung.

Wir fahren durch die Highlands. Rechts von uns entfalten sich prachtvolle Berge. Ihre Oberfläche schimmert wie Samt. Tiefe Schluchten sind von grünem Gewächs, Palmen und hohen Bananenstauden überzogen. Reißende Flüsse sprudeln unter uns, als wir mit dem Bus über die Holzbrücke brettern. Immer wieder zeigen sich Abschnitte von Plantagen, in geordneten Reihen angelegt und bebaut. Einheimische laufen barfuß die Straße entlang, tragen die Ernte auf die Märkte, wo sie diese sauber und ordentlich präsentieren werden. Schweine stehen am Wegesrand. Kleine Dörfer und Häuser zeugen von Leben in den hintersten Ecken der

Highlands. Einheimische essen und dösen im Freien, schauen den Bussen nach und halten die Hand zum Gruß nach oben.

Kurz nach der Abfahrt läuft ein Mann durch die Reihen, um Geld für die Fahrt einzusammeln. Ich bin mir nicht sicher, wie viel eine Fahrt kostet. Selbstsicher strecke ich ihm daher einen Schein entgegen, der auf jeden Fall reichen sollte. Und warte vergeblich auf das Rückgeld. Ich erkundige mich bei den anderen Mitfahrern nach dem Preis und bekomme von vier verschiedenen Leuten vier verschiedene Beträge genannt – alle jedoch weniger als das, was ich gezahlt hatte. Ich frage beim Geldeintreiber nach, doch der verschwindet wortlos. Die Mitfahrer, die davon mitbekommen haben, werden von einer Art Beschützerinstinkt ergriffen. Jeder scheint sich an der plötzlich losbrechenden Debatte beteiligen zu wollen, bis man mir gibt, was mir zusteht. Oder zumindest einen Teil davon.

Noch vor meinem Ziel frage ich nach, ob der Fahrer mich anstelle der Stadtmitte am Flughafen rauslassen könne. Es macht den Anschein, als stiege hier ohnehin jeder ein und aus, wo es beliebt. Aber der Betreiber, wahrscheinlich noch immer verärgert wegen der Geldgeschichte, verneint, was zu einem erneuten Protest im Bus führt.

»For her Safety!« (Für ihre Sicherheit!), rufen sie und die Diskussion ist wieder entfacht.

Vor den Toren des Flughafens werde ich schließlich abgesetzt, und verabschiede mich dort von den 30 winkenden Passagieren.

Am Flughafen hole ich Opal ab, eine weitere Couchsurferin. Sie arbeitet in einer Mine auf einer anderen Insel und fliegt zu diesem Zeitpunkt zum Heimaturlaub nach Hause. Durch Opal gelange ich nach Henganofi, ein traditionelles Dorf in den Bergen. Der Bus hält an der Straße, wo unerwartet großes Treiben herrscht. Die bunten Regenschirme der Marktstände stehen im Kontrast zum dreckigen Grau der Straßen. Opal und ich kaufen Zutaten für traditionelles *Mambu* ein und wandern zum Dorf hinauf. Am Ende einer kleinen Ansammlung von Rundhäusern mit Strohdächern machen wir halt. Cousinen und Familienmitglieder sind schon vor

Ort und begrüßen uns herzlich. Während der Rest der Familie vor der Hütte bleibt, gehen Opal und ich ins Innere, einem einzigen, großen, runden Raum, der von einer Öllampe erhellt wird. Auf der linken Seite des Raumes liegen sauber geordnet Matratzen und Decken. Auf der rechten Seite sitzt auf dem Boden neben großen Töpfen Opals Mutter, die bereits alles Nötige zum Kochen von *Mambu* vorbereitet hat. Gemeinsam rühren wir eine Masse aus Ingwer und grünen Kräutern an, rollen diese zusammen mit Hühnerknochen in ein größeres Blatt ein, und stopfen die Päckchen in handflächenbreite Bambusrohre, die zu einem Ende hin offen sind. Das wiederholen wir so oft, bis die Rohre gefüllt sind. Dann verschließen wir die Öffnung mit einer Plastiktüte und lassen die Bambusrohre über dem Feuer garen. Immer wieder werden die Rohre gedreht, damit sie kein Feuer fangen. Während wir darauf warten, dass aus einem Ende der Rohre Rauch dringt und damit das Zeichen gibt, dass das Innere gar ist, erzählen Cousinen und Cousins Geschichten bis zum Abwinken. Selbst die Kleinsten sind dabei, lachen, tanzen und zeigen uns ihr selbst gebasteltes Spielzeug aus Ästen und Steinen.

Nicht lange nach Sonnenuntergang gehen wir schlafen, im Matratzenlager auf der linken Seite der Hütte, zusammen mit vielen anderen Familienmitgliedern.

Früh am nächsten Morgen gehen wir Frauen im Fluss in fußläufiger Nähe des Hauses baden. Gerne würde ich danach ein bisschen herumschlendern und die nähere Umgebung auskundschaften, doch es wird mir nicht erlaubt. Im Dorf sind Streitigkeiten ausgebrochen und die Familie, die mir nicht von der Seite weicht, fürchtet, ich könnte darin verwickelt werden. Durch einen Hinterweg werde ich von den besorgten Damen aus dem Dorf begleitet, um die betrunkenen und Streit suchenden Männer zu umgehen.

So sicher ich mich auch fühle, ich bekomme auf meiner Reise doch die ein oder andere Auseinandersetzung mit. Während meines anschließenden Aufenthalts in Madang brechen dort blutige

Aufstände aus. Ich kenne die Hintergründe nicht, mir wird gesagt, es seien zwei Stämme, die schon seit Langem miteinander kämpfen. Ein Lehrer wurde geköpft, was die gegnerische Bande wiederum dazu verleitet hat, jegliche Zugänge zu sauberem Trinkwasser zu blockieren. Meine Couchsurfer empfehlen mir, die Stadt zu verlassen – gerade noch rechtzeitig, bevor der Aufruhr einige Stunden später die Schließung der Bus- und Flughäfen nach sich zieht.

DIE BEGRABENE STADT

Sanft lässt die Abendsonne ihre Strahlen über die wohlgeformten Berge schweifen, als ich hoch nach Rabaul auf die Insel New Britain fliege. Dunkle Schatten liegen zwischen den Bergen in den Tälern, die von rot leuchtenden Straßen durchzogen sind. Auf dem Meer liegen vereinzelt Boote, um zu fangen, was später auf dem Markt verkauft werden kann. Es ist bereits dunkel, als ich mit dem Bus in Rabaul ankomme, wo ich mir für die Nacht ein Hostel gebucht habe. Auf einem Markt an der Haltestelle brennen noch Lichter. Interessiert schaue ich mich um. Schon kommt ein junger Mann angelaufen, der sich mir als mein Guide (Stadtführer) anbietet. Auf der Insel ist es als Ausländer gut, einen Guide zu haben, wurde mir gesagt. Einfach nur der Sicherheit wegen. Und weil man als Ausländer nicht einfach überall herumschlendern darf, wo man das vielleicht gerne täte. Außerdem gibt es mir die Gelegenheit, die Einwohner damit finanziell zu unterstützen. Ich lade den jungen Mann also zum Abendessen ein. Anschließend bringt er mich zum Hostel und wir verabreden uns für den nächsten Morgen.

Der nächste Morgen kommt, der junge Mann leider nicht. Über Thijs erhalte ich die Kontaktdaten eines anderen, vertrauensvollen Guides namens Thomas. Ich kontaktiere ihn, denn ich möchte hoch zu den Vulkanen. In der kommenden Nacht schlafe ich schlecht. Für den Aufstieg zu den Vulkanen hatte ich Proviant in Form von frischem Obst und Keksen eingekauft. Gut und mehrfach verpackt habe ich diesen in meinem Rucksack versteckt, doch die Mäuse und Ratten haben ihn trotzdem entdeckt. Laut quiekend und fauchend streiten sie nachts darum. Durch ihre Kämpfe werde ich wach. Von meinem Holzbett aus greife ich nach links, wo sich mein Rucksack befindet, und schlage kräftig darauf. Mit einem Satz springen die Nager aufgeschreckt heraus und trippeln geräuschvoll davon. Dabei ziehen sie ihre langen Schwänze hinter sich her. Dann ist es still. Doch wenige Minuten später beginnt der Kampf erneut.

Als der Mond noch am Himmel steht, räkle ich mich aus meinem Bett. Mit der Taschenlampe leuchte ich auf meinen Rucksack, in dem jetzt ein riesiges Loch prangt. Ebenso in den Tüten. Ein Teil der Kekse fehlt. Ich stehe auf und wandle schlaftrunken zur Dusche. Die dünne Brettertür quietscht, als ich sie öffne. Aus einem großen Wasserfass schütte ich mir zum Wachwerden mit einem Schöpfeimer kaltes Wasser über den Körper. Dann gehe ich zurück ins Zimmer, packe das, was von den Keksen noch übrig ist, erneut ein und verlasse das Hostel. Es ist Stromausfall in Rabaul. In der Dunkelheit und Kühle der Nacht treffe ich Thomas und wir marschieren los. Die Straßen sind leer und unser Gang wird nur von den Sternen begleitet, die hell leuchtend über uns stehen. Schnellen Schrittes eilen wir aus der Stadt hinaus und dem entgegen, was früher das Zentrum von Rabaul war. Damals, bevor es im Jahr 1994 unter dem sauren Ascheregen der beiden Vulkane *Tavurvur* und *Vulcan* begraben wurde. Wir laufen durch die *Mango Avenue*, die einstige Haupthandelsstraße der Stadt, aufgebaut von Deutschen, heute verschüttet unter Asche und Dreck. Von der einstigen Betonstraße oder den Geschäften keine Spur. Nur noch die Säulen der alten Zementfabrik deuten auf das hin, was für Thomas heute noch rege Erinnerung ist. Als Balljunge auf dem Golfplatz direkt unter den Vulkanen hörte er damals einen gewaltigen Knall. Er zögerte nicht lange, als er die Rauchsäule aufsteigen und größer werden sah. Alles ließ er stehen und liegen, ließ einen lauten Schrei los und fuhr mit den anderen aus der Stadt, bis sie sich in Sicherheit wägten. Von dort mussten sie ohnmächtig zuschauen, wie Haus und Hof, Plantagen und Existenzen zugrunde gingen. Für immer.

Das Meer kocht vor Hitze und ich sehe den Vorteil, den sich die Einheimischen damals zunutzen gemacht hatten, ihr Gemüse in der kochenden See zu garen. Es riecht nach Schwefel, als wir über Ascheberge und fest gewordenes Magma klettern, den steinigen Kegel des *Tavurvur* hinauf, bis wir oben stehen und in den Schlund des Feuerdrachen schauen. Thomas ruft dem Geist *Volcano* beschwichtigende Worte zu.

»Mutter Natur kann keiner entkommen. Wenn sie spricht, muss alle Kreatur sich beugen«, meint er in Gedanken, und an seinem Blick erkenne ich, dass sich das Szenario von damals vor seinem inneren Auge gerade erneut abspielt.

EINE FARBPALETTE AN ERFAHRUNGEN

Ich liebe es, wie mein weißes Blatt Papier nach und nach Farbe gewinnt. Warme Farben, die für das Lachen und die Herzlichkeit dieses Landes sprechen. Knallige Farben für die strahlende Natur, von der ich einfach nicht genug bekomme. Weiche Farben für die scheue Neugier und den höflichen Respekt, der mir entgegengebracht wird.

Papua-Neuguinea ist ein buntes Land mit freundlichen Bewohnern. Statt bissigen Eingeborenen treffe ich auf interessierte Einheimische. Inmitten vermeintlicher Gefahr auf Hilfsbereitschaft und Fürsorge. Statt Verständnislosigkeit treffe ich auf eine Sprache, die meiner eigenen ziemlich ähnelt.

Und wie bei allem im Leben scheint mir jetzt, da das Fremde nicht mehr fremd ist, der Blick nach hinten so fern. Das Zögern vor dem, was ich nicht kannte und das mir jetzt so vertraut ist, so hinfällig. Der kahle Fleck auf meiner Landkarte existiert nicht länger. Ihm wurde Farbe gegeben und ein Gesicht.

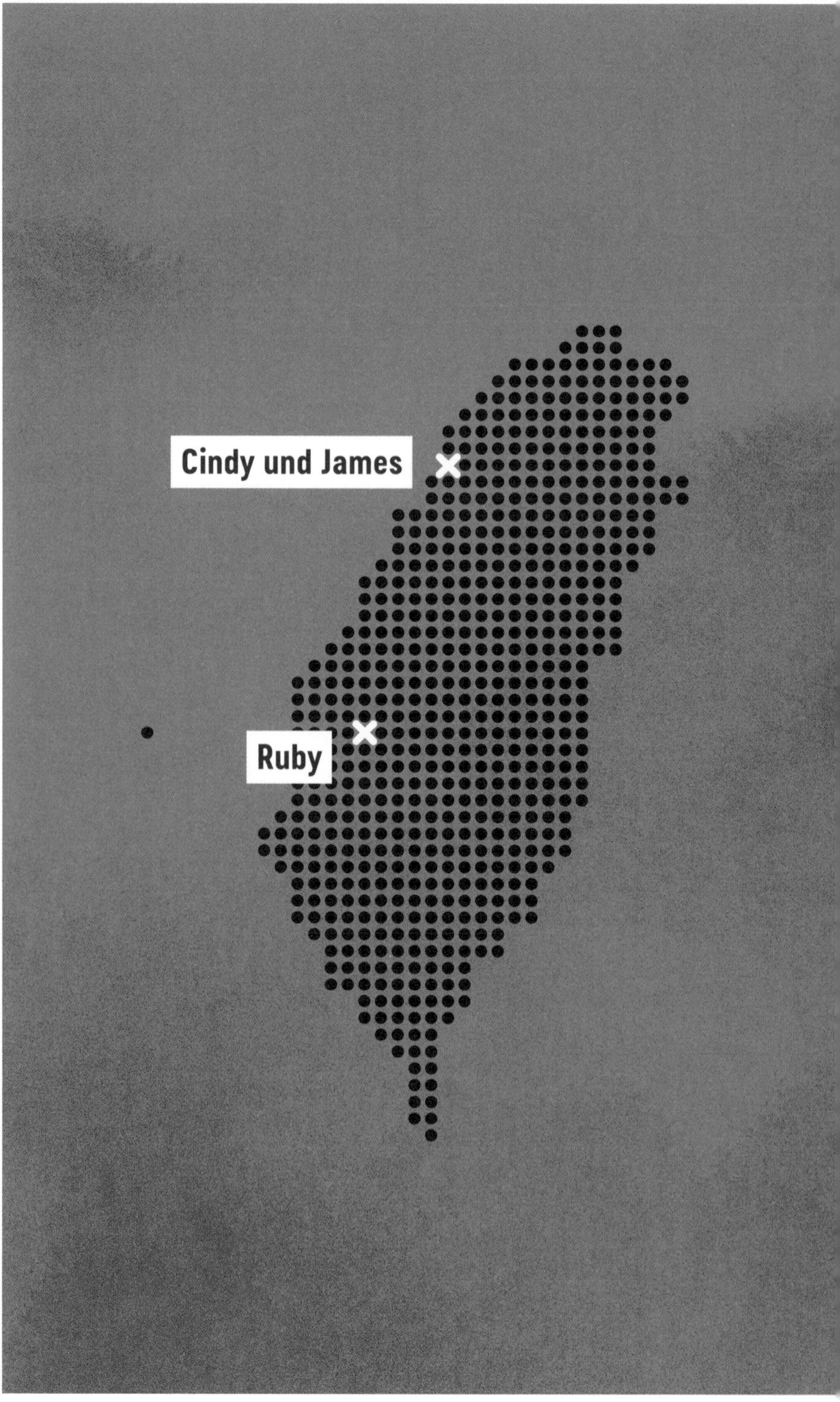
Cindy und James
Ruby

Taiwan

DIE SPRACHE DES LÄCHELNS

Unbekannte Zeichen leuchten bunt von großen Reklameschildern, unverständliches Geschnatter dringt von außen an mein Ohr. Wie eine unbeteiligte Zuschauerin laufe ich durch die Straßen, schaue, ohne zu sehen, höre, ohne zu verstehen. Das Taipei 101, der einst höchste Wolkenkratzer der Welt, ragt hoch zwischen Häusern und Bäumen empor und heißt mich in seiner enormen Größe willkommen in Taiwan.

Ein Mann hält vor mir am Seitenstreifen und lässt das Fenster herunter. Auf Taiwanesisch ruft er mir eine Frage entgegen.

»Nach Hsinchu«, antworte ich auf Englisch und hoffe, dass es die richtige Reaktion auf seine Frage war. Er versteht nicht. Redet auf Taiwanesisch auf mich ein, worauf ich wieder auf Englisch antworte. Wir reden, lassen einander aussprechen, hören einander zu und wiederholen dann freundlich unsere eigenen Sätze. Nur diesmal ein bisschen lauter, als wäre lediglich das Erheben unserer Stimmen nötig, um diese Mauer der Sprachdifferenz zu durchbrechen. Noch immer weiß ich nicht, wo der Herr tatsächlich hinfährt. Aber ich riskiere es und setze mich ins Auto. Angespannt hoffe ich, dass er die Ausfahrt Richtung Süden nehmen würde und nicht die Richtung Norden. Tut er. Ich atme auf. Wir reden. Versuchen durch minimale Gesten der Sprachbarriere ihre Macht zu nehmen, was nicht recht funktionieren will. Also reden wir uns auf Sprachen an, die wir nicht verstehen. Einfach nur um die Stille zu füllen. Wir wissen beide, dass wir keine Ahnung haben, was der andere redet. Und so lachen wir einfach zusammen. Denn diese Sprache versteht jeder.

Als ich wieder am Straßenrand stehe, stellt sich mir ein Paar als Cindy und James vor. Ich bin mir ziemlich sicher, dass das nicht ihre echten Namen sind, viele hier scheinen einen selbst ausgewählten englischen Namen zu haben. Die Familie mit dem achtjährigen *fetten Henry*, wie ihn seine Eltern liebevoll nennen, spricht zwar bruchstückhaft Englisch. Dennoch zögern sie keine Minute, augenblicklich auf ihren beiden Handys *Google Übersetzer* herunterzuladen, damit wir miteinander kommunizieren können. Eine amüsante Fahrt liegt vor mir. Henry erzählt mir, wie doof Schule ist, und dass er viel lieber Gameboy spielen würde. Und mit den Eltern rede ich über die extreme Hitze und darüber, wie gut Urlaub tut. Sie nehmen mich bis zur nächsten Autobahnauffahrt mit und setzen mich dort ab. Prompt kommt ein Transporter angefahren, der mich eindringlich zu sich winkt. Wild gestikulieren die beiden Fahrer herum. Hier könne ich nicht bleiben, versuchen sie mir mittels *Google Übersetzer* verständlich zu machen. Ich verstehe nicht. Habe ich ein Schild übersehen? Ist es verboten, hier neben der Straße zu stehen? Oder dürfen auf diesem Streifen keine Autos halten? Ich weiß nicht, was sie mir zu verstehen geben wollen. Energisch rennen sie herum. Ein Telefon wird gezückt und ein junger Mann erklärt mir in taiwanesischem Akzent durch den Hörer, dass sich die beiden Jungs entschuldigen, dass sie mir keine Mitfahrt anbieten können. Sie seien auf dem Weg zur Arbeit und wollen mich nur ungern in der Hitze stehen lassen. Ich muss lachen. Das war ganz schön viel Aufwand für eine simple Entschuldigung. Ich nehme die Flasche Wasser dankend an, die sie mir entgegenstrecken, und wende mich dem Fahrer des nächsten Autos zu, das bereits angehalten hat. Er fährt genau dorthin, wo ich hinmuss. Was für ein toller Zufall.

Das war kein Zufall, finde ich wenig später heraus. Der gutmütige Fahrer will mir nur einen Gefallen tun, indem er mich bis an die letzte Straße hier in den Bergen fährt. Von dort muss ich selbst weiter. Zu Fuß, um zu jenem Ort zu gelangen, an dem ich heute Nacht mein Zelt aufschlagen will.

Doch ich kann den Anfang des Weges nicht finden, der mich durch den Wald führen soll. Ich frage andere Spaziergänger, werde hin- und hergeschickt, laufe vor und zurück. Ich habe schon zu viel Zeit verloren, die ich jetzt schleunigst gutzumachen versuche, um nicht später im Dunkeln im Wald hängen zu bleiben. Aber keiner kennt den Ort, an den ich will, und kann mir helfen. Dann, versteckt hinter einem Picknicktisch, erkenne ich nach langem Suchen zwischen zwei großen Büschen eine Lücke – den Eingang zum Wanderweg. Es ist noch früher Mittag, als ich zu laufen beginne, doch die Zeit ist bereits weiter fortgeschritten als geplant. Ich nehme jede Abkürzung, die ich finden kann. Ich denke nicht viel nach und renne, wie ich nur kann. Ich muss es schaffen, vor Einbruch der Dunkelheit mein Ziel zu erreichen, damit ich nicht im Wald, wo es kein Wasser gibt, zurechtkommen muss. Ich klettere über Wurzeln, hangle mich daran vorwärts und streife durchs Gras. Ich hieve meinen Rucksack die erdigen Hügel hinauf, immer weiter in den Wald hinein und schmale Pfade entlang, bis ich auf einer Lichtung stehe. Auf einem Felsen verschnaufe ich und wische mir die Schweißperlen von der Stirn. Hier kreuzt sich der Weg. Ich weiß nicht, welche Richtung ich nehmen muss. Hölzerne Schilder weisen in verschiedene Himmelsrichtungen. Auf ihnen stehen chinesische Zeichen. Hilflos versuche ich mich an die Zeichen zu erinnern, die mein Ziel beschreiben, doch die Zeit sitzt mir im Nacken. Seit mehreren Stunden bin ich bereits unterwegs und es beginnt langsam zu dämmern. Ich muss schnell entscheiden und handeln. Überstürzt eile ich den offensichtlich öfter belaufenen Weg hinauf, halte dann inne und kehre um. An meinem ersten Tag in Taiwan hatte mir ein Mädchen fürs Trampen den Namen des Ortes in der Landessprache auf ein Blatt Papier geschrieben. Ich durchforste meinen Rucksack und finde den Zettel in einer Seitentasche. Ein Zeichenabgleich zeigt: Der andere Weg war meiner. Adrenalin durchströmt mich. Fast wäre ich falsch gelaufen! Schnell renne ich in die andere Richtung. Ich eile den Hang hinunter, der nicht mehr ist als ein Haufen Erde, neben dem es rechts und links steil bergab geht. Ich klettere an Wurzeln hinunter, seile mich daran ab, stolpere, stehe auf und hetze weiter. Ich bin unsicher, überprüfe auf dem GPS-Gerät regelmäßig, ob ich mich tatsächlich meinem Ziel nähere – als ich plötzlich die weißen Spitzen der Bäume des *Shuiyang Forest* entdecke. Ich halte inne.

Der *Shuiyang Forest* ist ein Wald von solcher Schönheit, dass ihn viele als *gefallenen Himmel* bezeichnen. Entstanden ist er durch einen Erdrutsch nach einem großen Erdbeben im Jahr 1999. Lange Zeit stand der Wald damals unter Wasser und starb nach und nach ab. Die Bäume verloren ihre Nadeln und Äste und das Bild verwandelte sich zu einem Wald aus hochgewachsenen, kahlen, weißen Stämmen. In der Mitte ruht ein grüner Tümpel, in dem sich die atemberaubende Landschaft ganz friedlich im Wasser spiegelt. Hier, das hatte ich mir in den Kopf gesetzt, wollte ich campen.

Es ist bereits dunkel, als ich unten am Tümpel ankomme. Gespannt darauf, welcher Anblick sich mir am nächsten Morgen bieten würde, schlage ich auf einer Landzunge mein Zelt auf und lege mich schlafen.

Ein schreckliches Kreischen und Heulen weckt mich am Morgen. Ich kann es nicht einordnen, nicht sagen, wie nah oder fern sich das Geräusch befindet. Langsam öffne ich mein Zelt und sehe gerade noch schreiende Affen auf allen vieren davonlaufen, bevor es wieder still um mich wird. Ein wunderbar ruhiger, kühler Morgen ist angebrochen. Ich schöpfe Wasser aus dem Tümpel, um mein Gesicht zu waschen. Kaulquappen in allen Wachstumsstadien schwimmen herum, kleine Frösche hocken auf abgebrochenen Ästen. Libellen sitzen auf heißen Steinen und auf meiner Zeltplane, bereit, sich von ihrer alten Haut zu trennen und ihr zu entschlüpfen. Es herrscht eine erquickende Stimmung von Umbruch und

Neugeburt inmitten dieses toten, weißen Waldes. Inmitten des gefallenen Himmels.

Der Rückweg ist genauso erschöpfend wie der Hinweg. Andere Wanderer, denen ich mich unterwegs anschließe, nehmen mich mit in die nächstgelegene Stadt. Ich bin zu müde, um direkt weiterzutrampen, und will die Gelegenheit nutzen, um das Campen auf Schulhöfen auszuprobieren, das in Taiwan so wunderbar klappen soll. Als ich mich zu Fuß auf den Weg zur nächsten Schule mache, hält eine junge Frau an, Ruby, um mich auf ihrem Roller ein Stückchen mitzunehmen. Mit Rucksack bepackt schwinge ich mich auf, worauf der hintere Teil des Rollers merklich absackt. Ruby sagt nichts. Blitzartig setzt sie uns in Bewegung und ich kann mich gerade noch halten, um durch den Ruck und das Gewicht meines Rucksacks nicht nach hinten gerissen zu werden.

Ruby kennt die Schule, zu der ich will, und betritt mit mir den Schulhof. Eine Handvoll Erstklässler spielen Basketball und ihre Mütter schauen ihnen jubelnd dabei zu. Ich komme mit den Frauen ins Gespräch und erkläre ihnen, weshalb ich die Schule aufgesucht habe. Wenn sie meine Anfrage verwunderlich finden, lassen sie sich das nicht anmerken. Gemeinsam rufen sie für mich die Leiterin der Grundschule an, die genehmigt, dass ich auf dem Gelände campiere. Ich wähle mir eine Bank neben dem Sportplatz aus, lege meine Sachen darauf ab und suche die Umkleidekabinen auf, um mich an einem der kleinen, kniehohen Waschbecken frisch zu machen. Auf dem Sportplatz wird es ruhiger. Die Kinder gehen nach und nach mit ihren Müttern nach Hause. Ein Hausmeister kommt vorbei und schaut nach dem Rechten. Es stört ihn nicht, dass ich es mir inzwischen auf der Bank gemütlich gemacht habe. In meinen Schlafsack gekuschelt, sitze ich da und komme ins Nachdenken: Ich bin bereits in Asien. Langsam nähere ich mich Europa immer mehr an. Mehr als drei Jahre lang koste ich nun schon die Unabhängigkeit und Freiheiten des Alleinreisens aus.

Nach so langer Zeit des Fernseins stellt man sich vor, wie es wohl sein wird, wenn man wieder zuhause ist, und all die Menschen wiederzusehen, die man so lange nicht gesehen hat. Wieder ein festes Bett zu haben. Eine Routine. Arbeit und Wochenende.

Das Leben in seinen vielen Facetten und Farben bringt so viele unterschiedliche Wünsche in mir hervor. Sitze ich am Meer oder am See, in den Bergen oder Wäldern, in der Stille der Nacht oder dem Treiben der Stadt, im Frieden der Einsamkeit oder der Gesellschaft freundlicher Fremder, dann scheint es mir unvorstellbar, je zu dem zurückzukehren, was für viele bereits Alltag ist. Ich frage mich, wie dieser Alltag für mich aussehen könnte. Ob ich wirklich in der Lage sein würde, das hier aufzugeben für ein Leben, das mir aktuell noch so fern scheint?

ÜBERNACHTUNG AUF DEM MOND

Ausgeschlafen und fit mache ich mich am nächsten Morgen direkt auf den Weg weiter in Richtung Süden. In drückender Hitze laufe ich bald wieder die Landstraße entlang, in viel zu langen Hosen. Dieser Rucksack, der sich mit jeder Minute schwerer anfühlt, staut die Hitze an meinem Rücken gewaltig an. Ich hoffe mit jedem Schritt, mich weiter aus der Stadt zu entfernen, aber weder Geschäfte noch Geschäftigkeit scheinen weniger werden zu wollen. Große Straßen laufe ich entlang, die sich kreuzen und in mehrere kleine Straßen teilen. Malerische Gassen führen mich unter einer Brücke hindurch und schließlich doch ans östliche Ende der Stadt. Kaum halte ich meine Hand von meinem Körper weg, um zu signalisieren, dass ich eine Mitfahrgelegenheit suche, hält direkt ein Auto. Ein Händler hatte mich einige Kilometer zuvor bereits an seinem Holzbodengeschäft vorbeilaufen sehen und daher nicht lange zögern müssen, als er mich sah. Er bringt mich zur Autobahn und setzt mich vor der nächsten Auffahrt ab. Wie üblich stelle ich mich an den Straßenrand, den Daumen in Richtung Straße gestreckt. Viele Autofahrer kommen näher, drosseln das Tempo, aber scheinen verunsichert darüber, was ich denn wolle. Stattdessen fahren sie langsam, aber ohne zu halten, an mir vorbei. Ich bleibe standhaft, versuche mein Vorhaben an verschiedenen Stellen der Straße und komme doch wieder zu meinem Ausgangspunkt zurück. Drei Taiwanesen kommen aus einer Saftbar auf mich zugelaufen und verwickeln mich in ein Gespräch. Sie zeigen mir ihre Bar und machen Fotos mit mir. Interessiert stellen sie immer wieder dieselben Fragen: Ob ich denn wisse, wo ich hinwolle und was ich denn dort machen wolle. Immer wieder gebe ich dieselben Antworten, dass ich genau wisse, wo ich hinwolle und dass ich gerne dort campen wolle. Die Zeit vergeht, weitere Fragen folgen. Ich werde ungeduldig. Sollte doch eigentlich schon längst wieder an der Straße stehen, um weiterzutrampen, bevor es noch dunkler wird. Dann vernehmen meine erschöpften Glieder den rettenden Satz: »Wenn ich darf – ich bring dich hin!«

Ich weiß nicht, woher diese ganze Freundlichkeit kommt. Ich bekomme allerlei Säfte, Tees und Wasser in die Hand gedrückt. Einer der Männer, die auf mich zugekommen sind, will es sich plötzlich nicht mehr nehmen lassen, mich zur *Tianliao Moon World* zu fahren, die ich seit Stunden so unbedingt zu erreichen suche. Nur 20 Minuten später sind wir dort und laufen eine Runde um die zerfurchten Lehmberge, die tatsächlich etwas Mondähnliches an sich haben. Von einer Erhöhung schauen wir auf die runzligen Felsen hinab, an deren Fuß sich kleine Seen gebildet haben. Orangenes, warmes Licht hebt einzelne Kuhlen gesondert hervor und lässt andere in dem düsteren Abgrund der Dunkelheit zurück. Die schwarzen Silhouetten kleiner Bäume vor den beleuchteten Bergen verleihen dem Ganzen eine außerirdische Atmosphäre.

Danach verabschiedet sich der Mann und geht wieder seiner Wege. Und ich – schlage im Schutz eines Mondkraters glücklich mein Lager auf. Wie jeden Abend hole ich meinen Campingkocher hervor. Heute Abend gibt es Reis mit Suppengrün und den letzten Karotten, die ich noch übrighabe. Während das Wasser über der blauen Flamme zu sieden beginnt und der Topfdeckel sich langsam hebt, blicke ich mich um und staune. Dieses Land ist so voll von Naturschönheiten. Ob der Trubel der Hauptstadt, das Gewimmel ihrer Nachtmärkte, die friedliche Atmosphäre der Tempel, die Stille der Wälder oder die Erhabenheit der Berge – alle versetzen mich in Staunen. Aber es sind Taiwans Offenheit und kuriose Freundlichkeit, die das Land fröhlich und liebenswert machen. Nicht selten bekomme ich Mitfahrten auf Rollern angeboten – auch, wenn ich nicht den Daumen rausstrecke. Ein Taxifahrer will es sich nicht nehmen lassen, mich quer durch die Stadt zur Autobahn zu bringen, obwohl er weiß, dass ich nicht bezahlen kann. Und im Bus werden mir zweimal die Fahrtkosten erlassen, obwohl ich dem Busfahrer eine Handvoll Münzen entgegenstrecke. Als ich ihn bitte, den korrekten Betrag anzunehmen, zieht er nur eine kleine Silbermünze heraus – mehr zu meiner Zufriedenheit als zu seiner eigenen.

Güte macht keinen Halt vor Grenzen – weder vor kulturellen noch ethnischen, rassenbezogenen oder sprachlichen. Und Sprache, so merke ich immer wieder, ist so viel mehr als einfach nur Worte. Der eine nimmt in Kauf, sich zum Affen zu machen, während er mit vollem Körpereinsatz etwas zu erklären versucht; der andere hilft mir mit einer schlichten Handbewegung, den richtigen Weg zu finden, anstatt mit einer ähnlichen Handbewegung verächtlich das Gespräch zu beenden; der Nächste zeigt mir wie ein Kind mit den Fingern die Zahl seines Alters, anstatt sie in seiner eigenen Sprache immer und immer zu wiederholen, ohne zu erkennen, dass einer selbst die einfachsten Worte nicht verstehen kann, wenn er dieser Sprache nicht mächtig ist. In solchen Situationen wird mir wieder bewusst, dass eine gemeinsame Sprache nicht notwendig ist, um Menschen verschiedener Herkunft miteinander zu verbinden. Denn Sprache ist so viel mehr als einfach nur Worte.

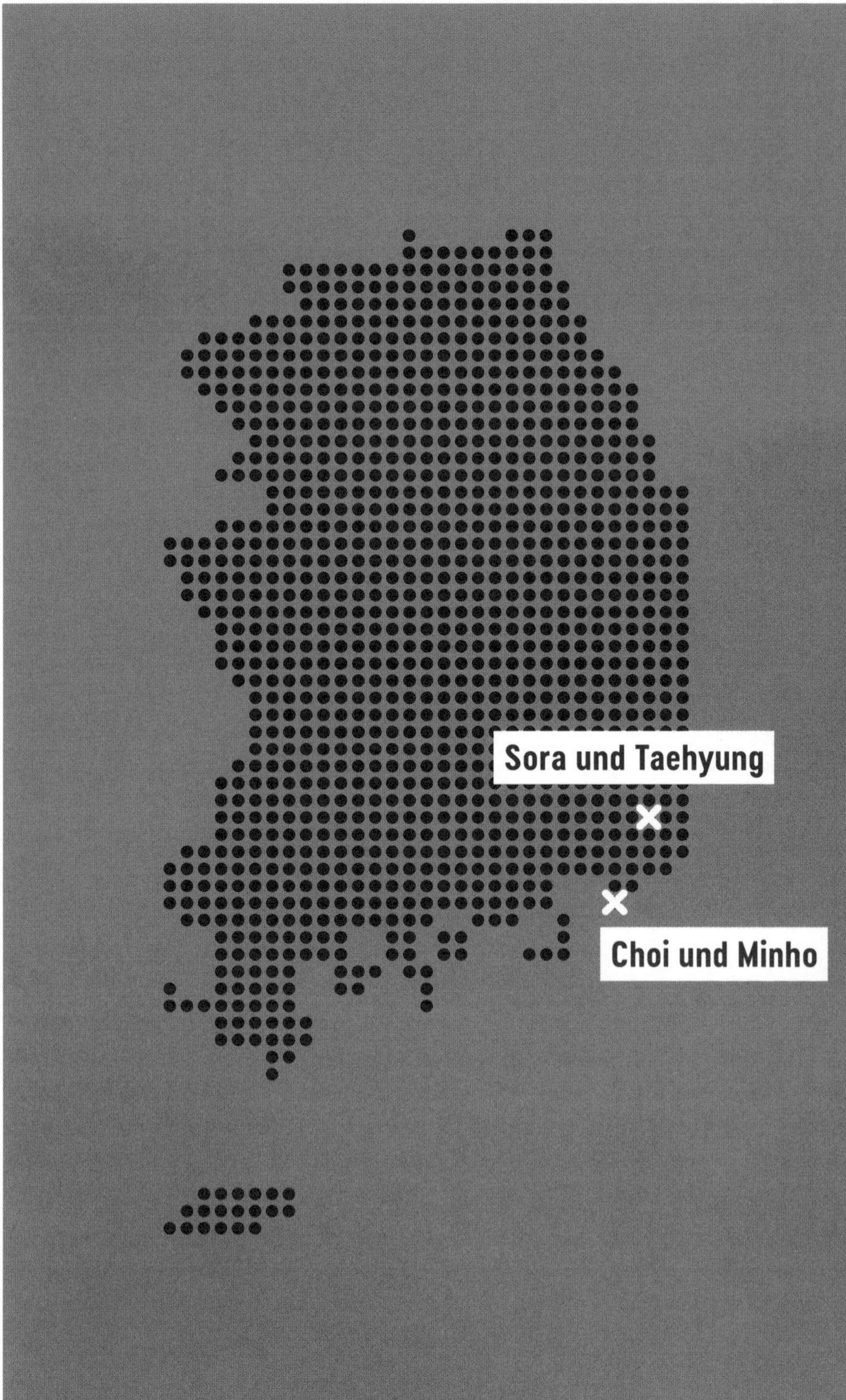
Sora und Taehyung
Choi und Minho

Südkorea

LIEBENSWERTE ANDERSARTIGKEIT

Es fällt mir schwer, in Worte zu fassen, was es genau ist, das die Besonderheit dieses Landes für mich ausmacht. Es verstrahlt keinen besonderen Charme, ist nicht besonders herausgeputzt und die meiste Zeit, während ich hier bin, liegt ein weißer Dunst über dem Land.

Es sind nicht nur die Begegnungen mit den Einwohnern, denn so herzlich diese sind, so schnell sind sie auch wieder vorbei. Es ist nicht nur die Natur, denn so schön diese ist, vieles davon habe ich in ähnlicher Weise bereits woanders gesehen.

Und dennoch ist etwas in diesem Land besonders, dennoch mag ich Südkorea.

DIE LETZTE STATION WIRD DIE ERSTE SEIN

Ich laufe durch die Innenstadt von Seoul, der Hauptstadt Südkoreas. Selbst kleine Gassen sind hier breiter als gewöhnlich, weder eng noch bedrängend. Und auch die Atmosphäre strahlt Ähnliches aus. Menschen begegnen mir offen und hilfsbereit, und doch lässt man Raum für den andern.

Immer wieder treffe ich mitten in der Stadt auf kleine Oasen der Erholung: Eine Anhäufung von Bäumen, die die Hochhäuser dahinter vergessen lässt. Ein hölzerner Tempel an einer betondominierten Kreuzung. Weiche Wasserströme rechts und links von Fußwegen und Spielplätzen. Im Hintergrund die Berge, die, wie lange man auch auf sie zulaufen mag, in weiter Ferne bleiben. Geschäftsmänner in adretten Anzügen hetzen über Zebrastreifen oder sitzen in ihrer Mittagspause mit der Tageszeitung auf einem der metallenen Hochstühle der Schuhputzer. Diese harren bereits wartend in ihren kleinen Containern aus, schlafen oder rasieren sich, wenn sie keine Kunden haben, und polieren eifrig Lackschuhe, wenn jemand ihre Dienste in Anspruch nimmt.

Da ich schon so nah bin, will ich dem Nachbarland Nordkorea noch näher kommen. Ich mache es mir einfach und gehe auf den Grenzposten zu, der in die Demilitarisierte Zone zwischen Nord- und Südkorea (DMZ) führt. Ich bin noch nicht dort angekommen, als mir sogleich drei junge Soldaten entgegenrennen.

»No no no!«, rufen sie mir entgegen. »You cannot walk here, Miss. You have to turn around!« (Sie können hier nicht laufen, Miss. Sie müssen umdrehen!), meinen sie mit bestimmtem, wenngleich empathischem Tonfall. Es war einen Versuch wert, aber ich darf keinen Schritt weiter und drehe um. In der unweit entfernten Stadt Imjingak komme ich gerade noch rechtzeitig an, um an der letzten geführten DMZ-Tour an diesem Tag teilzunehmen – auf Koreanisch.

In einem Bus fahre ich mit zwanzig Südkoreanern über die von hohen Stacheldrahtzäunen eingefasste Grenzbrücke in die DMZ zum *Dora-Observatorium,* dem nördlichsten Aussichtspunkt des Südens mit Blick in Richtung Nordkorea. Durchs Teleskop werfe ich einen Blick auf das Propagandadorf Gaeseong. Eine seltsame Atmosphäre weht auf. Es fühlt sich sonderbar an, fast unwirklich, einen Blick in dieses Land zu werfen, das man von der Außenwelt abgeriegelt hat. Mit dem Fernglas fahre ich die Straßen ab. Sie sind menschenleer. Alles ist wie ausgestorben, eine leere Hülle. Obwohl ich auf einen Industriekomplex direkt vor mir starre, höre ich keine Geräusche herüberhallen. Sehe keine Maschinen, keine Autos auf den Straßen. Keine Menschenseele ist zu sehen. Die einzige

Bewegung, die ich ausmache, geht von einer großen, roten Fahne aus, die still vom *KiJung Dong Tower* weht, wie der letzte stehende Mast eines verlassenen Kriegsschiffes.

Die DMZ wurde am 27. Juli 1953 nach einem dreijährigen Krieg zwischen Nord- und Südkorea als Ergebnis eines Waffenstillstandsabkommens gebildet und stellt eine etwa 4 Kilometer breite, innerkoreanische Grenze dar. Trotz des Abkommens gräbt das nordkoreanische Militär darunter geheime Tunnel in Richtung Seoul, um in günstigem Falle nach Südkorea eindringen zu können. Neben den vier Tunneln, die bisher entdeckt wurden, geht man von vielen weiteren, noch unentdeckten Tunneln dieser Art aus. Der dritte bisher gefundene Tunnel ist mit 1,6 Kilometern Länge und einem Durchmesser von 2 Metern der größte Tunnel. Er ist groß genug, um innerhalb einer Stunde 30 000 voll bewaffnete Soldaten von einem Ende zum anderen zu bringen.

Am südkoreanischen Ende dieses Tunnels stehe ich jetzt. In einem Metalldetektor werde ich durchleuchtet, meine Wertsachen muss ich am Eingang zurücklassen. Kameras sind nicht erlaubt. Dann laufe ich bergab in ein schwarzes, mit kalt flimmernden Neonlichtern gespicktes Loch. Die Decken kommen näher und ich laufe gebückt weiter, während mir von oben das Wasser in den Nacken tropft. Mehr als einmal schlage ich mir den Kopf an, und mit jedem Mal wird mir der von den Betreibern in weiser Voraussicht mitgegebene Helm ein immer besserer Begleiter.

In 73 Metern Tiefe und nach einer Strecke von 265 Metern ist der weitere Zugang versperrt. Eine schwere Metallwand und Stacheldrahtzaun blockieren den Weg. Ich bleibe stehen und starre auf die Wand. Augenblicklich überkommt mich ein Gefühl des Missfallens über dieses prompte Ende, bevor mir jäh der Ernst dieser Lage bewusst wird. Dieser Tunnel ist nicht einfach eine touristische Attraktion. Diese Tour nicht einfach nur Show. Ihr Bestehen basiert auf einer erschreckenden Realität. Hier herrscht keine Verbundenheit, sondern Feindschaft und Krieg. Der Zugang ist versperrt, der Tunnel unter Wasser gesetzt, um ein Eindringen der nordkoreanischen Truppen nach Südkorea zu verhindern.

Schon oft habe ich über das Konzept von Grenzen nachgedacht. Grenzen können hilfreich sein, indem sie Sicherheit geben und Struktur. Ländergrenzen ermöglichen zum Beispiel den Schutz vor Eindringlingen und eine geregelte Ein- und Auswanderung. Grenzen im menschlichen Miteinander geben einen Rahmen, sodass die Bedürfnisse aller Beteiligten besser verstanden und Beziehungen gestärkt werden können. Doch all dies ist nur eine Seite der Medaille. Die Kehrseite ist: Grenzen können Trennung schaffen, eine Unterscheidung zwischen *uns* und *euch*. Wir und die anderen.

Ich frage mich, wie viele Grenzen heute einen schützenden Zweck erfüllen. Und wie viele Grenzen nur noch der Ausgrenzung dienen. Was wäre, wenn keine Grenzen nötig wären?

Wären wir dann überall zuhause?

»Über diesen Tunneln liegt die DMZ, das Land des Lebens und ewigen Friedens. Wo wilde Tiere in Harmonie leben«, heißt es in einem Video. Hoffnung auf paradiesähnliche Harmonie und Wiedervereinigung – das sind der Geist und die Worte, die mir während dieser Tour immer wieder und überall begegnen. So auch an der *Dorasan Station*, einer Bahnstation in der Mitte der DMZ. Diese Station ist das Mittelstück einer Bahnlinie, die auf direktem Wege zwischen Seoul in Südkorea und Pjöngjang in Nordkorea verläuft. Ihr Bau ist abgeschlossen, aber die Station ist bisher noch nicht zum Einsatz gekommen. Solange es nicht zu einer Vereinigung kommt, steht die *Dorasan Station* als Symbol für die Teilung. Und soll im Falle der Wiedervereinigung das verbindende Tor zwischen Norden und Süden sein. An der Station hängt ein Plakat mit der hoffnungsäußernden Aufschrift:

**Dies ist nicht die letzte Station des Südens,
sondern die erste Station in Richtung Norden.**

TRAMPEN AUF KOREANISCH

Weiter nach Nordkorea vorzudringen, wird mir leider nicht gestattet. Daher kehre ich aus der DMZ nach Südkorea zurück.

Als ich das erste Mal mit ausgestrecktem Daumen an der Straße stehe, starren mich die Fahrer an. Nicht gaffend, sondern verwundert. Manche heben zögerlich die Hand zum Gruß, andere winken freudig. Und wieder andere erheben wie ich den Daumen, um es mir gleichzutun, während sie langsam an mir vorbeifahren. Es ist amüsant und frustrierend zugleich. Ich lasse den Daumen sinken und strecke stattdessen den Arm lang, mit der Handfläche nach unten. Plötzlich hält ein Auto nach dem anderen. Aus Neugierde. Aus Nettigkeit und Hilfsbereitschaft.

Sind die Autos erst einmal gestoppt, wird alles Weitere zu einer einfachen, recht angenehmen Angelegenheit. Die Menschen, die anhalten, bringen ein gewisses Pflichtgefühl mit sich. Sie haben die Absicht, mir helfen zu wollen, wie sie nur können, und mich dorthin zu bringen, wo ich hin möchte. Am liebsten direkt in die nächste Stadt. Jedoch suche ich meist nicht die nächste Stadt, sondern den Strand, die Berge, die Nationalparks und Wälder. Dass die meisten Autos da nicht direkt hinfahren, ist für mich kein Problem. Für den Fahrer oft schon. Mein kleiner Zettel, auf dem in Koreanisch erklärt steht, was Trampen ist und dass selbst wenige Kilometer Mitfahrt mir bereits helfen, meinem Ziel näher zu kommen, wird mir oft ohne viel Beachtung wieder in die Hand gedrückt. Die Fahrer wollen spezifische Angaben und eine Adresse, um die ausländische Touristin ohne Umwege direkt an ihr Ziel zu bringen.

So auch Sora und Taehyung. Ich weiß nicht, ob es sich bei den beiden um ein Paar oder eine Mutter mit Sohn handelt. Aber ich bin froh, dass sie angehalten haben. Schon durch das Fenster reden sie auf Koreanisch auf mich ein. Ich komme gar nicht dazu, zu erklären, wohin ich unterwegs bin. Und es scheint mir unmöglich, herauszufinden, wohin sie unterwegs sind. Also zücke ich mein Handy und zeige ihnen, wo ich hin möchte. Sie tippen auf dem

Handy herum, geben etwas in ihr Navigationsgerät ein und weisen mich an, in ihr Auto zu steigen.

Nach einer Weile schalte ich mein GPS ein und stelle fest, dass wir auf dem Weg in die entgegengesetzte Richtung sind.

»Wir fahren einen Bogen. Einen Bogen!«, sagt Sora, die Fahrerin energisch mit entsprechender Armbewegung, als ich sie vorsichtig darauf hinweise. Sie ist noch immer fest entschlossen, mich auf diesem Wege an mein Ziel zu bringen. Entschieden fährt sie weiter, während ich beobachte, wie sich der blaue GPS-Punkt immer weiter von meinem Zielort entfernt.

Nach einiger Zeit hakt ihr Beifahrer ein. Er hat nachgedacht. Er erkundigt sich nochmals, wo ich hin möchte. Und versteht. Das Auto wendet und die beiden fahren mich an den wunderschönen Strand auf die Insel Geoje.

Koreaner sind begeisterte Camper, was für mich gleich mehrere Vorteile mit sich bringt: Zum einen kommt dadurch bei den Fahrern kein unnötiges Sorgen auf, wenn es darum geht, mich mitten in der Natur auszusetzen. Und der Versuch, mir das Campen ausreden zu wollen, bleibt ebenfalls aus. Zum anderen sieht Camping bei Koreanern ein bisschen anders aus: Am besten auf dem Parkplatz, direkt neben dem Auto. Was den tollen Nebeneffekt hat, dass ich diese Nacht den Strand ganz für mich alleine habe.

Ein weiterer Vorteil bietet sich mir ganz speziell in stärker besiedelten Gegenden: Durch die koreanische Campingaffinität ist ein Zelt hier nichts Besonderes und erregt wenig Aufmerksamkeit. Ich fühle mich sicher und bestätigt, es aufzustellen, wo auch immer es mir gefällt. Als ich viel später als geplant in Damyang ankomme, baue ich inmitten der Kleinstadt in einem Park am Fluss, mein Zelt auf. Stimmen und Lachen schallen von der anderen Seite des Flusses zu mir herüber. Frösche quaken. Das Licht bunter Leuchtreklame dringt in mein Zelt. Es herrscht die Atmosphäre eines nächtlichen Rummels. In etwa 150 Metern Entfernung steht ein Container mit einer öffentlichen, sauberen Toilette. Als Abwechslung zu den raschen Pipipausen am Wegesrand und den kalten Bädern im Fluss nutze ich die Gelegenheit und wasche mir unter dem Waschbecken die Haare. Es tut gut, mich wieder ein bisschen frischer zu fühlen.

IM WETTSTREIT MIT MIR SELBST

In der wärmenden Sonne sitze ich bald darauf an einem Holztisch am Meer und überblicke das saftige, grüne Gras, das sich über die braunen Felsklippen legt, eingerahmt vom türkisen Blau des Ozeans. Eine gackernde Gruppe Koreanerinnen mit Tüten voller Meeresfrüchte gesellt sich zu mir. Mit Zahnstochern piksen sie in den Muschelschalen herum und bringen glitschige, graue Weichtiere zum Vorschein, die sie mit Freude am Genuss verspeisen. Ich kann mir nicht anders helfen, als bei diesem Spektakel zuzuschauen, als mir plötzlich selbst ein beladener Zahnstocher vor die Nase gehalten wird. Ich schaue auf und blicke fünf erwartungsvoll lachenden Gesichtern entgegen. Höflich nehme ich den Zahnstocher an und kaue eine kleine Weile auf dem knorpeligen Etwas herum, bevor ich es mit einem großen Schluck Kaffee und einem gequälten Lächeln hinunterspüle. Nur um den nächsten Zahnstocher entgegenzunehmen, der bereits mit einer weiteren Delikatesse vor meine Nase gehalten wird.

Wenig später nehmen mich Choi und ihr Mann Minho, die beide selbst als Touristen unterwegs sind, die holprige Straße mit hinauf zum Honcho-Aussichtspunkt. Der Berg ist in so starken Nebel gehüllt, dass wir unsere eigene Hand vor Augen nicht erkennen können, und schließlich unbeeindruckt weiterfahren. Das Englisch des Paares ist hervorragend und wir kommen ins Erzählen. Sie haben viele Fragen darüber, woher ich komme, wo und weshalb ich unterwegs bin.

»Was sagen deine Eltern dazu, dass du bereits so lange am Reisen bist?«, erkundigen sie sich interessiert. Hm, diese Frage höre ich öfter. Und jedes Mal aufs Neue bin ich mir unsicher, wie ich sie beantworten soll. Denn ich habe meine Eltern nie danach gefragt. Nicht, weil es mich nicht kümmert. Im Gegenteil, weil ich fürchte, dass eine ausgesprochene Sorge oder Missfallen über meine lange Reise, meine eigene Freude daran zu sehr beeinflussen könnte. Diese Reise, die mache ich für mich. Und ich weiß, dass egal wie die Antwort meiner Eltern ausfallen würde, sie mich dabei bedingungslos unterstützen. Jeden Morgen beten sie für meine Bewahrung. Das zu wissen und die Gewissheit um ihren Rückhalt reicht mir aus und ist alles, was ich wissen muss.

Unbemerkt vergeht die Zeit. Es ist bereits dunkel, als wir an jenem Strand ankommen, den ich als meinen heutigen Schlafort auserwählt habe. Nur schweren Herzens fahren Choi und Minho mich dorthin und sind fast erleichtert, den Strand dreckig und verlassen vorzufinden. Ohne anzuhalten, machen sie direkt kehrt und fahren mit mir in das Hotelappartement, in dem sie während ihres Aufenthalts untergekommen sind. Sie laden mich zum Essen ein. Gemeinsam mit Choi gehe ich anschließend in ein *Jjimjilbang* (koreanisches Badehaus) und mache es mir nachts in ihrem Hotel auf einer Matratze im Nebenzimmer bequem.

Diese Art von Gastfreundschaft fasziniert mich. Genau wie die unausgesprochene Selbstverständlichkeit der meisten Koreaner, mich direkt an mein Ziel zu fahren, wo immer ich hinmöchte. Geld oder Nahrungsmittel, die ich ihnen zum Dank überreichen möchte, werden unter keinen Umständen angenommen. Im Gegenteil, oft bekomme ich noch einen Kaffee in die Hand gedrückt, den die Koreaner mit Vorliebe trinken. Es scheint, als wäre das bloße Wissen um mein sicheres Ankommen ihnen Lohn genug.

Choi und Minho sorgen so liebevoll für mich, dass sie zu scherzen beginnen, ich hätte nun auch in Korea Eltern gefunden. Erst nach einem gemeinsamen Frühstück am nächsten Tag lassen die beiden mich weiterziehen. Ich ziehe mich zurück in die Berge und baue dort mitten in einem Flussbett auf einer Sandbank mein Zelt auf. Inmitten der spitzen Gipfel des *Jirisan Nationalparks* lausche ich dem Plätschern des Wassers, das im Laufe des Tages an Lautstärke gewinnt. Ich springe über die großen Steine, erkunde die Gegend und warte gespannt auf den Einbruch der Dunkelheit. Dann greife ich mein Handtuch und nehme hinter dem schützenden Vorhang der Nacht in der frischen Kühle des Flusses ein Bad.

Als ich am nächsten Tag den Nationalpark durchwandere, sehe ich immer wieder kleine Tempel. Harmonisch fügen sie sich in ihre Umgebung ein. Sie unterbrechen den Fluss der Natur nicht, sondern vielmehr wird »durch den menschlichen Eingriff die Schönheit der Natur erweitert«, lese ich in einem Prospekt über koreanische Tempelkultur. Und wahrhaftig, warme Farben wurden kunstvoll detailliert aufgetragen, mit Liebe kleine Figuren und Ornamente in das Holz geschnitzt. Die Tempel sind zwei- oder mehrstöckig, mit vielen Buddhas besetzt, denen dieselbe Zeit und Mühe zuteilgeworden war. Lautlos beugen sich Demütige vor den vergoldeten Figuren, die mit ihren großen Ohren und dicken Bäuchen still und zufrieden lächeln.

Am nächsten Morgen erfüllt Vogelgezwitscher die Luft. Verschlafen öffne ich mein Zelt. Alles ist neblig. Schwere Wolken haben sich in den grünen Hügeln verfangen, die den Drachensee einrahmen. Das Wasser ist still und glatt wie ein Spiegel. Ich will den Sonnenaufgang beobachten, aber sehe weder Farben noch die Sonne selbst. Alles, was ich sehe, ist, wie es hinter dem weißen Schleier langsam heller wird, und wie langsam ein neuer Tag beginnt.

Jeder Mensch hat seine Vorlieben. Und auch die Art zu reisen, passt jeder auf sich an. Ich kannte meinen Stil noch nicht, als ich damals in Kanada Richtung Norden zog. Als ich dort aus der Not heraus mein erstes Zelt kaufte, war es nicht mehr als ein Mittel zum Zweck. Eine Übernachtungsmöglichkeit, die anfangs nur dann zum Einsatz kam, wenn ich nichts anderes finden konnte. Denn ein unbestreitbarer Vorteil des Zeltens ist es, überall und jederzeit, jeglichen Wetterbedingungen zum Trotz, nächtigen zu können. Aber aus Praktikabilität hatte sich inzwischen Enthusiasmus entwickelt. Inzwischen ist Reisen für mich ohne Campen nicht mehr vorstellbar. Ich versuche nicht länger, nur irgendwo die Nacht zu überstehen. Ich suche mir schöne, menschenleere Orte an Seen, Wasserfällen, Wäldern oder Bergen. Orte, an denen ich mich wohlfühle. Es gibt nichts erfrischenderes, als an einem klaren, kühlen Morgen aufzuwachen und die warmen Sonnenstrahlen auf der noch verschlafenen Haut zu spüren. Völlig umgeben zu sein von dem erquickenden Gemüt der Natur. Die Decke wegzureißen und diesen ersten, bewussten Luftzug einzuatmen, der einem sanft über das Gesicht streicht.

Korea hat viele dieser Orte. Und dazu die Freiheit, dort ungestört campen zu dürfen. So wird Südkorea für mich immer mehr zu einem Wettstreit mit mir selbst, Campingspots zu finden, die einander in ihrer Schönheit immer noch überbieten.

Vielleicht ist es genau das, was ich an diesem Land so mag: Die Stadt, die trotz Trubel Gelassenheit ausstrahlt. Die feine Art der Koreaner und trotzdem eine Liebe für Camping und Natur. Die amerikanische Kaffee- und Schnellimbisskultur gepaart mit den günstigen Streetfood-Preisen Asiens. Die abwechslungsreiche Landschaft zwischen Stadt und atemberaubender Wildnis. Die moderne Bauart in der Großstadt gegenüber den traditionellen Tempeln auf dem Land. Der fehlende Sinn für Geografie und ihre bedingungslose Bereitschaft, ihrem Navigationsgerät zu folgen, um mich dort hinbringen zu können, wo immer ich hin möchte.

Ich glaube, ich mag Südkorea *gerade weil* es alles gibt. Wegen dieser guten Mischung vieler kleiner Dinge, die letztendlich alle das eine hervorheben: eine liebenswerte Andersartigkeit, die ich mit schmunzelndem Herzen annehmen und schätzen lerne.

통일플랫폼
Unification Platform
타는 곳
Tracks
KORAIL
도라산역

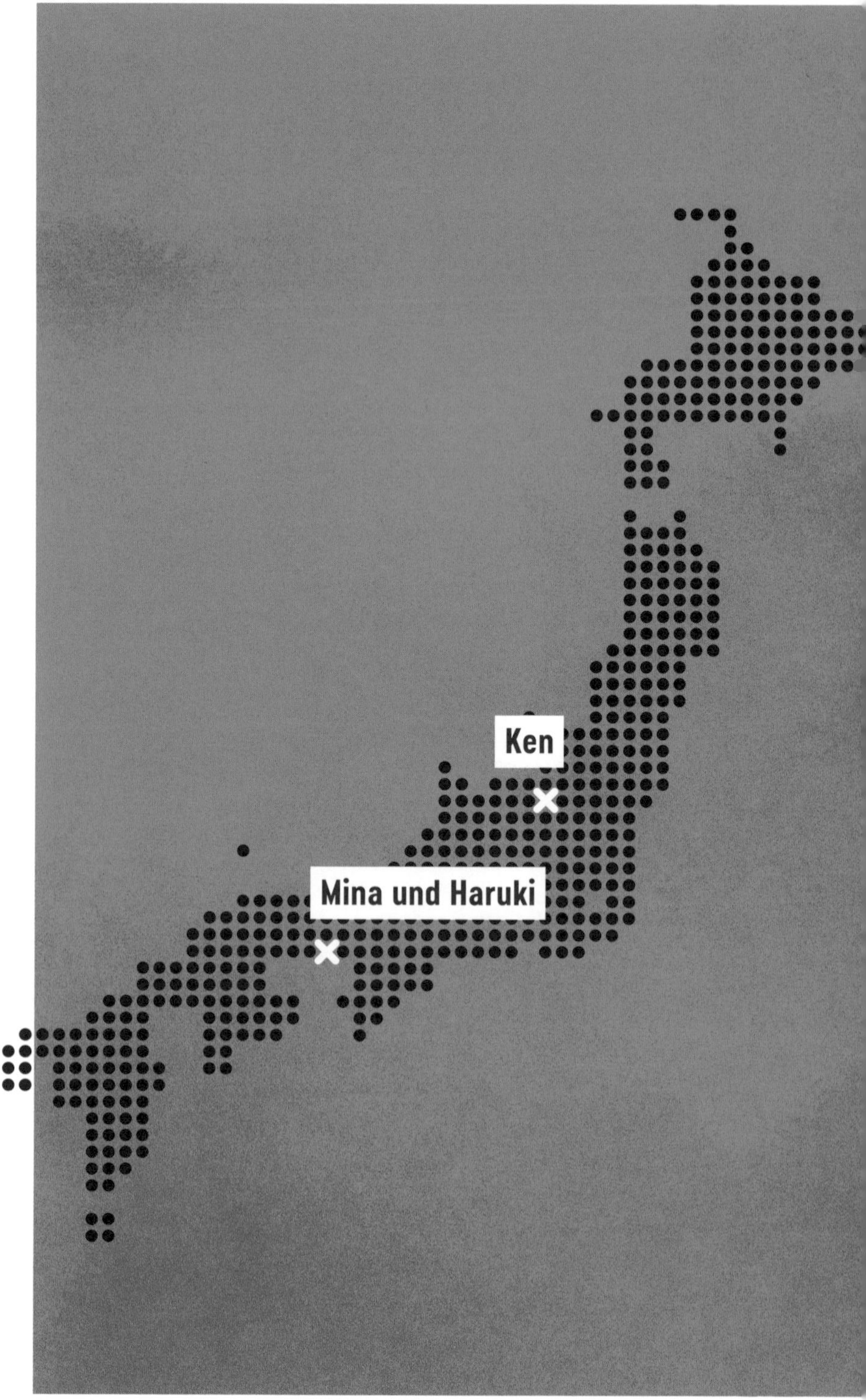
Ken
Mina und Haruki

Japan

UNTER WASSER GESETZT

Mit dem Schiff setze ich von Korea nach Japan über. Als ich es betrete, werde ich in einen großen Eingangsbereich mit Rezeption geführt. Ich laufe die langen, mit rotem Teppich ausgelegten Gänge entlang und finde einen Baderaum und eine Sauna vor, einen Spiel- und Fernsehraum, vier verschiedene Gebetsräume, einen kleinen Lebensmittelkiosk und mehrere Restaurants und Bars. Eine breite Treppe führt in den ersten Stock, auf dem mein Zimmer liegt, das ich mir mit sechs weiteren Frauen teilen werde. Aus einer Nische klappe ich mir eine Matratze heraus, die eine Decke und ein Kissen beinhaltet, das härter ist als die Matratze selbst.

17 Stunden später komme ich in Japan und weitere Stunden später auf dem Campingplatz in Kumamoto an. Dort ist gerade auch eine christliche Kindertagesstätte zu Besuch. Freundlich winken sie mich zu sich und reichen mir eine Schüssel Reis mit selbst gemachtem Curry. Energiegeladen turnen die winzigen Erstklässler um mich herum, während sie stolz vor mir auf Englisch die Zahlen von 1 bis 10 rauf und runter leiern.

Zwei Tage später sind die Kinder längst wieder fort, als der Leiter der Kindertagesstätte noch einmal auf dem Campingplatz vorbeikommt. Ich sitze gerade in der Kälte der Dämmerung, dick eingepackt vor meinem Zelt, als er mir einen Kaffee und ein belegtes

Brötchen für meine Weiterreise reicht. Ich bin verwundert und beeindruckt von dieser Geste. Hatte er nicht schon genug für mich getan, als er mich zum Essen mit der Gruppe einlud?

»Was verleitet einen dazu, sich einer Fremden, der es zudem schon so gut geht, auf solch umsorgende Weise anzunehmen?«, frage ich ihn. Er schaut mich an und lächelt.

»Du hast gesagt, du bist nach einer langen Reise auf dem Weg nach Hause, richtig?« Ich nicke. Wieder lächelt er.

»Solange wir nicht unseren Nächsten lieben, ist unsere Reise nie beendet.« Mit einer gewichtigen Pause und einem warmen, kräftigen Händedruck, der so viel mehr Bedeutung in sich birgt als nur einen Ausdruck des Lebewohls, steht der Mann auf und geht. Er lässt mich lächelnd und nachdenklich mit dieser geheimnisvollen Aussage zurück.

STUMMER SCHREI NACH FRIEDEN

Wie bunte Farbtupfen wirken die Häuser in der malerischen Landschaft, die mit ihren geschwungenen Dächern aussehen wie kleine Tempel. Vorbei an grün besetzten Felsen und langem, frischem Gras, das sich rhythmisch im Wind wiegt, fahre ich vom Schwefelsee des *Mount Aso* über robuste Brücken nach Hiroshima, die Stadt des Friedens.

In geraden Reihen stehen hochgewachsene Bäume für den *Ota River* Spalier und tragen zu dem friedvollen Ambiente des *Peace Boulevards* bei. Eine Vielzahl alter Monumente erinnert an die tragische Katastrophe vom 6. August 1945. Denkmäler für verstorbene Kinder und Studenten und hinterlassene Geschenke drücken die tiefe Anteilnahme aus allen Ecken der Welt aus. Die Bronzestatue eines jungen Mädchens hält einen goldenen Origami-Kranich in die Höhe – ein Symbol für den großen Traum einer friedensreichen Zukunft. Im Hintergrund hängen Kunstwerke aus Origami von jungen Schülern. Der Klang des Friedensturms erinnert jeden

Morgen um 8:15 Uhr an die Stunde, in der die erste Atombombe der Welt Hiroshima von unserem Erdball fegte.

Heute kommen Millionen von Touristen herbei, um den sogenannten *Atomic Bomb Dome* zu betrachten, dessen kahles Skelett inmitten der Zerstörung stehen blieb. Das inzwischen zum UNESCO-Weltkulturerbe erklärte rostige Gerüst steht als abschreckende Erinnerung an das Geschehene und als Symbol für zukünftigen globalen Frieden. Nicht weit davon entfernt steht ein Sarkophag, der die Namen all derer enthält, die infolge dieses Unglücks ihr Leben verloren. Ein Gebet für den Seelenfrieden der Opfer sowie ein Aufruf an die gesamte Menschheit, die Katastrophe des Krieges und seine verheerenden Ausmaße nie mehr wiederholen zu lassen, zieren die Frontseite des Sarkophags. Ein Friedensfeuer brennt in der Mitte des *Peace Boulevards* und soll nicht mehr erlöschen, bis alle atomaren Waffen der Erde verbannt worden sind und die Welt wieder ein Ort des Friedens ist.

EINE KULTUR DES SCHENKENS

Es ist Rushhour und eine bereits volle U-Bahn nach der anderen fährt ein. Ich setze einen halben Fuß in eine Bahn und frage mich, wie der Rest meines Körpers sowie mein Rucksack mit der Größe eines zweiten Menschen darin Platz finden sollen. Noch während ich mit fragendem Gesichtsausdruck so dastehe und Resonanz in einem Gesicht der Mitfahrenden suche, schiebt mich eine zehnköpfige Gruppe starker Japaner von hinten mit Druck in die Bahn. So schnell erledigt sich mein Problem und zieht augenblicklich ein zweites nach sich: Wie komme ich hier je wieder raus?

Der Zug bringt mich nach Osaka. Ich liebe diese Architektur. Alles scheint durchdacht: Die Straßen und Brücken werden mit Flusssystemen und Natur verflochten, Bäume und Pflanzen ganz natürlich in das Stadtbild miteingewoben. Gebäude bestehen aus hellem Sandstein, dunklen Steinen oder Holz. Stabil und neu statt dreckig und alt. Alles scheint sauber und gepflegt. Zurückgeschnittene Rasen, Straßen gesäumt von Bäumen, selbst in Industriegegenden blitzt immer wieder Grün durch. Leute führen ihre Katzen oder Hunde spazieren, die wie Puppen süße Kleider tragen. Am *Dotonbori River* glitzert und blinkt es. Musik tönt aus verschiedenen Ecken, riesige Drachen und Krabben aus Pappmaschee tanzen farbenfroh über den Verkaufsstellen der Markthallen. Die Einkaufs- und Marktstraße ist geschmückt mit Lampions und Lichtern, die später grell in der Nacht leuchten. Überall lachen ausgelassene Menschen, die entlang des Flusses wie selige Kinder auf einem kilometerlangen Rummelplatz entlangspazieren.

Ich habe die letzte Nacht im Park verbracht, die Nacht davor auf dem Parkplatz hinter einem Hotel in der Stadt. Seit Tagen habe ich nicht mehr geduscht. Mein nächster Schlafplatz sollte daher dieser See sein, der jetzt ganz ruhig und still vor mir liegt. Glatt wie ein Spiegel, in dem ich das sanfte Rot der untergehenden Sonne gleich ein zweites Mal bestaunen kann. Ich springe in das kühle, klare Nass als hätte ich noch nie zuvor Wasser gesehen. Dann setze ich mich ans Ufer und genieße die Aussicht. Leise nieselt es auf mein Zelt, in das ich mich und meine Sachen gerade noch rechtzeitig retten kann, bevor der Regen zunimmt. Zum Abendessen zücke ich ein gezuckertes Butterbrot aus der Tasche, das mir meine letzte Mitfahrgelegenheit noch in die Hand gedrückt hat, bevor sich unsere Wege an einer Raststätte getrennt haben. Ich werde immer mehr in meinem Eindruck bestärkt, dass in Japan eine Kultur des Schenkens herrscht.

Schüchtern sind die Japaner zuerst, aber ihre starren Gesichter formen ein Lächeln, wenn sie an mir vorbeifahren. Im Auto brabbeln sie auf Japanisch vor sich hin, während sie ihr Bestes tun, es mir so angenehm wie möglich einzurichten. Ich werde überhäuft mit Essen und Kaffee. Es ist nicht ungewöhnlich, dass ich beim Spazierengehen nach kurzem Grußwechsel mit Fremden eine Kleinigkeit in die Hand gedrückt oder bei dem Versuch zu trampen von Passanten sogar freundlich Hilfe und Geld angeboten bekomme – wahrscheinlich eine Folge meiner zerschlissenen Jeans in Kombination mit dem ausgestreckten Daumen. Großzügig sind sie. Selbst die kürzeste Fahrt bringt immer noch mindestens eine kleine materielle Überraschung mit sich. Sie kümmern und sorgen sich. Oft werde ich direkt an mein Ziel gefahren oder bekomme ein Busticket bezahlt, um mir die Mühe des Trampens zu ersparen.

Aiko und Yoshi, ein herzensgutes Ehepaar, mit dem ich bis heute noch befreundet bin, sieht mich auf der Autobahn mit meinem Pappschild stehen und lädt mich ein, bei ihnen mitzufahren. Unsere Ziele liegen in derselben Richtung und so ist es für sie selbstverständlich, mich kurzerhand in demselben Hotel einzubuchen, in dem auch sie aus geschäftlichen Gründen heute Nacht bleiben werden. Es ist ein gigantisches Hotel! Und sie haben mir ein eigenes Zimmer inklusive Badezimmer gebucht! Im Lavendelbad schrubbe ich mir den Dreck der letzten Wochen vom Körper und würde am liebsten direkt in den Pyjama schlüpfen, der auf dem weichen Federbett für mich bereitliegt, doch Aiko und Yoshi haben andere Pläne: Am Abend führen sie mich gleich in mehrere authentische, japanische Restaurants aus, sodass ich traditionelle Gerichte wie Soba, Tempura und Sashimi probieren kann.

Wenige Tage später bin ich in Kobe, in ihrem Heimatort. Die Wiedersehensfreude ist auf beiden Seiten riesig und wird, wie sollte es auch anders sein, im Restaurant gefeiert! Freunde, die ebenfalls eingeladen wurden, haben einen WLAN-Router dabei. Wie selbstverständlich schließen sie diesen im Restaurant an, sodass die Kommunikation über *Google Übersetzer* geschmeidiger läuft. Es wird geredet und gelacht. Den größten Spaß habe ich aber mit Nene, der sechsjährigen Tochter der Freunde. Während die Erwachsenen reden, schneiden wir Grimassen, malen Bilder auf Servietten und spielen Klatschspiele. Am Abend will sich Nene nicht von mir trennen. Also gestatten ihre Eltern, dass sie mit zu Aiko und Yoshi kommt, bei denen ich die Nacht verbringe, und dort auf einer Matratze neben mir schläft. Faszinierend, wie einfach man mit Kindern kommunizieren kann. Mit ihnen findet die Kommunikation auf einer Ebene statt, die keinen WLAN-Router erfordert.

Wir treffen uns am nächsten Morgen zum gemeinsamen Frühstück, unter anderem, um Nene wieder ihren Eltern zu übergeben. Bei der Begrüßung verbeugen sich die Eltern respektvoll. Es ist eine so simple Geste, aber ein so bedeutungsstarker Ausdruck von Hingabe und Respekt. Überhaupt wird ein sehr würdevoller Umgang miteinander gepflegt, der auch in der japanischen Angewohnheit Ausdruck findet, Schlange zu stehen und geduldig vor überfüllten Restaurants, an der Bahn oder zum Sommerschlussverkauf vor Läden zu warten. Ich bewundere die außerordentliche Sauberkeit und Sicherheit des Landes, Japans Hybridautos, Toiletten mit Klobrillenwärmer und innovative Alltagserleichterungen, wie frisches Sushi auf Knopfdruck.

ZU HEISS GEBADET

Die regenreichen Nächte häufen sich. Wie so oft sitze ich auch jetzt in meinem inzwischen stark demolierten Zelt und lausche dem Regen. Ich sehe draußen Licht und frage mich, ob das die Straßenlaternen sind oder ob tatsächlich schon Morgen ist. Nach dieser Nacht fühle ich mich als hätte ich kein Auge zugemacht. Mein Handyakku ist leer und meine eigenen Energiereserven sind auch aufgebraucht. Die Feuchtigkeit des Regens ist selbst innerhalb des Zeltes zu spüren. Immer wieder kommen Windböen auf, die zusätzlich zum ohnehin starken Regen das Wasser von den Bäumen auf mein Zelt klatschen. Ich ziehe den Reißverschluss auf und werfe einen Blick nach draußen. Es ist bereits hell. Keine Menschen in Sicht. Ich bin froh und erleichtert, dass ich mich gestern doch dagegen entschieden habe, das Zelt auf einer verführerisch schönen Sandbank im Flussbett aufzustellen. Das klägliche Rinnsal von gestern Abend hat sich über Nacht in einen braunen Fluss verwandelt. Meine Motivation, das nasse Zelt zusammenzupacken und durch den Regen zu laufen, hält sich eher gering. Doch der Regen will einfach nicht aufhören.

Mit triefendem Zelt und Schlafmatte im Gepäck drücke ich mich schließlich im Schutz der Dächer an Hauswänden entlang in Richtung Hauptstraße. Bald hält auch schon ein Auto an, als ich mit beschriebenem Pappkarton an der Straße stehe. Der Fahrer wollte mich nur wissen lassen, dass er ins Einkaufszentrum fährt und nicht in meine Richtung. Schade. Aber trotzdem Danke.

Ich muss dennoch nicht lange warten, da hält Ken an. Er lädt mich zu sich nach Hause ein, wo ich seine Frau kennenlerne. Im unteren Geschoss der Wohnung befindet sich ihr Friseursalon, doch es sind gerade keine Kunden da. Während ich durch Magazine blättere und mir die neusten japanischen Frisurtrends anschaue, bringt sie Kaffee und Schokolade herbei. Ich erzähle ihr von meiner Reise, zeige Bilder und fahre mit meinem Finger meine Route auf der Landkarte nach. Dann bringt mich ihr Mann zum Bahnhof. Ich bin es schon gewohnt, dass Leute – vor allem die fremder Kulturen – es oft nicht verstehen können, dass man Freude haben kann am Trampen, und mich daher immer wieder an Bushaltestellen und Bahnhöfen rauslassen. Ich bedanke mich bei Ken und möchte meinen Rucksack aus dem Auto nehmen. Aber er wehrt ab und weist mich an, ihm zu folgen. Hinter dem Bahnhof befindet sich ein kleiner Onsen, ein schmaler Strom heißen Wassers. An beiden Seiten des Stroms stehen Holzbänke. Wir nehmen Platz und hängen unsere Füße in das angenehme Nass. Ich merke, wie das heiße Wasser langsam jeden einzelnen Muskel entspannt. Doch das sollte mir nur einen kleinen Vorgeschmack geben.

Das Wort *heiß* wäre schlichtweg untertrieben, um den Wärmezustand des Onsen-Wassers in diesem Badehaus zu beschreiben. Dennoch treten Frauen ein, laufen in das ungefähr 40 Grad heiße Wasser, als sei es lauwarm, ziehen sich an und gehen wieder. Ich sitze noch immer am Rand des Beckens und schaffe es nicht, meine Füße länger als ein paar Sekunden ins Wasser zu halten, ohne sie sofort wieder herauszuziehen. Aber ich will nicht gehen, ohne drin gewesen zu sein. Ich nehme allen Ehrgeiz zusammen – und tauche ein. Mit dem Rücken gegen die Wand gedrückt hocke ich da. Die Hitze hemmt meine Atmung. Sie drückt auf meinen gesamten Körper, meine Lunge, und löst ein beklemmendes Gefühl aus. Wie Stiche penetriert das heiße, mineralhaltige Wasser meine Haut. Ich schließe die Augen und strecke vorsichtig meine Beine aus. Das Wasser geht mir nun bis zum Hals. So sitze ich da und fühle, wie sich mein Körper allmählich an das heiße Wasser gewöhnt und die Entspannung über mich kommt. Von den Füßen schleicht sie ganz langsam hinauf in meinen Rücken, in meine Arme bis hoch in meinen Kopf.

Ich bin jetzt ganz allein im Badehaus. Die letzte Dame hat die Tür hinter sich geschlossen. Ich sitze da und genieße die Stille. Diese vollkommene Ruhe und Erholung. Dabei fällt es leicht, zu vergessen, dass ich nur eine hölzerne Tür breit entfernt bin von dem Treiben der Innenstadt Kusatsus.

HART UMKÄMPFT

Selbst in der Hauptstadt Tokyo habe ich eine Möglichkeit gefunden, mein Zelt in einem Park aufzustellen. Ich schlendere durch die Stadt von einem Stand mit Regenbogenzuckerwatte zu einem der größten Fußgängerübergänge der Welt. Ich kaufe mir ein neues Zelt, da meines wirklich schon sehr demoliert ist, und stehe nur zwei Tage später wieder an der Auffahrt zur Autobahn. Es dauert nicht lange, da hält ein schwarz glänzender Van vor mir. Die hintere Tür schiebt sich auf. Drei Businessmänner und eine Frau sind auf dem Weg zu einem Termin, doch sie nehmen sich die Zeit, mich zu einem nahegelegenen Bahnhof zu bringen. Einer der Männer begleitet mich hinein und weist mir den Weg zu einem Ticketautomaten. Bevor er sich verabschiedet, drückt er mir einen Umschlag in die Hand.

»Für dein Ticket«, sagt er. »Von uns allen.« Als er den Bahnhof wieder verlassen hat, blicke ich in den Umschlag. Darin befindet sich so viel Geld, dass ich die Strecke bis zu meinem Ziel problemlos mehrfach fahren könnte. Mein Ziel ist der mit stolzen 3776 Metern höchste Berg Japans. Eine erhabene Majestät. Über den Häusern, die klein wie Spielzeughäuser aussehen, thront er. Der schwarze Gigant mit seiner weißen Krone. Dieser perfekte Kegel, ebenmäßig schön, gehüllt in seinen makellosen Mantel aus Wolken. Der *Mount Fuji*.

Erst vor zwei Tagen war der erste der vier Wege zur Besteigung für diese Saison geöffnet worden. Gerade noch rechtzeitig, bevor ich ausreise. Ich bin bereit. Der Berg ist bereit. Doch das Wetter macht mir einen Strich durch die Rechnung: Wegen eines aufkommenden Taifuns wird von der Besteigung des *Mount Fuji* dringend abgeraten. Ich weiß nicht, ob ich mehr wütend oder traurig bin. Mit gemischten Gefühlen bleibe ich zunächst am Fuß des Giganten, am pittoresken See Kamaguchiko. Bereits jetzt hat sich das Wetter gedreht. Es ist kalt und ein starker Wind kommt auf. In einer Hütte mit offenen Fenstern suche ich Zuflucht, aber ich bleibe vor den starken Händen des Windes nicht verschont. Von allen Seiten greifen sie kalt nach mir. Nur mit Mühe kann ich das sonst so aufbaufreundliche Zelt aufstellen, während ich versuche, seine Einzelteile zusammenzuhalten und ineinanderzustecken. Das elendige Gewicht meines Rucksacks dient mir dabei endlich einmal zu meinem Vorteil und hält das Zelt am Boden, während ich mich auf die Suche nach großen Steinen mache, um das Zelt zusätzlich zu beschweren. Die langen Zeltschnüre knote ich an den Bänken um mich herum fest, was mehr einen gefühlten als tatsächlichen Halt schafft.

Es ist stockdunkel. Auf dem *Mount Fuji* gingen bereits die Lichter an. Sie lassen den Weg erahnen, an dem die Hütten und Erste-Hilfe-Stationen liegen, die sich jetzt alle für die Nacht vorbereiten. Ich springe in mein Zelt und lausche, wie der Wind daran rüttelt. Wie sich sein kalter Atem durch die Zeltwände und Nähte ins Innere presst und mich mit seiner beklemmenden Kühle in der Dunkelheit starr am Boden hält. Das laute Brausen der Bäume dominiert die gesamte Geräuschwelt und kündigt die nächste Windböe an, die mein Zelt mit aller Kraft in das ohrenbetäubende Rauschen miteinsteigen lässt. Der Wind bläst immer stärker, immer penetranter und kontinuierlicher mit immer weniger Pausen zum Luftholen. Mit unsichtbaren Pranken drückt er gegen mein Zelt, das sich unter seiner Gewalt stark zur Seite neigt. Ich presse mich von innen gegen die Wände, habe Angst, dass das Zelt von der kommenden Nacht Spuren davontragen wird. Meine Kopflampe, die jetzt von der Zeltdecke hängt, wird herumgeschleudert und wirbelt ihr schwaches Licht im Zelt herum. Mit müden Augen sitze ich da und harre die Nacht aus.

Ich habe genug vom Regen. Aber das ändert nichts an der Tatsache, dass er weiter andauert. Also ist Kreativität gefragt. In der kommenden Nacht finde ich den Eingang zu einem Mehrfamilienhaus und schlage unter der Treppe vor den Briefkästen mein Zelt auf. Es überrascht mich, dass keiner sich darüber zu wundern scheint. Das gibt mir gleichzeitig ein seltsames Gefühl der Sicherheit. Eine ältere Dame redet mir mütterlich auf Japanisch zu und drückt mir wohlwollend einen Becher Tomatenjogurt in die Hand (der besser schmeckt, als man annehmen würde).

Mit einem Räuspern werde ich am nächsten Morgen geweckt. Die Putzkolonne steht vor mir. Sie machen mir deutlich, dass ich meine Sachen packen und das Gebäude verlassen soll. Während ich alles zusammenräume, weichen sie mir nicht von der Seite. Ob ich auf die Toilette müsse und ob ich denn schon Frühstück hatte, fragt einer durch Gesten. Ich verneine beides, woraufhin er mich anweist, mitzukommen. Der Mann öffnet mir die Tür zu einem Mitarbeiterraum. Ich darf dort mein Gesicht waschen und mir den Bauch mit Kaffee und Gebäck vollschlagen. Bevor ich gehe, schenkt er mir einen bunten Regenschirm und ich mache mich wieder auf in das tobende Unwetter, das sich seit Tagen keine Pause gönnt.

Ich bin müde, physisch sowie emotional angeschlagen und meine Glieder sind taub. Durchweg ist mir kalt, von der andauernden Nässe ganz zu schweigen. Meine Motivation reicht gerade dafür aus, das Notwendigste sicherzustellen. Der trübe Vorhang des Regens und die grauen Betonwände der Stadt lassen meine Gedanken erstarren. Und hindern sie daran, sich zu entfalten und weiterzuspinnen.

Seit Wochen (bereits in Korea) versuche ich bei den Botschaften und Konsulaten, ein Visum für Russland zu bekommen. Bisher ohne Erfolg. Jedes Mal wird mir wieder gesagt, dass man das Visum nur in seinem Heimatland beantragen kann.

Dabei bin ich doch schon so nah dran. Ich muss es doch nur noch über die Grenze schaffen. Wenn ich erst einmal da bin, dann müsste ich das Land nur noch durchqueren, um nach Europa zu gelangen. Und wäre damit fast zuhause.

Ich versuche also mein Bestmögliches, um dieses Visum zu erhalten. Einfach nur nach Russland zu kommen, das hat jetzt Priorität. Schnell mache ich das nächste Konsulat ausfindig und merke, dass man mir dort wohlgesinnter ist. Ich investiere Zeit und Energie, reihe mich in mehrere Warteschlangen ein, immer wieder mit neuen, angeforderten Nachweisen und Dokumenten, die ich mir in einem Copy-Shop in der Stadt ausgedruckt habe. Ich campiere mehrere Nächte in der Nähe der Botschaft, um gleich morgens die Erste in der Schlange zu sein, und lasse nichts unversucht.

Viele der benötigten Nachweise kann ich nicht vorlegen, da ich mich nicht in meinem Heimatland befinde oder keine öffentlichen Verkehrsmittel nutzen möchte, um wieder dorthin zurückzukehren. Doch plötzlich macht man mir einen Vorschlag: Wenn ich mich mit einem einfachen Transitvisum zufriedengäbe, könne man bei ein paar der erforderlichen Dokumente ein Auge zudrücken. Ich akzeptiere.

Eine weitere Woche später halte ich es ungläubig in meinen Händen: mein Russland-Visum.

Das Visum war das Einzige gewesen, von dem ich gedacht hatte, dass es mich daran hindern könne, über den Landweg weiterzureisen. Nicht in meinen kühnsten Träumen hätte ich mir vorgestellt, dass mein wahrer Hinderungsgrund nicht die Einreise nach Russland, sondern die Ausreise aus Japan sein würde.

AUSSICHTSLOS

Der Regen hört nicht auf. Aus andauernden Regenfällen werden Stürme, die sich zu Taifunen entwickeln. Ich halte mein Visum endlich in den Händen und mache mich auf direktem Weg zum nur vier Stunden entfernten Hafen, von dem aus ich am nächsten Tag mit der Fähre nach Russland übersetzen will. Ein Familienvater bringt mich zur nächstgelegenen Autobahnauffahrt. Die ist geschlossen. Über Umwege fährt er mich zur nächsten Auffahrt – die wegen starken Regenfalls gerade ebenfalls geschlossen worden ist. Vor den mitleidsvollen Augen des Vaters, steige ich aus dem Auto und gehe zu Fuß weiter. Der Regen prasselt in dicken Tropfen auf die Kapuze meiner blauen Jacke und die gelbe Schutzplane, die ich über meinen Rucksack gespannt habe. Meine Schuhe sind bereits durchnässt, als ich von Mina und Haruki aufgegabelt werde. Sie wollen mir weiterhelfen und fahren mich zur übernächsten Autobahnauffahrt, die ebenfalls gerade geschlossen wurde. Auf einer digitalen Landkarte verfolgen wir, wie nach und nach rote Kreuzchen vor uns erscheinen, die Indikatoren dafür sind, dass immer mehr Autobahnen geschlossen werden, und eine Weiterfahrt dadurch unmöglich ist.

Die Situation scheint aussichtslos. Mina und Haruki nehmen mich mit zu sich nach Hause. Und wie ich es in solchen Momenten gerne zu tun pflege, gehe ich zu Bett und bete im Stillen, dass am nächsten Morgen die Welt schon wieder besser aussieht.

Tut sie nicht. Ganz im Gegenteil. Über Nacht sind weitere Straßen geschlossen worden. Autobahnen, Busse, Züge – alles steht still. Gewöhnliche Dorfbäche haben sich in reißende, braune Flüsse verwandelt, die mit Gewalt durch ihr Betonbett schnellen. Sie treten über und setzen Häuser unter Wasser. Ganze Dörfer müssen aus ihren ersten, zweiten Stöcken gerettet werden. Und es regnet immer weiter. Lebensmittelläden können nicht mehr mit Ware versorgt werden. Über die Medien wird auch unserem Ortsteil geraten, sich auf eine Evakuierung vorzubereiten.

Ungläubig starre ich auf den Bildschirm, dann auf das Visum in meinem Reisepass. Ich sitze auf gepackten Koffern und bin dem Lauf der Dinge ohnmächtig ausgeliefert. Ich bin sauer. Alle Mühe und Energie, die es mich gekostet hat, das Visum für Russland zu erhalten, soll nun umsonst gewesen sein? Mit provokantem Ticken verstärkt die Wohnzimmeruhr mein Gefühl der Machtlosigkeit noch mehr. Jede Sekunde kratzt an meiner wankenden Hoffnung auf eine Mitfahrt auf der Fähre.

Die Nachrichten berichten kontinuierlich über den Fortschritt des Unwetters. Im rechten, unteren Eck des Fernsehers wird in Rot die Zahl der Toten angezeigt, die weiter steigt. Und plötzlich trifft mich eine beschämende Erkenntnis: Die Unannehmlichkeit der verpassten Fähre, das Ärgernis über all die aufgebrachte Energie und Kosten erscheinen mir mit einem Schlag so engstirnig und gänzlich belanglos. Menschen werden vermisst, Unterkünfte werden in Sporthallen für alle eingerichtet, die ihr Zuhause verloren haben. Auch ich hätte eine der roten Zahlen sein können, wenn ich mein Zelt am falschen Ort aufgestellt hätte. Stattdessen wurde ich mitten in diesem Chaos aufgenommen in das warme Haus von Fremden, die nicht geplant hatten, einer Unbekannten Obdach zu gewähren.

Lange hatte ich den Eindruck gehabt, nicht so recht die Möglichkeit zu bekommen, Japan tatsächlich kennenzulernen. Entweder war es das Visum für Russland gewesen, das mich wochenlang beschäftigt hatte, der Regen oder der Taifun – alles hielt mich irgendwie im Land und ließ mich doch nicht an sein Wesen herankommen.

Allmählich bekomme ich das Gefühl, dass ich das Land dadurch vielleicht nicht weniger kennengelernt habe, sondern nur von einer anderen Seite. Ohne den Regen hätte ich nicht von Passanten Regenschirme geschenkt bekommen. Ohne den Regen hätte ich nicht die Nacht im Treppenhaus verbracht und wäre nicht vom Putzpersonal mit Frühstück versorgt worden. Ohne den Regen hätte ich nicht die Freude und Wärme erlebt, mit der ich von Minas Familie aufgenommen und versorgt worden bin.

So sehr die wärmenden Strahlen der Sonne einen ganzen Tag in goldenen Glanz versetzen können, genauso sehr kann die graue Kälte des Regens jenen Schimmer rauben. Und dennoch schaffte es Japan auf seine eigene, sonderliche Weise, mir in dieser Gräue viele kleine Arten seines besonderen Glanzes zu schenken. Und ich stellte fest, dass nur ein feiner Unterschied zwischen ungewöhnlich und außergewöhnlich liegt.

Zwei Tage nach der verpassten Fähre hört der Regen auf und wir warten darauf, dass das Wasser auf den Straßen im Boden versickert. Am Abend darauf werden die Fahrwege geöffnet, ich nehme den Nachtbus nach Tokyo und sitze bald im nächsten Flieger nach Wladiwostok, Russland, um noch die letzten Tage eines hart erkämpften Visums zu nutzen.

激安の殿堂
ドン・キホーテ
Tax free Shop 免税店

魚力
はも天麩羅
祝鯛

Andrej

Russland - Teil 1

IN DER ROTEN EISENBAHN

Weite grüne Wiesen, in denen noch Pfützen vom Regen der letzten Wochen stehen. Vieh, das ruhig und zufrieden darauf grast. Alte, von der Zeit verwitterte Wellblechhäuser und zerfallene Steinbaracken auf verlassenen Grundstücken, die durch rostige Drahtzäune begrenzt werden. Putz bröckelt von den Wänden, wo das Salz des Pazifiks den Backstein noch nicht komplett zerfressen hat.

So begrüßt mich Russland, mit einer angenehmen Kühle.

Ich laufe über die von tiefen Schlaglöchern gezierte Straße in einen Park hinein. Es riecht nach Feuchtigkeit, die von der Sonne getrocknet wird. Vögel zwitschern, Kinder rennen zwischen den hohen, grünen Laubbäumen herum. Männer sitzen zu zweit oder in Gruppen auf Bänken und spielen Würfelspiele.

Die Bahnhofshalle in Wladiwostok ist großzügig gebaut und wunderschön. Eingedeckt mit einem Vorrat an Instant-Gerichten drücke ich mich durch die schwere Eingangstür. Da ich Russland später betreten habe als geplant, habe ich nur noch wenige Tage Zeit, um das Land zu durchqueren. Ich entscheide mich daher dafür, mit dem Zug in Richtung Westen zu fahren – vom östlichsten Ende bis ins sieben Tage entfernte Moskau, auf der mit 9288 Kilometern längsten Eisenbahnstrecke der Welt.

Mein Ticket habe ich bereits, aber ich bin sieben Stunden zu früh dran. Die aufgedruckten Zeiten der Eisenbahn werden in Moskau-Zeit angegeben, welche sieben Zeitzonen entfernt ist. Leider stelle ich das erst jetzt fest. Ich schlendere also noch ein wenig durch die Straßen. Als die Dämmerung einbricht, setze ich mich im Bahnhofsgebäude auf eine der großen Holzbänke und beobachte die Menschen, wie sie ein- und aus gehen. Ich fühle die Atmosphäre, wie sie so durch und durch gefüllt ist von Innigkeit und Wärme. Menschen, die voller Schmerz von ihren Lieben Abschied nehmen oder diese nach langer Zeit wieder in die Arme schließen. Kinder, die zärtlich ihre Haustiere streicheln oder ihren Kopf auf dem Schoß der Eltern gebettet haben.

Als die rote Eisenbahn einfährt und quietschend zum Stehen kommt, ist es bereits dunkel und kühl. Wie in alten Spielfilmen tummeln sich Menschen in langen Mänteln und mit um den Hals gewickelten Schals vor den Gleisen. Mit der einen Hand halten sie den Griff ihres ledernen Koffers fest umklammert, während sie gedankenverloren auf das Ticket in der anderen Hand starren, um das richtige Abteil ausfindig zu machen. Zigarettenrauch und warmer Atem bilden weiße Wolken, die leise ins Endlose tanzen. Adrette Damen und Herren in Uniform stehen vor den Türen, um die zu verabschieden, die den Zug verlassen, und neu hinzukommende Gäste mit einem warmen Lächeln zu begrüßen.

Durch einen langen Gang zwischen schmalen Betten gelange ich zu Bett Nummer 26 in Waggon Nummer 4. Das Abteil teile ich mir mit einer Militäreinheit der russischen Armee. Für die nächsten drei Tage wird Nummer 26 mein Bett sein, und die Toilette am Ende des Ganges werde ich mir mit 40 weiteren Fahrgästen teilen. Bis ich für einen Zwischenstopp in der Mongolei den Zug verlasse, um eine Visumserneuerung für meinen Russlandtransit zu beantragen.

Innerhalb kürzester Zeit bin ich vom elektrischen Klobrillenwärmer in Japan zur ungemütlich kalten Metallschüssel in Russland gewechselt: in der Transsibirischen Eisenbahn.

»ES HAT WOHL EINFACH SO SEIN SOLLEN«

Die frischen, saftigen Wiesen des Ostens werden langsam von schmalen, hohen Bäumen abgelöst. Über den Flüssen, die sich durchs Land schlängeln, steigt weißer Nebel auf. Immer wieder stehen vereinzelt verfallene Holzhütten mitten im Nichts und lassen in mir die Frage aufkommen, wer wohl im Hinterland Sibiriens ein Haus bauen wollte.

Andrej, den ich mir schnell zum Freund gemacht hatte, und seine Militäreinheit verlassen nachts den Zug. Sie hinterlassen mir ein Army-Care-Paket mit Schweinsfett, Mettwurst und anderen russischen Proteinbomben. Für einen Moment bin ich froh, dass ich kaum entziffern kann, was sich jeweils in den Konservendosen befindet, sodass ich mich aus vollem Herzen für die reizende Geste und das von nun an folgende tägliche Überraschungsessen bedanken kann.

Der Zug rollt vorwärts. Es nieselt. Die Feuchtigkeit schlägt sich an den Fenstern der Eisenbahn nieder. Vereinzelt kullern Tropfen die Scheibe hinunter und malen Formen auf das dreckige Glas. Meine Gedanken gehen zurück zu den letzten Wochen und Monaten. Zurück zum Dauerregen in Japan, der es unmöglich machte, meine Fähre nach Russland rechtzeitig zu erreichen und damit meinen Plan der Heimkehr durchkreuzte.

»Es hat wohl einfach so sein sollen«, höre ich noch immer meine Mutter in meinen Ohren, als ich damals anrief, um Niedergeschlagenheit und Kummer Raum zu machen.

»Es wird schon für irgendetwas gut gewesen sein.«

Ich seufze. Ich habe mir angewöhnt, Dinge so zu nehmen, wie sie kommen. Vor allem dann, wenn sie mir nicht gefallen und ich sie nicht beeinflussen kann. Dann sage ich mir selbst: »Es soll wohl einfach so sein. Aus irgendeinem, mir verborgenen Grund.«

Aber ist es wirklich so? Ist es nicht einfach nur unsere menschliche Art, für unerklärliche Spielzüge des Lebens Begründungen finden zu wollen, weil sie verkraftbarer sind, wenn ein tieferer Sinn dahintersteckt? Weil es einfacher ist, einer eigens modellierten

Täuschung zu glauben, die nie aufgedeckt werden wird, als eine Willkür in manchen Dingen zu akzeptieren?

Ich bin überzeugt, dass Gott über allem steht und alles im Griff hat. Aber ich glaube auch, dass er zu einem gewissen Grad das Leben seinem natürlichen Lauf überlässt. Und dennoch hilft es mir gerade in den unangenehmen und ärgerlichen Situationen, mir selbst zu sagen, dass Gott auch mit diesen etwas vorhat. Dass er mich durch diesen Rückschlag etwas lehren möchte oder mir jene Niederlage schenkt, weil in der Zukunft etwas Besseres auf mich wartet. Ob das bei jeder Erfahrung wirklich der Fall ist, weiß ich nicht. Aber es hilft mir, das Negative in ein positives Licht zu rücken, damit mein limitiertes Fassungsvermögen nicht eine Willkür der Dinge hinnehmen muss.

»Da bist du dann wohl vor etwas bewahrt worden.« Die Wahrheit ist: Ich weiß es nicht. Und werde es in dieser Situation, wie auch in den meisten Fällen, wahrscheinlich nie erfahren. Denn ein Unglück, vor dem ich bewahrt worden bin, ist nicht eingetreten.

Aber vielleicht, nur ganz vielleicht, wollen wir die Wahrheit über diese unerklärlichen Spielzüge des Lebens auch gar nicht erfahren. Vielleicht wollten wir es gar nicht wissen, wenn hinter Rückschlägen kein tieferer Sinn und hinter Niederlagen keine Bewahrung steckt. Denn dann müssten wir ja einen anderen Weg finden, um uns mit der Realität von Rückschlägen auseinanderzusetzen. Und so reden wir uns weiterhin ein: »Es hat wohl einfach so sein sollen.«

Seit zwei Tagen sitze ich bereits in der Bahn. Nie hätte ich gedacht, dass reines Nichtstun so müde machen kann. Auch der Sauerstoffmangel im Zug trägt nicht gerade zur körperlichen Bereicherung bei. Ich lächle einer älteren Dame mit einem freundlichen »Du auch hier?«-Nicken zu. Wir haben das gleiche Essen vor uns stehen: Drei-Minuten-Nudeln, aufgegossen mit heißem Wasser, das ich mir aus einem Hahn in einem Zwischenteil des Zuges zapfen konnte. Man fühlt sich irgendwie miteinander verbunden in diesem Zug. Zwar allein, aber allein unter Gleichsituierten.

Mit Nüssen und Snacks haben die drei Russen im Abteil schräg gegenüber meines Bettes unschwer mein Vertrauen für sich gewonnen. Wir freunden uns an und vertreiben uns mit Kartenspielen die Zeit. Über Gesten und Zeichnungen verständigen wir uns. Das ist eine nette, angenehme Art der Verständigung. Man sagt nur das, was man auch wirklich sagen möchte – für alles andere wäre der Aufwand zu groß.

Immer wieder machen wir kurze Stopps an größeren und kleineren Bahnhöfen. Die drei Russen deuten in Richtung Tür. Sie haben sich meiner mangelnden Fähigkeit, die Durchsagen des Schaffners zu verstehen, angenommen und geben mir ein Zeichen, dass der Zug hält. Zusammen eilen wir nach draußen, um uns nach so langer Zeit des Sitzens, Liegens und Langweilens die Beine zu vertreten und frische Luft zu schnappen. In kleinen Ständen entlang des Bahnhofs warten bereits Verkäufer auf die aussteigenden Fahrgäste, denen sie Brot, Kürbiskerne, Nudeln und natürlich Wodka verkaufen. Streunende Hunde schauen friedlich dem Treiben an den Bahnhöfen zu, in der offensichtlichen Hoffnung, dass vom eben gekauften Sandwich auch für sie der ein oder andere Bissen abfällt. Eine große Uhr am Bahnhofsgebäude zeigt wieder die Uhrzeit in Moskau an, die der Ortszeit um Stunden hinterherhinkt. Aber das Gefühl für Zeit habe ich schon vor einer Weile abgelegt.

Ein lauter Pfiff tönt durch die Reihen. Wir springen wieder ein. Kurz darauf setzt sich der Zug unter Ächzen und Stöhnen wieder in Bewegung.

WO DIE SONNE DAS WASSER BERÜHRT

Schon viel zu lang habe ich keinen Sonnenuntergang mehr genossen. Ich habe den Zug inzwischen verlassen und sitze jetzt an einem See, wo ich mich von der Sonne selbst daran erinnern lasse, was für eine wohltuende Wirkung ihre abendlichen Strahlen auf die menschliche Seele haben. Der Himmel ist rosa gefärbt und das

Licht der Sonne malt die Silhouetten der Wolken feuerrot in die Luft. Eine einzige Wolke hebt sich weiß ab. Über allem schwebt sie dort, wo der Abend noch nicht begonnen hat. Unter ihr findet der warme Glanz der Sonne seinen Weg auf den Wogen zu mir ans Ufer.

Während ich so träumend meine Gedanken in die Weite schicke, fällt es mir leicht zu vergessen, dass ich mich an einem See befinde. Einem so großen See, dass ich kein Ufer am Horizont sehe. Mit seiner enormen Weite und außerordentlichen Tiefe ist der Baikalsee ein natürliches Weltwunder. Er nimmt eine Fläche ein, die größer ist als Belgien, und enthält nahezu ein Fünftel allen Frischwassers der Erde.[7] Er ist mit über 25 Millionen Jahren der älteste und mit 1642 Metern der tiefste Süßwasserkörper der Welt.[8] Sein massives Becken ist so groß, dass es ein ganzes Jahr dauern würde, um es mit allen Flüssen der Erde zu füllen. Während mehr als 300 Flüsse in den See hineinfließen, fließt nur einer heraus, der sich Hunderte von Kilometern nordwärts in den Arktischen Ozean ergießt.[9]

Das Wasser des Baikalsees schwappt langsam in gleichmäßigen Wogen ans Ufer und wiegt mich mit seinem Lied in den Schlaf.

Am nächsten Morgen bin ich schon früh unterwegs. Hupend kommen die Autos zum Stehen, als eine Kuh langsam und gleichmütig die Straße überquert. Ich hangle mich von Auto zu Auto in Richtung Süden und werde zuletzt von drei ungarisch-mongolischen Lkw-Fahrern aufgegabelt. Kurz vor der Grenze in die Mongolei parken wir die Lastwagen in einer langen Schlange von Lkws, die alle die Öffnung der Grenze am nächsten Morgen abwarten. Im Licht des Grenzpostens stellen wir unsere Klappstühle auf und genießen bei einem kühlen Bier und russischen Maultaschen die Wärme des Abends, bevor wir es uns in den Lkws für die Nacht gemütlich machen. Sehr zuvorkommend bieten die Fahrer mir die Schlafbank des einen Lkws an. Sie selbst drängen sich zu dritt in das zweite Fahrzeug.

Am nächsten Morgen überqueren wir die Grenze in ein neues Land.

сентября Филармония
ОРГАННЫ
20

56
Революции 1905

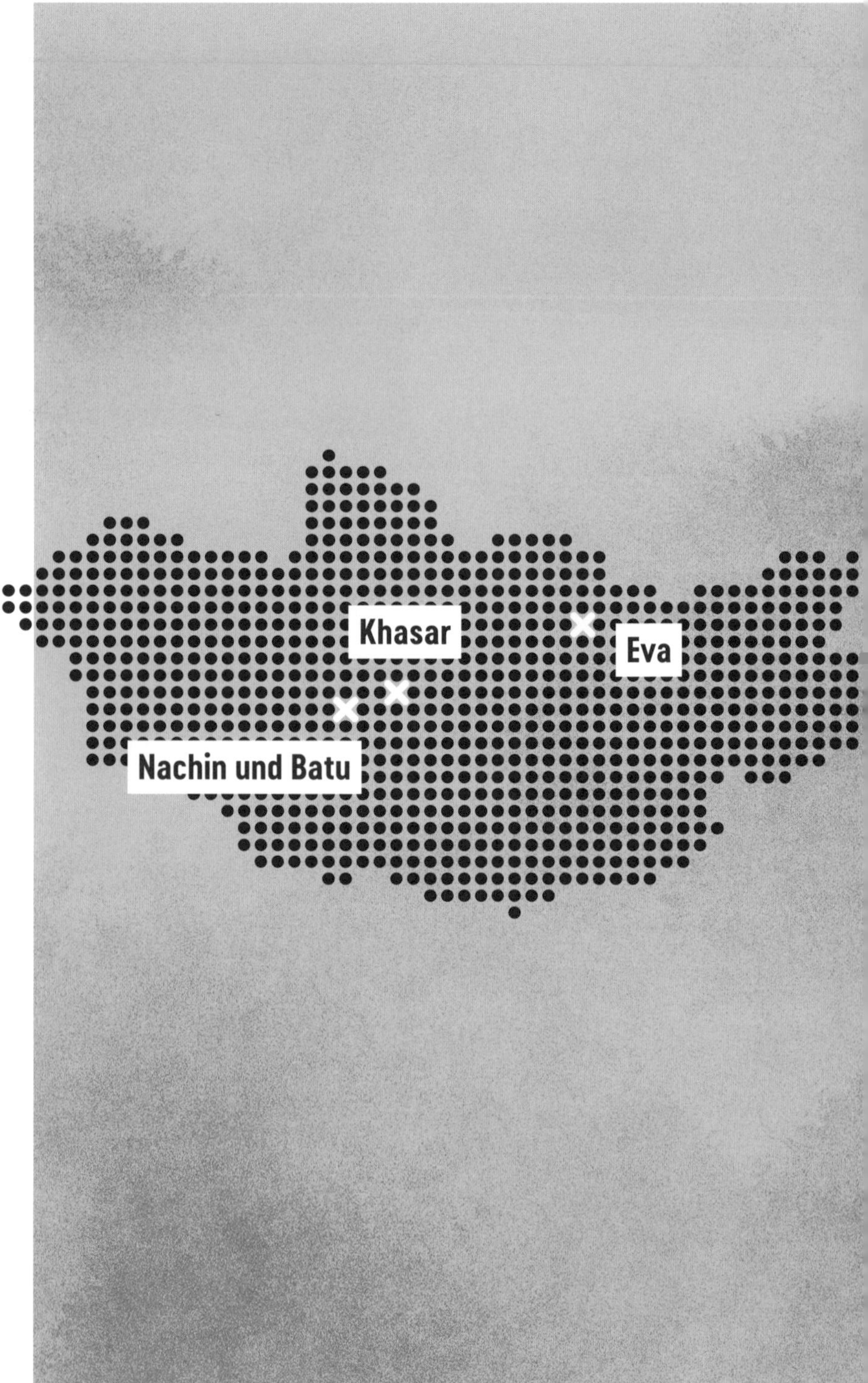
Khasar
Eva
Nachin und Batu

Mongolei

DER VERBORGENE EDELSTEIN

Bevor ich in ein neues Land einreise, mache ich mich für gewöhnlich im Internet darüber schlau. Eine Angewohnheit, die ich entwickelt habe, ist nach *Hidden Gems*, sogenannten versteckten Schönheiten dieses Landes zu schauen – Gegenden voller schöner, abgelegener Natur, noch unentdeckt und unberührt von den hungrigen Blicken des Tourismus.

Dasselbe tue ich auch für die Mongolei und stelle verblüfft fest: Es gibt keine versteckten Schönheiten in der Mongolei.

Die Mongolei selbst *ist* der verborgene Edelstein Nordostasiens.

WIE EIN FLÜSTERN DER SCHÖPFUNG

Runde Köpfe mit roten Wangen und gestriegelten Blumentopffrisuren winken mich über die russisch-mongolische Grenze. Eine kurze Fragerunde über meine Herkunft und Pläne folgt und schon bin ich im Land.

Eine einzige Straße führt geradeaus. Der Verkehr ist rege. Man fährt auf dem Seitenstreifen, zwischen den Fahrbahnen – wo es einem passt. Da wird die Straße plötzlich dreispurig und die Gegenfahrbahn verschwindet ganz. Hauptsache Überholen – zum schnellstmöglichen Zeitpunkt. Die Natur ist einfältig, aber schön, und rollt sich wie ein Teppich vor mir aus. Riesige Grünflächen werden von Pferden und Schafen, den mongolischen Rasenmähern, dauerhaft tief gehalten. Autos sind von der Spur abgefahren und durch die Wiese gerollt, um irgendwo fernab der Straße Rast zu machen. Quadratische Flickenteppiche liegen neben dem Auto auf dem Boden. Darauf sitzen mongolische Familien und Freunde, die sich zum Picknick in der Natur verabredet haben. In den Bergen, die sich in der Ferne abzeichnen, hängt ein einziger, dicker Nebelstreifen. Darunter grasen friedlich Pferde auf der saftigen Weide. Der Anblick erstrahlt in sanften Pastellfarben wie auf einem Werbeplakat, das mit offenen Armen dazu einlädt, diesen Edelstein Asiens zu besuchen.

Die Hauptstadt Ulaanbaatar ist belebt und überraschend modern. Traditionelle Einfachheit und Innovation scheinen hier Hand in Hand zu gehen. Zwischen Dorfbuden, in denen nur bar bezahlt werden kann, stehen internationale Restaurants und Cafés. In den Außenbezirken der Hauptstadt muss Wasser mühsam aus Dorfbrunnen geschöpft und die gefüllten Wasserkanister auf Ziehwagen transportiert werden, während im gesamten Stadtzentrum ein enges Netz von Elektrobussen den Transport erleichtert. Ulaanbaatar glänzt mit Einfallsreichtum und Farbe neben Altbewährtem und Kultur sowie jahrhundertealten Tempeln neben hochmodernen Gebäuden und Hotels. Die Stadt steht in ausgeglichener Balance zwischen der Freundlichkeit und Strenge ihrer Einwohner.

Mich stellt sie zunächst erneut vor die Herausforderung, ein neues Transit-Visum für Russland zu beantragen. Doch ich nutze die Zeit des Wartens und Ringens, um das Land zu erkunden.

Bei einem Ausflug Richtung Süden verwandeln sich die Wiesen der Hauptstadt bald in trockenes Geröll. Mit einem Lkw-Fahrer fahre ich durch karges Land, das einer Unterwasserlandschaft gleicht. Links und rechts türmen sich weiche Hügel auf wie Sand, der von den Windeswogen zusammengetragen wurde. Auf der schmalen Straße fahren wir wie durch ein Meer aus Staub, das sich teilt, um diesen mageren Streifen Fahrbahn für uns freizugeben. Die Straße ist gerade breit genug für das Fahrzeug, in dem wir uns befinden, und wird immer schmäler je näher sich die Augen auf den Horizont zubewegen. Vor uns liegt ein Paradies der Abgeschiedenheit und Leere. Wildpferde sind die einzige Spur von Leben in dieser trockenen Steppe. Ausgedörrt und ausgehungert stehen sie am Wegesrand. Verendetes Vieh liegt trostlos daneben. Es steht nicht ein einziger Baum, der Schatten spenden könnte. Die Landschaft ist so ebenmäßig flach, dass sie durch die Kamera nur zweidimensional wirkt. Vereinzelt fahren wir durch karge Dörfer. Die verrosteten Tore und Türen der Häuser haben trotz ihres Verfalls eine gewisse Anziehungskraft. Sie bergen das Geheimnis, wie man hier überleben kann.

Zurück in der Hauptstadt erhalte ich schließlich über Umwege, die mich viele Nerven und Kreativität kosten, ein neues Visum für Russland. Während dieser Zeit lerne ich Eva kennen, eine junge Deutsche, die wie ich auf der Reise und auf dem Heimweg nach Deutschland ist. Sie kommt gerade aus Taiwan, wo sie für ein paar Monate in einem Hostel gearbeitet hat und dort künstlerisch tätig war. Ich bin mir im Nachhinein nicht mehr sicher, was Evas Plan in der Mongolei ursprünglich genau gewesen ist. Oder ob sie überhaupt einen gehabt hatte. Doch als Visums-Mitleidensgenossinnen fühlen wir uns verbunden genug, um gemeinsam die Mongolei zu durchqueren. Damit ich dort, am westlichen Ende des Landes, erneut die Grenze nach Russland überschreiten kann.

Unsere erste Nacht außerhalb der Stadt verbringen wir in der Wüste Elsen Tasarkhai. Erst spät in der Schwärze der Nacht sind wir hier angekommen. Jetzt, am nächsten Morgen, sitze ich auf einer Sanddüne und betrachte die Gegend. Um mich herum liegen nur Sand, trockenes Geäst und Stille. Reine Stille, die von nichts durchrissen wird und allen Gedanken freien Lauf gewährt. Ich blicke auf die blauen Berge in der Ferne. Hohe, gelbweiße Sanddünen ruhen davor, vom Wind geformt und stets in Bewegung. Die glatte Einheit des Sandes lädt ein, Fußspuren darin zu hinterlassen und die weichen Hügel hinunterzurutschen. Ich lächle. Obwohl es hier kaum etwas gibt, das in irgendeiner Weise greifbar wäre, lässt mich dieser Anblick darüber nachdenken, was es wohl genau ist, das die

Natur für mich so anziehend macht. Ihr unglaubliches Potenzial, mich mit jeder ihrer Facetten zum Staunen zu bringen. Nichts schafft es so wie die Natur, mich demütig und klein zu machen und mich gleichzeitig als einen Teil von ihr zu fühlen. Wenn ich mich hier umschaue, kann ich mir nicht vorstellen, dass es keinen Gott gibt. Die Schöpfung selbst zeugt doch vom Schöpfer, hier wird Gottes Größe und Macht für mich greifbar. Ja, der Schöpfergott selbst bekommt ein Gesicht.

Meine Sorgen, all das, was mir tagsüber noch so groß erschien, werden plötzlich ganz nichtig und klein. Sie werden wieder in die richtige Perspektive gesetzt, weil sie zum Leben dazugehören, dieses aber nicht bestimmen sollten. Hier draußen spüre ich Zufriedenheit. Eine tiefe Glückseligkeit, die mir beruhigend zuflüstert, dass alles genau so ist, wie es sein soll.

EINE REISE DURCHS NICHTS

Unweit des Dorfes Bayanchongor verbringen wir die nächste Nacht. Es regnet, als ich aufwache, und ich verspüre keinen Funken Motivation aufzustehen. Nach überraschenden Gesprächen mit Einheimischen, die mitten in der Nacht auf die Idee kamen, uns mit einer Flasche Wodka in der Hand in ihrem Land zu begrüßen bleibe ich lieber ein Weilchen länger in meinen Schlafsack liegen – noch nicht ahnend, was ich entdecken sollte, als ich einige Zeit später aus dem Zelt krieche.

Es ist mucksmäuschenstill, keine Menschenseele ist zu sehen. Saftiges Gras wächst rund um den schmalen Wasserlauf, an dem Eva und ich unsere Zelte aufgeschlagen haben. Auf der anderen Seite des Ufers weiden wunderschöne, große Pferde in aller Ruhe und Gemächlichkeit. Von der Idylle dieses Anblicks verzaubert, scheint mir der Gedanke fern, auch hinter mich zu schauen. Erst als ich dort ein Plätschern vernehme, drehe ich mich um. Nur wenige Meter hinter unseren Zelten grasen zahlreiche Yaks. Junge Kälber hüpfen freudig durch den

Bachlauf, und wie von einem Anflug kameradschaftlicher Solidarität übermannt, springe auch ich mit einem freudigen Aufschrei auf, und renne mit der Kamera in der Hand auf die dunklen Wollknäuel zu. Vor lauter aufgeregtem Fotografieren merke ich nicht, wie ein tiefschwarzer, mit langen Zottelhaaren bedeckter Yak direkt auf mich zuläuft. Nur wenige Schritte vor mir bleibt er stehen und stiert mich mit seinen dunklen Augen an. Ich halte den Atem an. Mit einem Schlag wird mir bewusst, wie wenig ich über dieses Tier und sein Verhalten gegenüber Menschen weiß. Die Zeit, der Yak und ich stehen still. Der Moment fühlt sich an wie eine Ewigkeit. Dann nickt dieser schwarze Koloss mir mit einem müden Augenschlag entgegen, dreht sich desinteressiert weg und trottet stillschweigend an mir vorbei – gefolgt von dem Rest der Herde, der genauso leise von dannen zieht.

Die Mongolen, denen ich bisher begegnet bin, sind starke Persönlichkeiten mit weichen Herzen. Im Bus machen sie ohne Zögern Platz für Alte, Schwangere, Kinder und Ausländerinnen mit übergroßem Rucksack. Trampen ist hier keine Neuheit, wenn auch in der Regel oft Geld erwartet oder verlangt wird. Aber so einfach Trampen in der Theorie auch ist, so schwer kann es in der Umsetzung sein. Leute wollen uns zwar helfen, haben jedoch oft nicht die Ressourcen dazu oder dasselbe Verständnis von Hilfe wie wir. So landen wir immer wieder ungewollt in Autos, die ganz woanders hinfahren: Bei dem Bekannten eines Bekannten, der anscheinend Englisch spricht (aber nicht wirklich), oder nach einem Umweg wieder zurück im Zentrum der Stadt. Und wir müssen uns wieder mühsam bis zum Stadtrand vorarbeiten. Erst spät am Nachmittag findet sich ein Lkw, der uns in Richtung des nächstgelegenen, 200 Kilometer entfernten Ortes Buutsugaan mitnimmt. Der geteerte Teil der Strecke ist schnell zu Ende und so fahren wir querfeldein ins Nichts. Ich frage mich, wie Khasar, der Fahrer, wissen kann, welcher von diesen in den trockenen Boden gefahrenen Spuren er folgen muss. Aber er scheint sich seiner Route sicher zu sein. Mit Bestimmtheit führt er uns durch weiß-lehmige, dann orange-sandige und zuletzt rot-steinige

Wüste, bis wir urplötzlich vor einer Oase stehen: an einem Fluss, der einen schmalen Streifen dieses toten Gesteins zu leuchtend grünem Leben erweckt hat.

Als wir abends ankommen, liegt eine lange Fahrt hinter uns. Khasar schenkt uns zum Abschied Knabberzeug und Saft, bevor Eva und ich tief in der Nacht am Ortsausgang von Buutsugaan unsere Zelte aufschlagen.

Noch bevor ich richtig aufgewacht bin, höre ich laute Motorengeräusche. Ich springe auf und renne zu den beiden Lkws, die in einigen Metern Entfernung aufgetaucht sind. Mittels Gestik spreche ich die Lkw-Fahrer an und atme erleichtert auf, als sie mir sagen, dass sie in Richtung Westen unterwegs sind.

»Es wird ein leichtes Spiel, an die Grenze zu kommen!«, denke ich naiv. Doch ich sollte noch eines Besseren belehrt werden.

Als wir schließlich mit mongolischer Musik im Ohr gemeinsam losfahren, wirbeln dicke Staubwolken hinter uns auf. Das wenige Leben, das uns bis hierher noch begleitet hatte, lassen wir nun komplett hinter uns. Es wird abgelöst durch steinige Trockenheit und absolutes Nichts. Aber auch eine geballte Ladung Nichts kann überraschend faszinierend sein. Aufgesprungene Erdplatten bilden Mosaike auf dem dürren Boden. Sonnenuntergänge in neuen Dimensionen bilden vor sich die dunklen Umrisse der Berge ab. Ein schmaler Fluss schlängelt sich still durch die Ebene. Bei jedem Hügel hoffen und beten wir, dass wir es mit dem schweren 70-Tonner auch über diese Anhöhe schaffen werden. Ein Fahrer reicht dem anderen geweihtes Pulver durchs Fahrerfenster, um durch das Einräuchern von Lenkrad und Fahrerkabine bei Buddha Segen und Schutz zu erbitten.

700 Kilometer haben Eva und ich bereits zurückgelegt. 1 000 Kilometer Strecke liegen noch vor uns. Um den Weg nicht zu verlieren, haben die beiden Fahrer Nachin und Batu einen Einheimischen aus der Gegend dabei, dessen einzige Aufgabe es ist, in dieser Steinwüste den Weg zu weisen. Dennoch gibt es ständig

Grund, haltzumachen: Der Lkw muss repariert, Reifen geflickt und gewechselt, zerbrochene Bremsscheiben ersetzt und das Schaltgetriebe instand gesetzt werden. Irgendetwas ist immer. Doch unser gemeinsames Vorhaben, entgegen aller Hürden unser Ziel zu erreichen, schweißt uns zusammen. Die Jungs sind schon lange unterwegs, sie sind müde und erschöpft. Während sie die Schäden beheben, bereiten Eva und ich auf Gaskochern das Essen zu: Drei-Minuten-Nudeln mit gekochten Karotten. Zum Frühstück, mittags und abends. Im Staub der Straße breiten wir Decken aus und rühren Instant-Kaffee mit Trockenmilch an, der zu einer erholenden Pause einladen soll. Abends schauen wir der Sonne hinterher, betrachten, wie sie erst allem einen gold-orangenen Glanz verpasst, allmählich an Höhe verliert und dann verschwindet. Und mit ihr die Berge und Felder. Bis meine Sicht nur noch auf die staubigen Pfade begrenzt ist, die von zwei hellen Scheinwerfern ausgeleuchtet werden. Im tiefen Schwarz der Nacht arbeiten sich die Lichter ihren Weg vorwärts, dicht gefolgt von dem Dröhnen der Lkws und ihren Insassen. Und irgendwann schlafen wir in unseren Zelten neben dem Lkw, auf Decken unter dem Lkw oder zusammengepfercht im Innenraum des Lkws ein.

Keiner der drei Jungs spricht ein einziges Wort Englisch, genauso wie Eva und ich kein einziges ihrer mongolischen Klackgeräusche verstehen. Nachin, einer der Fahrer, zeigt mir Bilder von seiner Familie. Wir benutzen Stift und Papier, Hände und Füße, um uns zu verständigen. Er erzählt Geschichten vom Lkw-Fahren entlang der chinesischen Grenze und seinem vorherigen Job. Wir tauschen Hobbys aus und lachen über die Witze des anderen. Wir kommunizieren mit einer solchen Einfachheit, als teilten wir eine gemeinsame Sprache. Und in gewisser Weise tun wir das auch. Nur eben keine, die aus Worten besteht.

Wir sehen Herden wilder Pferde, die eng aneinandergedrängt der Kälte zu entgehen versuchen. Yaks, die durch die Landschaft ziehen. Wir beobachten, wie Kamele erst ihre langen Hälse recken und dann mit ihren staksigen wenngleich kräftigen Beinen unseren donnernden Motorengeräuschen ausweichen. Wir schmunzeln über kleine Erdhörnchen, die aufmerksam ihre Nasen in die Luft strecken. Und betrachten mit Spannung riesige Falken, die über ihnen kreisen. Wir löschen die in der sengenden Hitze in Flammen aufgegangenen Reifen eines Lkws mithilfe von Limonade und süßen Getränken – das Einzige, was uns in der Schnelle in die Hände fällt.

Nach Ewigkeiten kommen wir wieder an einer Ortschaft vorbei, die aus Lehmhütten und Mauern aus Stein besteht, und gönnen uns den Spaß, *Airag* (vergorene Pferdemilch) zu probieren. Wir speisen traditionell mongolisches Essen in traditionell mongolischen Jurten. Wir lassen uns von wunderschönen Seen mitten im Nichts den Atem rauben. Wir fahren durch unglaubliche Weite, bei deren Anblick es schwerfällt zu glauben, dass es noch irgendetwas jenseits dessen geben kann, was meine Augen erfassen. Die glühenden Strahlen der Sonne sind uns auf der Fahrt ein treuer Begleiter.

So reisen wir, zwei Deutsche und drei Mongolen, gemeinsam durch die Stille der Wüste – wo man nicht einmal das Zwitschern eines Vogels vernimmt. Durch ein Land, das zum größten Teil noch von Menschenhand unberührt ist. Ein Land, in dem Weite, offene Steppe und nomadische Kultur vorherrschen, und in dem vorzeitliche Lebensweise auf Fortschrittlichkeit trifft.

Die Mongolei ist ein Land, dessen größter Juwel in meinen Augen die unerschöpfliche Weite und Unberührtheit ist. Völlig neue Größenordnungen dominieren die Norm: Gestein wurde aufgetürmt zu majestätischen Gebirgsfronten, dahinter eine Mauer eindrucksvoller Wolken – ein Meisterwerk der Schöpfung selbst. Blumen stehen nicht nur vereinzelt am Wegesrand, sondern sind vereint zu einem violetten Ozean. Himmel und Landschaft konkurrieren in Ausstrahlung und Attraktivität. Dieses Land birgt eine gewaltige Schönheit. Der greifbar echte und unbegreiflich schöne Edelstein Nordostasiens.

Sieben Tage und sieben Nächte verbringen wir zusammen auf unserem Trip ans westliche Ende der Mongolei.

Dann bleiben wir erneut mit dem Lkw liegen. Langsam werde ich nervös. Die Zeit meines neuen Russland-Visums läuft bereits. Bei Antragstellung musste ich das Datum meines voraussichtlichen Eintritts nach Russland angeben. Aber die Durchquerung der Mongolei hat länger gedauert als geplant, und noch immer befinde ich mich hier. Als wir nach langer Zeit am Straßenrand ein Auto erspähen, renne ich dem Fahrzeug mit winkenden Armen entgegen.

Herzlich verabschiede ich mich von Eva und den Jungs. So eine lange Zeit gemeinsam auf engem Raum verbindet! Dann reise ich mit den zwei Jugendlichen, deren Auto ich gestoppt habe, weiter bis kurz vor die Grenze Russlands und baue zwischen Hügeln, auf steinigem Geröll, mein Zelt auf.

WETTLAUF GEGEN DIE ZEIT

Ein bereits überfüllter Van mit kasachischen Gastarbeitern öffnet am nächsten Morgen seine Türen für mich und setzt mich auf der Fahrt bis zur Grenze galant als Kinderhüterin ein. Ein kurzer Stopp für einen Reifenwechsel wird durch einen weißen Schwan auf einem Teich mitten im Nichts wettgemacht – und bald schon reihen wir uns in die lange Autoschlange am Grenzübergang ein.

Ich kann nicht warten, die Zeit drängt, also trenne ich mich von der Gruppe und laufe an den wartenden Autos entlang zum Grenzposten. Dort trete ich an das Häuschen heran und werde aufgefordert zu warten. Nichts passiert. Erneut trete ich heran und bitte, passieren zu dürfen. Man lacht. Zu Fuß die Grenze zu übertreten, sei dumm. Man legt mir keine Regeln vor und klärt mich nicht darüber auf, ob es legal oder illegal sei. Es sei schlichtweg lachbar und nicht machbar.

Erneut werde ich aufgefordert, zu warten. Ich sehe keinen Fortschritt in meinen Bemühungen und spreche einen zweiten Offizier an, der mich im Immigrationsbüro in eine Nische führt. Dort setzt er mich ab und weist mich an, nun hier zu warten. Ich beobachte, wie Menschen an den Immigrationsschalter treten und nach und nach ihren Stempel zum Verlassen der Mongolei erhalten. Ich sehe, wie sie kommen und wieder gehen, während ich noch immer nur wartend dasitze. Ich werde ungeduldig. Jedes Warten bedeutet Zeit verlieren. Und meine Reise wurde mit Beginn meines Russland-Visums erneut zu einem Wettlauf gegen die Zeit.

Ich beschließe also, die Sache in eigene Hände zu nehmen. Entschlossen greife ich meinen Rucksack und verlasse den Raum. Ich laufe zurück zum Grenzposten, mit dem Vorhaben, ein Auto zu finden, das mich mit über die Grenze nimmt.

Im ersten Auto sitzen Einheimische und verlangen als Gegenleistung für eine Mitnahme Geld. So auch im zweiten, dritten, vierten und fünften Auto. Im sechsten Auto sitzen zwei Franzosen, auf der Suche nach Abenteuer. Sie nehmen mich gerne mit. Noch während wir an der Grenze im Auto sitzen, quatschen wir und aus einem Nebensatz vernehme ich: Die beiden Franzosen haben kein Visum für Russland. Sie wollen an der Grenze ihr Glück versuchen.

Aus eigener Erfahrung ahne ich, dass ihnen ein Visum für Russland nicht ohne Weiteres erteilt werden wird. Ich verabschiede mich daher und steige enttäuscht wieder aus.

Dima
Andrej

Russland – Teil 2

EXPRESSVERSAND MIT EINSCHREIBEN

Viel zu spät überquere ich schließlich mit zwei kasachischen Lkw-Fahrern die Grenze nach Russland.

Das mit den Lkw-Fahrern ist übrigens so eine Sache. Ihnen eilt ein gewisser Ruf voraus, der einen im ersten Moment vor dem Einsteigen zögern lässt. Doch ist man erst einmal drin, öffnen sich ungeahnte Welten der Gemütlichkeit. Ein Gaskocher zwischen den beiden Sitzen versorgt in längeren Wartezeiten mit Heißgetränken, und ein verstecktes Schiebefach birgt Wurst, Kekse und grundsätzlich einen Überfluss an Köstlichkeiten. Die meisten Lkw-Fahrer lieben Gesellschaft und tun alles, damit ich mich wohlfühle.

»Du bist müde? Leg dich hinten ins Bett und mach es dir gemütlich.«

»Filme schauen? Greif über dich und schau meine DVD-Sammlung durch. Der Fernseher steht dort oben.«

»Kaltgetränke? Stehen im Mini-Kühlschrank, bedien dich.«

Viel öfter als vermutet, befindet sich hinter der blechernen Fassade eines Lkws ein Hotel auf Rädern, dessen Innenausstattung verrät, dass hier nicht nur gefahren, sondern auch gewohnt wird. Und darin ein Fahrer mit einem Herzen so warm wie der Kaffee, den er binnen Minuten anbieten wird.

Fast augenblicklich mit der Einreise nach Russland tauchen wieder Wälder auf, die verglichen mit der baumlosen Trockenheit der Mongolei nun sogar noch grüner und kräftiger wirken. Gemeinsam durchfahre ich mit den beiden Kasachen die kurvigen Schluchten des Altai Gebirges. Als es zu dämmern beginnt, halten wir an einem kleinen Fluss, grillen und verbringen dort die Nacht – die Fahrer im Lkw und ich unter dem sternenbedeckten Himmelszelt.

Am nächsten Morgen sind meine Decken von Tau überzogen. Ich stehe auf und wasche mich im kühlen Bergbach. Gerne würde ich noch bleiben und mehr hiervon sehen. Aber durch das späte Überqueren der Grenze bleibt mir nur noch genug Zeit, den schnellstmöglichen Weg aus dem Gebirge zu finden und Russland wieder zu verlassen, bevor mein Visum abläuft. Noch immer habe ich über 4 000 Kilometer vor mir. Meine Mitfahrgelegenheit tut, was sie kann, um mich schnellstens weiterzubringen. Bevor sich unsere Wege trennen, kontaktieren sie über Funk einen Lkw vor uns und erkundigen sich, ob dieser in meine Richtung fährt. Tut er. Auf dem Seitenstreifen halten beide Fahrzeuge an, damit ich beim nächsten Fahrer einsteigen kann, der mir später wiederum eine Weiterfahrt in einem dritten Lkw organisiert. Ich werde weitergegeben wie ein Paket, das per Expressversand mit Einschreiben verschickt wurde.

Mitten in der Nacht fährt der letzte Lkw auf einen Parkplatz in Nowosibirsk. Von hier könnte ich einen Zug in den Westen nehmen, doch wir befinden uns noch 20 Kilometer außerhalb der Stadt.

»Morgen früh können wir in die Stadt zum Bahnhof fahren«, meint der Fahrer. Es ist 2 Uhr morgens. Doch ich habe keine Ruhe, zu warten. Stattdessen bedanke ich mich für die Mitfahrt, hüpfe aus dem geparkten Fahrzeug und laufe eilig zur Straße. Nach kurzer Zeit sehe ich in der Ferne Scheinwerfer auf mich zukommen. Mit Entschlossenheit fixiere ich den Wagen und die Stelle, an der ich in der Dunkelheit den Fahrer vermute. Ich strecke die flache Hand aus, um mit schnellen Auf- und Abwärtsbewegungen auf mich aufmerksam zu machen. Der Fahrer verlangsamt, hält kurz hinter mir an und kurbelt das Fenster hinunter. Er schaut mich fragend an.

»Ich möchte zum Bahnhof«, formuliere ich in bruchstückhaftem Russisch, als ich den Wagen erreiche. Er schaut mich weiter wortlos an.

»Bist du auf dem Weg zum Bahnhof?«, frage ich erneut auf Russisch und diesmal mit entsprechenden Gesten. Stumm blickt er mich an und winkt mich ins Auto. Er stellt sich mir als Dima vor. Dima ist so alt wie ich und spricht vereinzelte Worte Englisch. Noch besseres Englisch spricht sein Handy-Übersetzer, der uns bei der Kommunikation eine erhebliche Hilfe ist. Dima versteht mein Anliegen und er versteht meine Eile. Er lässt nicht viel Zeit verstreichen und fährt mich auf direktem Weg zum Bahnhof. Dort ist noch Licht. Von zahlreichen Schaltern ist nur einer geöffnet. Dima setzt sich in die Wartehalle und überlässt mir geduldig das Reden. Er möchte nicht gehen, bevor er weiß, dass meine Fahrt im Zug gesichert ist. Doch die Dame am Schalter schüttelt den Kopf. Das Ticket, das ich möchte, gibt es nicht mehr. Wir beginnen nach anderen Möglichkeiten zu suchen. Ich muss bis spätestens morgen früh um 10 Uhr einen Zug erwischen, damit ich noch rechtzeitig vor dem Ablauf meines Visums in zwei Tagen das Land verlassen kann. Dima steht auf, fragt, ob ich Hilfe brauche, doch ich verneine. Die Lösungssuche geht weiter. Doch irgendwann reicht es Dima. Er beginnt auf Russisch energisch mit der Dame am Schalter zu sprechen. Sie zeigen abwechselnd auf den Fahrplan und rechnen nach. Irgendwann stoppt Dima, dreht sich zu mir um und sagt: »Wenn du dich jetzt beeilst, bekommst du noch das letzte Ticket für einen anderen Zug, der dich innerhalb von 45 Stunden rechtzeitig nach Moskau bringt.« So kaufe ich schließlich das letzte erhältliche Ticket für den Morgenzug nach Moskau. Die Erleichterung ist groß. Inzwischen ist es 4 Uhr morgens. Dima und ich laufen nach draußen, gönnen uns einen Kaffee und eine heiße

Currywurst und setzen uns ins warme Auto. Wir quatschen eine Weile und als der Morgen bereits dämmert, klappen wir die Sitze zurück und schlafen erschöpft ein.

Gegen 7 Uhr weckt Dima mich. Er muss zur Arbeit und seinen Dienst im Polizeirevier antreten. Wir verabschieden uns und ein paar Stunden später sitze ich im Zug.

Ein stürmischer Tanz mit Russland neigt sich dem Ende zu: ein nervenzehrender Streit um ein Visum, ein Wettlauf gegen die Zeit. Ich bin mit einer solchen Geschwindigkeit durch die Zeitzonen gereist, dass für eine kurze Zeit meine Tage 26 Stunden zählten. Freundliche, zuvorkommende Menschen erstaunten mich immer wieder, indem sie mich hilfsbereit im Auto mitnahmen, mir anboten, mein Gepäck zu tragen, mich zum Essen einluden oder interessiert ins Gespräch verwickelten. Ich begegnete so vielen Menschen, die es sich ungefragt zum Anliegen machten, mich durch das Land und rechtzeitig vor Visumsende wieder zur Grenze zu bringen, sodass ich Russland in letzter Minute verlasse – mit einem von Freude und Adrenalin gefüllten Herzen.

ИЙ
ВОКЗ

Serge
Ukraine
Moldawien/Transnistrien
Olga
Eugenia

Osteuropa

DAS LAND, DAS ES NICHT GIBT

Dreieinhalb Jahre des Reisens liegen hinter mir. Dreieinhalb Jahre des Auf-mich-allein-gestellt-Seins. Des Kräftezehrens. Dreieinhalb Jahre des persönlichen Stärker- und körperlichen Schwächer-Werdens. Ein Berg an gesammelten Erlebnissen und Erfahrungen. Dreieinhalb Jahre voller Aufs und Abss und Etlicher Bekanntschaften, die alle ihren Eindruck hinterlassen und auf ihre Weise dazu beigetragen haben, mich zu dem Menschen werden zu lassen, der ich bin und zu dem ich mich entwickle. Dreieinhalb Jahre neuer Erkenntnisse und Ereignisse die mich tief im Innern beeinflusst haben. Naturwunder, die bis zum heutigen Tage noch regelrechtes Staunen in mir auslösen, wenn ich daran zurückdenke. Eintauchen und Kennenlernen der Schönheiten dieser Welt, die auf sonderliche Weise erfüllend sind und gleichzeitig eine Sehnsucht nach mehr hervorrufen. Und besondere Begegnungen mit Gott, in denen ich Bewahrung und Frieden erlebt habe, und dem ich während dieser Zeit nähergekommen bin.

Das lässt man nicht spurlos hinter sich. Ich habe mich dem Leben, aus dem ich kam und in das ich bald zurückkehren werde, entfremdet.

Während des Reisens habe ich viel gelernt. Ich meine nicht, neue Weltanschauungen zu entdecken und meinen Horizont zu erweitern, wobei das ein willkommener Nebeneffekt des Reisens ist. Nein, ich habe vor allem gelernt, wieder zufrieden zu sein.

Meinen Fokus neu auszurichten auf die Schönheiten des Lebens. Beim Reisen sind das die Momente, in denen ich abends in einer lauwarmen Nacht auf meiner Zeltplane liege und in den Sternenhimmel blicke. Oder am Lagerfeuer sitzend den Geräuschen der Nacht lausche. Wenn ich dann in die Tasche greife und ein Stück Schokolade zücke, das mir nach einem langen Tag des Trampens geschenkt worden ist, dann ist dieser doch so vertraute Geschmack mit einer neuen Süße angereichert. Dann huscht mir ein Lächeln über die Lippen und um mein Herz wird es ganz warm, wenn ich so dasitze und denke: »Geht's mir gut!«

Der Mensch braucht nicht viel, um glücklich zu sein – nur vergisst er das oft. Ich habe die Einfachheit des Campens lieben gelernt: Allein mit der Natur und ihrem Schöpfer zu sein. Und habe erfahren, dass Rückschläge nicht immer gleich Rückschläge sein müssen. Zum Beispiel, wenn ich nach scheinbar endlosem Warten in der Hitze oder Nässe von keinem Auto mitgenommen werde, bis nach Stunden jemand vorbeikommt, der genau dort hinfährt, wo ich hin möchte. Oder wenn ich spät abends hungrig und müde endlich einen Schlafplatz finde, und dann kurz darauf gesagt bekomme, dass ich hier nicht bleiben kann; Wenn ich dann alle meine Sachen wieder einpacke und durch die Dunkelheit stolpere, auf der Suche nach einem anderen Ort. Und am nächsten Morgen in der unverhofften Friedlichkeit aufwache, die nicht immer jeder Ort und jeder Morgen mit sich bringt. Dann ist dieser Schlag kein Rückschlag gewesen, sondern ein Stoß hin zu einem besseren Ort, an dem ich auch den kommenden Tag verweile, weil ich diese wundervolle Umgebung noch nicht verlassen will.

Man könnte sagen, ich habe mich beim Reisen an einen gewissen Lebensstil gewöhnt. An eine Schlichtheit im Alltag, die sich lediglich um Grundbedürfnisse sorgt, für deren Zufriedenstellung die einfachsten Mittel plötzlich ausreichend sind.

Die Wahrheit ist, ich habe Angst davor, nach Hause zu kommen. Angst davor, all diese Freude, Dankbarkeit, Zufriedenheit und Leichtigkeit zu verlieren, wenn ich erst wieder Deutschland und damit den Alltag betrete.

Ich beschließe daher, meine Heimkehr noch etwas zu verzögern. Nur noch ein kleines bisschen.

NASSE FÜSSE IN SLOWENIEN

Mit dunkler Schildkappe tief ins Gesicht gezogen und schwarzer Regenjacke über den Kleidern laufe ich von Haus zu Haus, suchend, forschend, ob eines der Häuser mir vor dem Regen Zuflucht bieten könne. Viele dieser Hütten sehen alt und verwahrlost aus, alles andere als bewohnt. Ich husche Treppen hinauf und prüfe, ob Türen offen stehen. Kein Erfolg. Zerbrochene Fenster wurden mit hartem Kunststoff oder Metallplatten verriegelt, sodass auch hierdurch kein Eindringen möglich ist. Die letzte Nacht habe ich bereits auf einem Jägerhochsitz verbracht. Über das zusammengezimmerte Bretterdach habe ich im Regen eine Plane gespannt und mit alten Zeltschnüren festgebunden. So saß ich dann im Innern des Hochsitzes und lauschte dem Regen, der auf die Plane über mir prasselte, daran abprallte und langsam das schräge Dach hinuntertropfte.

Mir fällt ein Zitat ein, das ich einmal auf einem Reiseblog gelesen habe und das mir damals sehr gefiel. Es sagt in etwa aus, dass man jede Jahreszeit, jedes Wetter, sei es Sonne oder Regen, in sich aufnehmen und genießen solle – denn jedes Wetter bringe eine neue Facette des Landes hervor, solange man sich nur darauf einlasse.

Ich habe dieses Zitat direkt gemocht. Sehr sogar. Solange es für mich in der Theorie geblieben war. Aber inzwischen habe ich genug vom Regen. In mir sträubt sich alles dagegen, erneut bei einem aufkommenden Gewitter mein Zelt aufstellen zu müssen. Dazu in einem Land, in dem Wildcampen ohnehin verboten ist. Noch immer bin ich auf der Suche nach einem verlassenen Haus, einer Kirche, einem Unterschlupf. Irgendein Ort, an dem ich den Regen sicher abwarten könnte. Doch ohne Erfolg. Von grellen, immer heller aufleuchtenden

Blitzen fühle ich mich wie mit der Peitsche geschlagen. Ich renne über Steinstrände und an erdigen Klippen entlang. Wasserrinnen haben sich gebildet und leiten den Regen in plätschernden Rinnsalen die Hügel hinunter. Der Donner grollt und jagt mich vorwärts. Ich kämpfe mich durchs Gebüsch und bleibe mit dem Rucksack an Ästen hängen, von denen ich mich in der Dunkelheit freikämpfen muss. Wurzeln winden sich am Boden wie braune Schlangen. Eine Wildschweinfamilie rennt grunzend an mir vorbei – vorausahnend, was nur wenige Minuten später auf uns zukommen würde.

Versteckt zwischen Büschen auf einem Berg schlage ich schließlich müde im strömenden Regen mein Zelt auf. Dann bricht es erst richtig los. Blitze durchzucken die trübe, wolkenbehangene Dunkelheit und lassen für ein paar lange Sekunden die Nacht zum helllichten Tag werden. Der gesamte Himmel ist erleuchtet. Ich beobachte, wie Blitze auf das Nachbardorf hinunterjagen. Grellweiße Linien, die sich von oben nach unten ziehen, sich wie ein Spinnennetz ausbreiten und dort auf die Stadt herabfallen. Donner grollt von allen Seiten so laut, dass die Erde bebt. Wie ein brüllender Löwe, der geweckt wurde und nun umhergeht und die Welt in Schrecken versetzt. Die Bäume um mich biegen sich geräuschvoll unter dem Gewicht des Windes – als würden sie den Himmel um Gnade anflehen. Ich befinde mich in einem Naturschauspiel der grausam faszinierenden Art. Es ist das heftigste Gewitter, das ich je aus nächster Nähe miterlebt habe. Ich ziehe meinen Kopf in mein Zelt zurück und schließe die Augen – betend, dass das Gewitter an mir vorüberziehen würde.

Als ich aufwache, regnet es noch immer. Ich kuschle mich in mein Bett, das sich heute Morgen gemütlicher anfühlt als sonst. Unter meinem Zelt hat sich eine Wasserblase gebildet. Just in diesem Moment spüre ich, wie das Wasser nach innen fließt. Ich öffne das Zelt – überall nur Wasser. Ich liege in einer einzigen großen Dreckpfütze. Geübt und ohne nachzudenken, packe ich meine Sachen in den Rucksack, rolle mich seitwärts aus dem Zelt, um möglichst ein weiteres Eindringen von Wasser in das Zelt zu vermeiden. Das triefende Zelt stopfe ich so, wie es ist, in eine Plastiktüte und eile den Berg hinab. Der Regen hat gestoppt. Der Himmel über der adriatischen See hat aufgeklart. Sanft tropft es noch von den Bäumen, so unschuldig wie nach einem milden Sommerregen.

ERDBEEREIS IN DER UKRAINE

Über die Ukraine habe ich bereits viel gehört. Nichts davon war gut. Das hat zum einen den Reiz, dieses Land kennenzulernen, umso höher getrieben. Mit ihm aber auch das Kribbeln im Bauch, mit dem ich gerade die Grenze überschreite. Schon lange bin ich nicht mehr so nervös gewesen, ein neues Land zu erkunden. Ich taste mich also zunächst langsam heran. Von der Grenze aus laufe ich die breite, von einladendem Grün umgebene Straße entlang, die geradewegs in das erste Dorf führt. Ich laufe an den kleinen Buden und Gartentoren vorbei und beobachte, wie die Leute auf mich reagieren, wer zurückgrüßt, wer lächelt. So bekomme ich einen Eindruck, ein Gefühl für die Atmosphäre. Mir fällt eine ältere Dame in den Blick, die gebückt und langsam schlurfend ihre vollen Einkaufstaschen trägt. Ich eile ihr zu Hilfe und lächle sie an, während ich ihr langsam die beiden Taschen nacheinander aus der Hand nehme. Sie nickt und lächelt zurück. Bis vor die Haustür laufe ich schweigend mit ihr und stelle die Taschen in den Flur des Hauses, zu dem die Dame soeben die Türe aufgeschlossen hat. Als ich mich verabschiede, greift sie mich am Arm und geheißt mir, ihr ums Eck zu folgen. Sie führt mich über Treppenstufen hinauf in einen dunklen Laden mit Holzfenstern. Die Dame scheint den Verkäufer zu kennen, der uns nach kurzem Wortwechsel mit der Dame ein Erdbeereis am Stiel sowie einen Kaffee im kleinen, braunen Pappbecher an einen Tisch bringt. Und so sitzen wir zusammen an einem braunen, runden Tischchen in einem Kiosk direkt hinter der Grenze und blicken uns an, während wir stumm lächelnd unser Erdbeereis lutschen.

Kurz darauf möchte ich Geld in der Landeswährung abheben. Daher laufe ich zu einer Tankstelle und erkundige mich nach einem Geldautomaten. Den gibt es in dieser Gegend nicht. Stattdessen schenkt mir die Tankwärtin einen Kaffee. Ganz schnell merke ich: Das ist ein gastfreundlicher Staat!

Im Nebel des Morgengrauens laufe ich nach meiner ersten Nacht in der Ukraine die nassgrauen Straßen der Karpaten entlang, ein Hochgebirge, das sich über acht Länder erstreckt. Es hat etwas Friedliches, hier morgens aufzuwachen, aus dem Zelt zu steigen und den Tag so früh zu beginnen. Es scheint, als wäre man wach, bevor die Erde selbst es ist. Alles liegt still, in kalten Dunst gehüllt, da. Faszinierend, wie ein einziger Nebelschweif eine ganze Landschaft ummanteln und verschwinden lassen kann. Frost bedeckt die langen Gräser und nasse Kälte macht sich unmittelbar an meinem körperlichen Wohlbehagen zu schaffen.

Noch ist alles ruhig. Bald werden Kühe mit großen Glocken um den Hals, die ihr eigenes Lied zum Marsch spielen, auf die Wiesen getrieben. Pferde werden hölzerne Wagen ziehen, auf denen Werkzeuge und Material für die Feldarbeit liegen. Bauern werden auf großen Karren Heu vom Feld in die Scheune schleppen. Zwischen heruntergekommenen Holzbaracken stehen schönste Zinnkirchen mit goldenen Kuppeln und gepflegten Vorhöfen, vor denen sich im Laufe des Tages alle bekreuzigen werden, deren Weg hier vorbeiführt. Hinter verwilderten Apfelbäumen verstecken sich wunderschöne, alte Häuser mit bunten Toren, deren witterungsbeschädigte Farbe allmählich abblättert. Im Hinterhof steht eine Kuh neben einer Wäscheleine, auf der nach Farben und Größen geordnete Kinderkleider zum Trocknen aufgehängt wurden. Und vor den Häusern stehen in Eimern, Kisten oder Schubkarren gepflückte Äpfel oder Walnüsse zum Verkauf bereit.

Ich schöpfe mir Wasser aus uralten Dorfbrunnen, mache Feuer, schlafe am Bergbach und atme die Luft aus einer längst vergangenen Zeit.

Das Leben in den Karpaten ist so anders als das Leben in der Stadt. In Kiew stehen kunstvolle Kloster und Altbauten mit steinernen Säulen, gepflasterte Straßen und weite Plätze mit Denkmälern, die an die Unabhängigkeit erinnern. Die gläsernen Fronten moderner Gebäude reflektieren den blauen Himmel. Straßenkünstler dominieren die Straßen genauso wie Kaffee- und Sandwichshops. Kinder machen Bilder mit Menschen in Panda-Kostümen oder mit Affen auf der Schulter und Tauben auf der flachen Hand. Große Wasserfontänen sind eine nett anzuschauende Attraktion auf dem *Independence Square,* der rundherum geschmückt ist mit rot blühenden Blumen.

Ohne Probleme finde ich hier Mitfahrgelegenheiten, die zudem noch nett und unterhaltsam sind. Mehrere Male werde ich zum Essen eingeladen. Mit Sergej, einem Lkw-Fahrer aus Rumänien, kann ich die ganze Nacht hindurch fahren. Und sechs ukrainische Männer, die mich in ihrem Kleinbus mitnehmen, teilen mit mir ihr Abendbrot und scheinbar nicht enden wollende Runden mit Wodka, Cognac und selbst gebranntem Schnaps.

So erreiche ich bald die Stadt Lwiw, deren lebhafte Straßen nur so von Straßenmusikern, Bücherflohmärkten, Obst- und Blumenhändlern tummeln. Und weiter nach Odessa, wo das Ballett und das Schwarze Meer den Gedanken Raum und Inspiration geben. Die Herbstsonne taucht alles in ein warmes Licht und lässt kurzzeitig die Kühle des aufkommenden Herbstes vergessen.

»WIR WAREN ALLE MILLIONÄRE« IN TRANSNISTRIEN

Goldene Laubbäume stehen Spalier, als ich auf der Landstraße durch Transnistrien fahre, den abtrünnigen Teil eines ehemaligen Moldawiens. Von der Ukraine kommend, habe ich die Grenze passiert. Ich erhalte eine Eintrittsbestätigung, aber mein Reisepass wird nicht gestempelt. Dazu hat Transnistrien keine Verfügung, da es offiziell als Teil der Republik Moldawien zählt. Jedoch sehen Transnistrien und Moldawien sich selbst voneinander getrennt an, weshalb es am transnistrischen Grenzposten keine moldawischen Kontrollen gibt. Ich habe also zwar das eine Land verlassen, bin aber offiziell in keinem anderen Land angekommen.

Ich bin in einem Land, das es nicht gibt.

Es ist der 226. Geburtstag der Hauptstadt Tiraspol. Eine riesige Bühne schmückt die Straße vor dem Denkmal von Suworow, dem Gründer der Stadt. Marktstände verkaufen neben Essen alles, was man sich nur vorstellen kann: von Schmuck über Feuerwerkskracher bis hin zu Möbeln und Kleidern. Märchenfiguren laufen durch die Reihen und Kinder in Armee-Kostümen posieren für Fotos hinter Maschinengewehren, die so groß sind wie sie selbst. Soldaten laufen mit Abzeichen bestückt durch die Massen, alte Dienstautos und Fahrzeuge aus der Sowjetzeit sind in einer Ausstellung zu besichtigen. Immer wieder fährt mein Blick nach unten, wo kleine Jungs und Mädchen in Elektroautos an meinem Schienbein zum Stoppen kommen. Laute Musik dröhnt aus den Lautsprechern und übertönt die hohen Klänge eines Karussells, das ausdauernd eintönige Runden dreht.

Ich fühle mich in eine andere Ära zurückversetzt. Klobige Kastengebäude sind Zeugen einer Zeit, in der es keinen Sinn für detailreiche Feinheiten gab. Große Büsten erinnern an die Helden längst vergangener Jahre. Ein klappriges Riesenrad in rostigen, bunten Farben dreht langsam seine Kreise und kommt doch nicht vorwärts – eine passende Metapher für die Gegenwart dieser Republik.

Als nach dem Zerfall der Sowjetunion Moldawien die staatliche Souveränität erhielt und Russisch als zweite Amtssprache abschaffte, stiegen die bereits vorherrschenden Spannungen innerhalb des Landes an. Östlich und westlich des Dnister[10] hatten sich unterschiedliche Bevölkerungsgruppen gebildet, von denen die Mehrheit auf der östlichen Seite Russisch sprach, während man auf der westlichen Seite überwiegend Moldauisch beherrschte. Die Entrüstung im östlichen Teil nahm zu, als Moldawien resistent Befehle aus Moskau ignorierte und den Abzug der sowjetischen Truppen aus dem Land einforderte. Man sah eine Bedrohung der eigenen Rechte und erklärte sich schließlich mithilfe der russischen Truppen als staatlich unabhängig, und grenzte sich vom Rest Moldawiens ab. Der Geist der Sowjetunion ist damals gekommen und für immer geblieben. Transnistrien ist Kulisse und stolzer Überrest einer ehemaligen Sowjetunion.

Die Frau mit den kurzen, braunen Locken rückt sich ihre dicke Hornbrille zurecht. In einer Wohngegend zwischen einer zerfallenen Seiden- und einer Baumwollfabrik, die schon lange nicht mehr in Betrieb sind, folge ich ihr in ein altes, graues Gebäude. Eines der wenigen, das nicht zerfallen ist oder leersteht. Ein Blumen-Tattoo auf ihrer Hand ist das Einzige, das mich daran erinnert, dass wir uns im Jahr 2018 befinden, als wir in dem schmalen, knarrenden Holzfahrstuhl in den dritten Stock fahren. Sie bietet mir einen Platz auf einem Holzbänkchen an, das sie unter dem kleinen Küchentisch hervorzieht. Ihre Küche ist eng und kalt.

»Die Heizung wurde noch nicht eingeschaltet«, entschuldigt sie sich und verdreht die Augen. »Das passiert jedes Jahr am 15. Oktober. Im ganzen Land, egal, wie warm oder kalt es ist.« Holzkisten und Brotdosen an der Wand wurden olivgrün angestrichen und fungieren als Regale. Die Wände sind großflächig mit einzelnen Tapetenresten beklebt und teilweise von Kratzspuren des Katers Thomas überzogen.

»Alles ist alt«, sagt Eugenia. »Die Gebäude sind alt, die Autos sind alt. Sogar die Menschen sind alt.« Alle jungen Leute verlassen das Land, um in anderen Ländern Arbeit zu finden. Sie erzählt vom Krieg. Wie ihr Mann wie jeden Morgen das Haus verließ, um zur Arbeit zu gehen. Kurz darauf wurde er von einem Mann in Uniform gefragt, was er auf der Straße tue.

»Es gibt heute keine Arbeit!«, sagte dieser Mann. »Geh wieder nach Hause.« Und so begann er. Der Kampf um die Souveränität, im Jahr 1992.

Zwei Monate lang versteckten Eugenia und ihre Familie sich im Haus. Wollten sie Lebensmittel kaufen, gingen sie und ihr Mann gemeinsam. Die Kinder schlossen sie währenddessen in der Wohnung ein.

»Vor allem Männer sollten nie alleine gehen«, sagt Eugenia. »Die sind so oft nicht mehr wiedergekommen. Einfach verschwunden. Wir mussten immer unsere Reisepässe mit uns tragen«, erzählt sie weiter. »In unserem eigenen Dorf. Abends konnten wir kein Licht anmachen. Wir mussten versteckt essen. Mit einer Kerze auf dem Boden. Viele Leute wurden des Abends in ihrer Wohnung erschossen. Wahllos. Wir haben die Matratzen der Kinder aus den Betten genommen und auf den Boden direkt an die Wand gelegt. Als Schutz, falls eine Kugel durch das Fenster kommt.« Alle Gebäude im Umkreis wurden zerstört. Ihr Haus ist eines der wenigen, die bis zum Schluss stehen geblieben sind.

»Für die Kinder war es wie ‚Kriegs-Ferien'«, sagt sie und lächelt traurig. »Wir sind manchmal mit ihnen spazieren gegangen. Vor unserer Haustür stand ein Panzer. Mein Sohn hatte immer einen Spielzeugpanzer bei sich. Aber der war ganz klein.«

Jetzt befindet sich Transnistrien außerhalb der Kontrolle der moldawischen Republik. Es ist eine separate Einheit, die durch eine Grenzlinie vom Rest Moldawiens getrennt ist. Es hat seine eigenen Grenzposten. Man braucht eine extra Aufenthaltserlaubnis, um hineinzukommen. Transnistrien hat eine eigene Flagge, eigene Nummernschilder, eine andere Sprache sowie ein anderes Alphabet und sogar eine andere Währung als Moldawien. Von innen betrachtet, sind diese zwei Staaten voneinander getrennt. Doch von außen betrachtet, bleibt Transnistrien ein Teil Moldawiens und wird nicht als eigenständig anerkannt.

Das führt allzu oft zu Schwierigkeiten.

Denn Transnistrien ist zwar unabhängig. Aber irgendwie auch nicht. Alles wird schwerer, wenn man in einem Staat lebt, der nirgends anerkannt wird. Der Ausweis ist ein ganz normaler, und dennoch nirgends mehr wert als ein einfaches Stück Papier. Die Währung ist hier überall gültig, und dennoch in keinem anderen Land eintauschbar. Bankkarten außerhalb des Landes nirgendwo einsetzbar. Online-Überweisungen unmöglich.

»Unsere Banken sind nicht legal«, erklärt Eugenia. »Sie sind richtige Banken. Für uns. Aber sie handeln mit Geld, das es in der Realität anderer Banken nicht gibt.« Das macht viele Dinge schwerer. Anfangs konnte man noch mit russischen Rubeln handeln. Aber man musste sie als transnistrisch kennzeichnen.

»Dann saßen wir alle zuhause und haben einen Aufkleber nach dem anderen auf unsere Geldscheine geklebt. Später bekamen wir den Transnistrischen Rubel.« Sie lacht. »1996 hatten wir eine Inflation. Alles wurde teurer, und so wurden einfach unsere Geldscheine geändert. Auf einen Ein-Rubel-Schein wurden vier Nullen gestempelt und schon hatte man einen Zehntausend-Rubel-Schein. Sie hatten sich nicht mal die Mühe gemacht, neue Scheine zu drucken.

»Wir waren alle Millionäre!«

FRAUENGESANG IN MOLDAWIEN

Über eine Brücke überquere ich den Dnister und damit die Grenze nach Moldawien.

Von einem Hügel blicke ich auf das Saharna-Kloster hinunter und lausche dem Rauschen des Flusses, an dem ich letzte Nacht mein Zelt aufgeschlagen habe. Enten quaken klangvoll und der Wind lässt seine feinen Finger durch die Bäume streifen. Ich habe noch den Geruch vom Lagerfeuer an mir, das ich gestern mit gesammeltem Treibholz gemacht hatte, während hinter mir der Mond sein helles Licht auf mich warf. Helle Frauenstimmen, der

Gesang des Klosters, tanzt melodisch zu mir herauf und bildet gemeinsam mit dem Krähen der Hähne die krönende Begleitmelodie für einen frischen, sonnigen Morgen.

Moldawien ist eines der ärmsten Länder Europas. Und ich staune über den Reichtum an Gastfreundschaft inmitten materieller Armut. Ich erinnere mich noch, wie ich dies schon einmal erlebt habe, bei einem Auslandsjahr auf den Philippinen nach meinem Schulabschluss 2010: Allein den Anblick eines Kindes oder einer ganzen Familie, die am Straßenrand lagen, fand ich damals schon erschütternd. Dazu kam die Konfrontation mit bettelnden Kindern in Lumpen gekleidet und barfüßig, mit den noch kleineren Geschwisterchen an der Hand. Das Faszinierende aber, das sich mir damals schon eingeprägt hat, ist, dass ich dort auch zum ersten Mal erkennen durfte, was wirklicher Reichtum bedeutet: Die unglaubliche Freude, die ein Kind hat, wenn es trotz des Schmutzes und des Gestanks, durch die Luft gewirbelt wird. Das ansteckende Glücksgefühl, das mich beim Klang seines Lachens und dem Anblick seiner strahlenden Augen ergreift. Das so viel Wärme ausdrückende, runzlige Lächeln der alten Frau, die mit hoher Wahrscheinlichkeit nicht einmal verstanden hat, was ich eben zu ihr sagte. Wirklicher Reichtum bedeutet, trotz Mangel dankbar zu sein. Und die Fähigkeit zu bedingungsloser Freude. Es ist das Verspüren tiefer Zufriedenheit – ungeachtet aller äußeren Umstände. Und großzügig sein zu können, ohne selbst etwas zu besitzen.

In meiner beschränkten Vorstellung hatte ich immer gedacht, dass je weniger man besitzt, man umso mehr an dem hängen muss, was man hat. Aber inzwischen realisiere ich, dass umso weniger Geld ich habe, desto weniger hänge ich auch daran. Denn ich merke, dass ich es gar nicht brauche, um glücklich zu sein. Es ist ein wunderbares Phänomen. Und ich komme nicht umhin zu glauben, dass wir Menschen dazu neigen, Reichtum mit Vermögen zu verwechseln. Dabei hält uns oft gerade Vermögen davon ab, wahren Reichtum zu erlangen.

Zu Fuß laufe ich vom Kloster in Richtung des Dorfes. Es ist ein weiter Weg, mehrere Kilometer, und für gewöhnlich fährt hier ein rostiger, klappriger Bus seine Runden, um Passanten einzusammeln. Als ich mich etwa auf halber Strecke befinde, kommt er hinter mir angefahren. Ich drehe mich um und schüttle den Kopf, aber der Bus hält dennoch. Ein älterer Mann mit warmem Lächeln bittet mich einzusteigen. Ich deute auf meine leeren Taschen, um ihn darauf hinzuweisen, dass ich noch nicht die Möglichkeit hatte, mein Geld in Landeswährung zu tauschen. Doch er nimmt mich mit, im Tausch gegen einen Apfel, den ich unterwegs aufgelesen hatte. Im Bus sitzen einige ältere Damen. Still sitzen sie da, mit bunten Kopftüchern, faltigen, erfahrenen Gesichtern, müden, aber warmen Augen, langen Röcken unter alten Schürzen und rauen Händen, die von jahrelanger Arbeit zeugen. Als sie aussteigen, nehmen sie mich mit sich. Eifrig führen sie mich zunächst zur Bank, anschließend zum Supermarkt und wieder zurück zum Bus.

Als Olga, eine der Damen, hört, dass ich für gewöhnlich im Freien schlafe, lädt sie mich zu sich nach Hause ein. Ein Geschnatter bricht los, als wir uns dem großen, blauen Tor nähern, das ihr Grundstück von der Straße trennt. Nur einen kurzen Augenblick später watscheln uns auch schon die langhalsigen Nachbarsgänse entgegen und begleiten uns das letzte Stück des Weges zurück zum Hof.

Olga versorgt ihre Einkäufe und weist mich an, mich hinzusetzen. Sie schneidet mir Äpfel und Gemüse in Stücke und erfreut sich daran, dass es mir schmeckt. Dann steht sie auf. Sie fegt heruntergefallene Blätter vom Hof, liest Nüsse auf und säubert Geschirr, das vom Morgen stehen geblieben ist. Ich schnappe mir ebenfalls einen Besen und mache deutlich, dass ich mithelfen möchte. Aber das kommt gar nicht infrage. Da mir die Aussichtslosigkeit meines Bemühens bewusst ist, gehe ich spazieren. Als ich wiederkomme, ist es bereits dunkel und eine Freundin von Olga ist zu Besuch. Die beiden alten Frauen sitzen in dem kleinen Kämmerchen, in dem bereits für mich ein Bett für die kommende Nacht gerichtet wurde. Davor sitzen auf Holzschemeln die beiden Damen und lauschen dem Radio.

»Es ist ein Bibelsender«, machen sie mir durch Zeichen begreiflich. Ein Feuer prasselt im Ofen und eine Teekanne mit frischen Gartenkräutern brodelt darauf. Ich nehme mir einen Teppich vom Bett und setze mich auf den Boden zu den beiden Frauen. Sie holen alte Gesangbücher hervor, die ich nicht lesen kann. Aber ich erkenne die Melodien der alten, christlichen Lieder, die das Radio spielt, und singe mit. In meiner Sprache.

Und plötzlich fällt mir noch etwas auf: Wer wenig besitzt, hängt nicht unbedingt mehr an dem, was man im Leben hat. Aber umso mehr an dem, der uns das Leben gegeben hat.

Es erscheint mir, dass dort, wo technische und medizinische Möglichkeiten bereits weit fortgeschritten sind, sie für viele die Dringlichkeit von Gottvertrauen ablösen. Glaube beginnt erst, wo Wissenschaft endet, und Gebet ist nur noch dort gefordert, wo die Menschheit nicht mehr weiterweiß. Dort, wo der Mensch an seine Grenzen kommt und die eigene Verwundbarkeit erkennt, wendet er sich an den, der alle Menschlichkeit übersteigt – und findet in Ihm Hoffnung und Trost. So, wie diese alten, singenden Frauen.

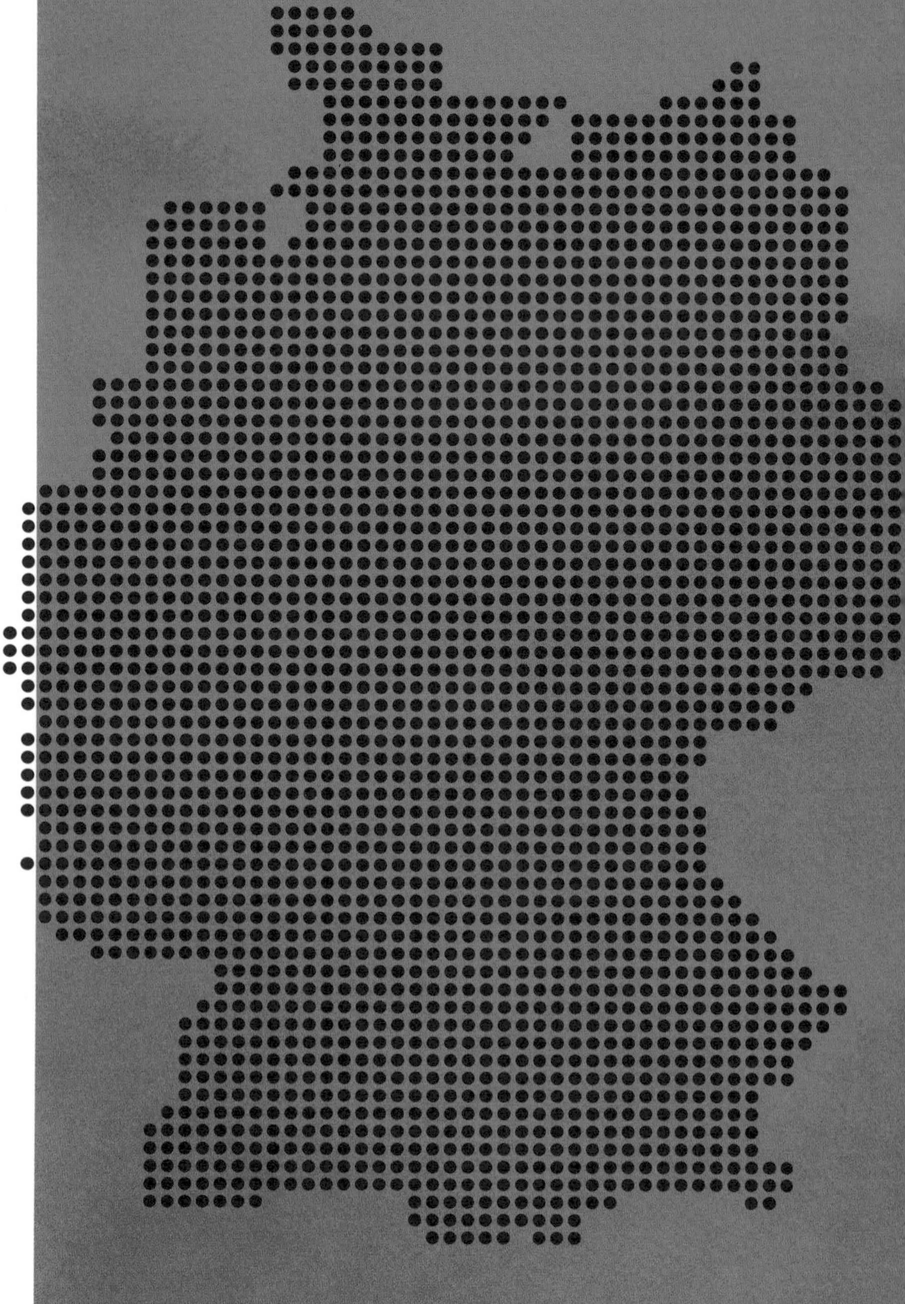

Deutschland

ENDLICH ZUHAUSE?

Mein Rucksack zeigt immer mehr Schwachstellen, meine wenigen Kleider sind inzwischen mehr löchrig als ganz. Das viele Unterwegssein, die hereinbrechende Kälte und der immer frühere Einbruch der Dunkelheit zehren an meiner Kraft. Nach fast vier Jahren Sommer endet meine Reise so, wie sie begonnen hat: mit Bergen, Eis und klirrender Kälte. Schneebedeckte, hochgewachsene Tannen, deren Spitzen mit glitzernden Eiskaskaden geschmückt sind. Die Landschaft ist von einer weißen Decke und einer friedlichen Stille umhüllt. Zusammen mit einem anderen Backpacker wandere ich vom Kosovo über das Gebirge bis nach Montenegro. Binnen weniger Tage trampe ich durch Serbien und weiter Richtung Norden, bis ich Deutschland erreiche.

Und bin zuhause.

... oder bin ich das?

Während meiner ganzen Reise hatte es sich angefühlt, als sei mein Zuhause überall und nirgends. Ich hatte mein Zelt immer dabei, hatte keine hohen Ansprüche und bin immer anpassungsfähig gewesen. Ich wurde in teure Hotels eingeladen und habe zwischen Kranken und Obdachlosen auf der Straße geschlafen. Genoss üppige Festmähler und Landesspezialitäten und habe über Tage hinweg mein weniges Essen rationiert. Ich war unterwegs mit Freunden und ganz allein in der Wildnis. Fühlte mich einsam unter vielen und geborgen in der Einsamkeit. Ich habe bei +40 Grad geschwitzt und bei -40 Grad bitterlich gefroren. Ich bin gefahren, gelaufen und getrampt – über Land, übers Wasser und durch die Luft. Ich war an Orten von überdimensionaler Weite. An Orten mit zu viel Regen und anderen mit zu wenig. An Orten, die Mut erforderten, und Orten, die durch ihre Einfachheit überzeugten. Ich war in Ländern, die es nicht gibt, und an Orten, an denen alles anders kam als gedacht. Ich habe Momente erlebt, die unvergesslich sind, und Situationen ertragen, die ich gerne vergessen würde. Habe schlaflose Nächte unter den Nordlichtern Kanadas oder dem schönsten Sternenhimmel im Oman verbracht. Bin an strahlenden Bergseen eingeschlafen und wurde täglich vom Gesang der Vögel geweckt. Ich habe Menschen beobachtet, die ihrem Alltagstrott nachgingen, und wusste selbst nicht, wohin mich mein Weg am nächsten Tag führen würde.

Ich begegnete Hunderten von Menschen: Familien, Alleinstehenden, Arbeitenden, Arbeitslosen, Jungen und Alten. Viele von ihnen hatten das Eine miteinander gemeinsam: Bewunderung, ja beinahe eine Art stillen Neides für diese Freiheit, losziehen und reisen zu können, wohin ich wollte. Und in ihnen schlummerte der leiseWunsch, dasselbe zu tun.

Zugegeben, ich hatte nicht viel gehabt, bevor ich losgezogen bin. Nicht viel, das ich hinter mir lassen musste. Ich hatte gerade erst mein Biologiestudium beendet, und die wenigen Sachen, die ich in meinem WG-Zimmer damals stehen gehabt hatte, waren gerade genug gewesen, um ein Auto damit zu füllen. Ich hatte keine Bindungen, weder geschäftlich noch privat. Keine Familie, um die ich mich sorgen musste. Keinen festen Job. In gewisser Weise hatte ich den Luxus gehabt, einfach losziehen zu können. Und doch hatte ich vorher die bewusste Entscheidung treffen müssen, mich auf den Weg zu machen. In unserem Alltag fällt es uns leicht, Gründe und Erklärungen dafür zu finden, warum wir doch nicht das tun können, was wir doch eigentlich so sehr tun wollen. Wir geben den Umständen die Schuld. Den Verpflichtungen. Und manchmal mag das tatsächlich der Fall sein. Aber wenn wir ganz ehrlich mit uns selbst sind, hält uns viel zu oft unsere Bequemlichkeit davon ab, dem Weg zu folgen, der anstrengender wäre, aber uns glücklich machen könnte.

Ich glaube, unser größtes Problem ist, dass wir uns zu wohl in unserer Komfortzone fühlen. Es ist der fehlende Mut, eine Entscheidung zu treffen, und die Angst vor dem, was man nicht kennt.

Aber jeder Schritt aus etwas heraus bedeutet nicht einfach einen Schritt ins Leere, sondern immer in etwas anderes hinein. Ich hatte Deutschland damals verlassen, weil ich Neues erleben wollte. Inzwischen ist das Leben hier draußen meine neue Komfortzone geworden. Und jetzt, da ich zurück bin und wieder vor einem neuen Lebensabschnitt stehe, wünschte ich, bei dem bleiben zu können, was mir inzwischen vertrauter ist. Ich habe mich daran gewöhnt, durch die Welt zu ziehen, ohne mich an Menschen oder Orte zu binden. Für mich bedeutet der Schritt in etwas Neues nun, wieder in mein verbindliches Leben zurückzukehren. Das Aufregende und Neue kann nicht da gefunden werden, wo wir dem Gewohnten folgen; das Außergewöhnliche erreichen wir nur da, wo wir das Gewöhnliche hinter uns lassen. Und manchmal muss Altes erst eingerissen werden, um Platz für Neues zu schaffen.

EINE FRAGE DER PERSPEKTIVE

Vor knapp vier Jahren habe ich mich auf den Weg gemacht. Ich hatte das Leben sehen, erleben und fühlen wollen. Ich hatte mich danach gesehnt, dem Gewohnten zu entfliehen – raus aus der erdrückenden Verantwortung, die mir von allen Seiten übertragen wurde. Raus aus den Gesprächen über das *Wie* und *Warum* von viel zu vielen mir sinnlos erscheinenden Dingen. Aus der Engstirnigkeit unserer Gesellschaft und ihrem Drang, für Probleme zuerst Schuldige, dann Lösungen finden zu wollen.

Hier draußen genoss ich die Freiheit, mich entfalten zu können. Die Tapeten zu wechseln, wann immer ich es wollte. Einen Ort verlassen zu können, wenn mir dort alles zu viel wurde. Mir gefiel es, die Warmherzigkeit zu sehen, mit der Einheimische eine Fremde als einen willkommenen Gast und Freund empfangen. Die Selbstverständlichkeit, mit der man die Extrameile geht und seinem Gegenüber aushilft. Die Einfachheit, mit der aus dem simpelsten Thema ein interessantes Gespräch werden kann. Und zu sehen, dass die universelle Sprache des Lächelns überall gesprochen wird.

… oder eben nicht. Denn bald musste ich merken, dass es auch in anderen Ländern Griesgrame gibt. Dass Verantwortung immer damit einhergeht, wenn man sich einer Sache oder einem Menschen annimmt. Dass es nicht ein gewohnter Umstand ist, der mich stört, sondern meine gewohnte Einstellung dazu. Und dass Einsamkeit nur so lange schön ist, bis einem der Wert echter Freundschaften neu bewusst wird.

Griesgrame gibt es überall auf der Welt. Aber manchmal braucht es eben auch solche, um die Besonderheit derer sehen zu können, die anders sind. Und um den Wert von Nächstenliebe und Verbundenheit wieder neu schätzen zu lernen.

Ich habe so viele Geschichten von, über und mit Menschen gesammelt, die ich in den letzten Jahren getroffen habe. So viele wunderbare und positive Begegnungen. Mit der Zeit habe ich auch negative Erfahrungen gemacht. In Russland wurde ich im Auto festgehalten, weil der Fahrer mich nicht gehen lassen wollte, wenn ich nicht mit in seine Wohnung käme. In der Mongolei lief ich mir die Füße blutig, weil frivole Polizisten mir ihre Hilfe verwehrten, als ich verweigerte, mit ihnen zu schlafen. Ich könnte davon erzählen, wie ich in Kanada mit dem Messer in der Hand zu Bett ging, weil ich Angst hatte, mein Gastgeber würde nachts in mein Zimmer kommen. Davon, wie ich in verschiedenen Ländern unsittliche Gesten oder Berührungen erlebt habe. Oder wie jemand im Oman in mein Hotelzimmer eindrang und nicht mehr gehen wollte.

Aber trotz dieser Erfahrungen hat sich mein Eindruck von einem Land nicht geändert. Russland bleibt für mich das Land der Kavaliere, die Mongolei eines der schönsten und unberührtesten Länder

der Erde. Wenn ich an Kanada denke, habe ich tiefgrüne Wälder und stille Weite vor Augen. Und im Oman durfte ich zwei selbstlose Brüder kennenlernen, mit denen ich bis heute in Kontakt stehe. Ich habe für mich beschlossen: Eine einzige schlechte Erfahrung darf nicht meinen Blick für eine ganze Nation trüben. Zwischen den einzelnen Menschen mit unguten Absichten gibt es viele, die nur das Beste für einen wollen. Es ist immer eine Frage der Perspektive, welche Erinnerung ich von Land und Menschen im Herzen behalten möchte.

In meinem Herzen sind die Menschen geblieben, die mir etwas Gutes taten, und die, denen ich etwas Gutes tun konnte. Menschen, die mit mir den Mut fanden, ihr eigenes Abenteuer zu entdecken. Menschen, die aus Armut kommen und dennoch so viel gaben. Menschen, die mich zu sich einluden. Die mich Vertrauen, Großherzigkeit und Freundschaft lehrten und mir auf ihre eigene Weise Glück wünschten. Wenn mir die Dame auf der Parkbank ein Lächeln schenkte, der Lkw-Fahrer für meine Bewahrung betete und der Obdachlose mir seine Freundschaft anbot. Wenn Unbekannte an meiner Reise teilhaben wollten, indem sie mir einen Schlafplatz, eine Mitfahrgelegenheit oder eine warme Mahlzeit anboten, obwohl sie mich noch nie zuvor gesehen hatten – dann kann ich nicht anders, als eine grenzüberschreitende Verbundenheit zwischen den Menschen zu erkennen. Und es macht mich glücklich!

Es ist genau dieses Bedürfnis, Einheit und Liebe in dieser Welt neu zu entdecken, was mich am Reisen so fasziniert und mir so viel Freude bereitet. Nicht nur Landschaft, schöne Natur oder Architektur sind es, die ein Land ausmachen. Es sind seine Bewohner, die einem Land Charakter und ein Gesicht geben. Egal, wie sehr man auch vor der Gefahr eines Ortes gewarnt wird – gerade in solchen Ländern kommen einem die Gastfreundschaft und Güte noch kostbarer vor. Sie sind wie ein wertvoller Schatz, von dem man nicht anders kann, als seinen besten Freunden davon zu erzählen.

In über 30 Ländern bin ich gewesen. In vielen Ländern bin ich nicht gewesen. Und dennoch bin ich überzeugt, dass es diese Schätze und dieses Bedürfnis nach Verbundenheit und Liebe in jedem Land gibt. Weil unser Schöpfer dieses Bedürfnis in uns hineingelegt hat und weil Menschen überhaupt nur durch Verbundenheit und Liebe existieren können.

Mit diesem Buch und meinen Erfahrungen möchte ich dich ermutigen, die Perspektive zu wechseln. Den Blick auf die Schönheit unserer Welt zu richten. Diese Schönheit kannst du auf einer Weltreise genauso wie in deinem Alltag entdecken. Schau einfach mal über den Tellerrand hinaus, verlasse deine Komfortzone und gehe auf deine Mitmenschen zu. Dann erkennst du Kraft im Miteinander, Anmut in Einfachheit und Einheit inmitten von Vielfalt und Komplexität. Ganz egal, wo du bist: Geh los und lass dich von unserer Welt überraschen.

Mit Kanada fing alles an. Es fühlt sich nicht so an, als seien vier Jahre vergangen, seit ich Deutschland damals mit meinem 13-Kilo-Inventar verlassen habe. Es fühlt sich so viel kürzer an und gleichzeitig so viel länger. Jetzt bin ich zurück in einem Leben, das ich in ein paar Wochen schon als Alltag bezeichnen werde. Zurück in meiner neuen Welt. Nicht neu, weil ich von neuen Dingen umgeben bin. Sondern weil ich alte Dinge in einem neuen Licht sehe.

Auf meiner Reise habe ich viel Neues erlebt. Und zu meiner Überraschung habe ich im Neuen auch das Beständige wiedergefunden: meine Persönlichkeit, meine Werte, meinen Glauben. Denn wenn wir einen Schritt aus unserer gewohnten Umgebung herausmachen, entdecken wir neue Seiten an dem, was schon immer da war: Wir lernen uns selbst in neuen, fremden Situationen kennen. Spüren, was uns wirklich wichtig ist im Leben. Und denken über etwas nach, das unseren Horizont und unsere bisherige Wirklichkeit übersteigt.

Jetzt ist der Punkt erreicht, an dem ich nicht mehr nur die sein will, die empfängt – ich will die sein, die gibt. Will selbst die sein, die andere segnet – vor allem, weil ich jetzt weiß, wie viel auch kleine Taten jemandem bedeuten können. Ich will die sein mit den offenen Türen für alte und neue Bekanntschaften. Will die sein, die Tramper ihrem

Ziel näher bringt. Ich will die sein, die die Extrameile fährt. Ich will die sein, die für andere betet – weil ich die Wirkung von Gebet in Form von Bewahrung und Erlebnissen mit Gott selbst erfahren durfte.

»Solange wir nicht unseren Nächsten lieben, ist unsere Reise nie beendet«, sagte der Japaner auf dem Campingplatz zu mir. Man kann alle Schönheiten und Freiheiten genießen, die die Welt zu bieten hat. Doch all das ist nichts wert, wenn wir nicht erkennen, dass das Wichtigste die Liebe und Verbundenheit sind: mit Gott, mit den Menschen und mit uns selbst. Das bedeutet ganz praktisch, »andere Menschen wirklich ernst zu nehmen und Opfer für sie zu bringen, wieder und wieder, auf unendlich verschiedene Weisen, völlig unsexy, Tag für Tag.«[11]

Wenn wir das leben, sind wir zuhause.

Egal, wo wir sind.

Epilog

Und dann ist da dieses kleine Hinterzimmer. Es hat keine Tür und befindet sich irgendwo in den hintersten Ecken meines Kopfes. Man kann es nicht schließen, aber daran vorbeigehen, ohne es zu beachten. Es ist das Zimmer, in dem meine Reise immer noch lebendig ist. Ich habe es in den ersten Monaten, die ich zuhause war, komplett gemieden. Ich war vielleicht zu müde, zu überfordert mit den neuen Umständen und Gegebenheiten. Aber inzwischen schaue ich immer öfter hinein. Ich gehe in Erinnerung zurück in all die Länder und erlebe alle Erfahrungen erneut. Ich lese all die Geschichten, an die ich schon lange nicht mehr gedacht habe, weil mit der Zeit immer mehr und mehr Geschichten dazugekommen sind. Aber jetzt, wo ich Zeit und Ruhe habe, mache ich es mir in diesem Zimmer gemütlich, sortiere meine Erinnerungen und blättere langsam durch jede einzelne Geschichte. Und ich lächle, wenn ich an all die liebenswerten und einzigartigen Menschen denke, die hier für immer gegenwärtig bleiben werden.

Anmerkungen

1 Inzwischen wurde Marihuana auch in Kalifornien legalisiert, stellt sich aber immer noch als ein schwieriges Thema heraus. Denn der legale Handel von Marihuana steht mit hohen Steuern und Geldern für Lizenzen und zahlreichen Regularien in Verbindung. Daher ist auch der illegale Sektor weiterhin stark ausgebaut.

2 Marihuana wird aus der Hanfpflanze (lat. Cannabis) gewonnen.

3 Vgl. Matthäus 16,26, Elberfelder Bibel.

4 Vgl. Stefan Loose: Reiseführer Australien, 2018.

5 Vgl. Rolf Dobelli: Die Kunst des klaren Denkens, dtv-Verlag, 2014, S. 179.

6 Frei übersetzt nach Jane Austen: Mansfield Park, 1814.

7 http://whc.unesco.org/en/list/754; zuletzt aufgerufen am 01.02.2022.

8 https://users.ugent.be/~mdbatist/intas/morphometry.htm; zuletzt aufgerufen am 01.02.2022.

9 https://edition.cnn.com/travel/article/russia-lake-baikal/index.html; zuletzt aufgerufen am 01.02.2022.

10 Fluss, der die Grenze zwischen Moldawien und Transnistrien bildet.

11 David Foster Wallace: Das hier ist Wasser / This is Water, KiWi-Verlag, 2012, S. 33.

Bildnachweis

Alle Bildrechte liegen bei Maren Kreiter, außer:

Julia Kreiter:	S.113 gemeinsames Selfie.
Ines Hochholdinger:	S.143 Maren beim Trampen mit Schild; Maren am Lagerfeuer; Maren vor dem Jeep.
Rahel Astner:	S.158 Maren von hinten im Bikini.
Johannes Wittlinger:	S.280 beide Fotos von Maren im Schnee.
Eva:	S.249 Maren auf Sanddüne.

Mirjam Schilling

Warum erschuf Gott die Viren?
Mit einer Virologin auf Entdeckungsreise

Viren beeinflussen unser Leben mehr als wir denken, und das nicht erst seit Corona! Die Virologin und Theologin Mirjam Schilling erklärt uns nicht nur die wichtigsten Funktionsweisen unseres Körpers, sondern führt uns auch zu grundlegenden Lebensfragen.

Klappenbroschur, 13,5 × 21,5 cm, 208 S.,
mit Illustrationen, Nr. 396.114,
ISBN 978-3-7751-6114-5
Auch als E-Book e

SCM
Hänssler